POLITICS
AND LAW REVIEW

政治与法律评论　第十三辑

大国崛起与国际法教育

主编　魏磊杰

当代世界出版社
THE CONTEMPORARY WORLD PRESS

大国崛起与国际法教育

《政治与法律评论》第13辑

前　言

我们身处一个百年未有之大变局的时代。拜登政府上台后，中美关系不仅没有改善，美国更联合盟友打压中国。习近平主席指出，“世界那么大，问题那么多，国际社会期待听到中国声音、看到中国方案，中国不能缺席”。“我们将从世界和平与发展的大义出发，贡献处理当代国际关系的中国智慧，贡献完善全球治理的中国方案，为人类社会应对21世纪的各种挑战做出自己的贡献。”大国的崛起，离不开国际法人才的支撑。然而，缺乏一流的国际法人才就难以适应大国崛起后的国际地位、作用和国际影响力，陷于有理说不出、说了也传不开的尴尬境地，难以有效地贡献处理当代国际关系的中国智慧，贡献完善全球治理的中国方案。国际法教育是培养国际法人才的重要保障和途径。

然从现状研判，中国国际法教育能力之提升仍可谓任重而道远。目前，“中国国际法教育的水平，仍然远远不能满足日益复杂的国际交往需要，不能匹配中国日益提升的国际地位，远远不能达到中国深入参与全球治理体系的需求。”而且，培养的国际法人才“难以适应我国日益走近世界舞台中央的历史进程，存在着总量偏小、水平不高、经验不足、供需脱节、管理薄弱等问题”。现有的国际法人才储备还“远远不能够满足新时代扩大对外开放的实际需要，主要表现为数量不足、能力不足、经验不足、培养不足”。或者，现有的国际法队伍和能力“与民族复兴、构建人类命运共同体的目标仍然有着很大的距离，具有国际化水平、在重要国际法岗位的国际法人才以及有国际竞争力和影响力的国际法智库存在明显‘短板’，应对国际事务捉襟见肘”。总的说来，目前我国国际法人才的层次和质量还不能适应大国崛起的客观需求，与中国作为世界第二大经济体、作为联合国安理会常任理事国的国际地位不相匹配，也难以满足国家日益迫切的通过国际法维护自身权益、发挥大国的国际影响力、构建新型国际关系的需要。

有鉴于此，本辑聚焦“大国崛起与国际法教育”专题，意图从不同视角全方位地呈现在大国崛起这一时代背景下中国国际法教育的现状、存在的问题以及可能的因应之策。统观 12 篇主题文章，虽然各位作者的切入点与论述角度并不相同，然而整体上都或多或少地表明中国国际法教育能力建设未来应侧重于三个层面。首先，应用性导向建设。这一层面的建设，需要“内外兼修”方可见其成效。在内部建设上，与其他部门法一样，国际法也是一门应用型学科，是一门实践的学问。学术发展鼓励基础理论钻研，但是真正鲜活的理论是在面对实践的过程中形成、深化、改进和完善的。国际法教育不能只是纯粹的理论和概念的讲授，而需要密切关注、学习和探究本国国家实践、外国国家实践和国际司法实践，辅之以国际法模拟法庭竞赛、国际法诊所教学以及域内外相关机构的实习等，多渠道地提升学生的国际法实践能力。在外部建设上，当前，法学教育界和研究界有一种声音认为，应当加大涉外法治人才培养的力度。然而脱离法律人才市场的供需现状单向度硬推国际法教育改革，无异于缘木求鱼，圆凿方枘。现今普遍存在的现象是就业岗位中对于国际法的需求并不大，真正大量需求的法律人才仍是国内法。究其根本，是因为在工作流程设计和人员编制规划中，多数单位并未意识到国际法愈加凸显的重要性，没有将国际法的专业知识、专业素质、专业能力考虑进去。本质上，人才培养是一种供需关系，不仅大学要充分认识国际法人才培养的重要性，用人单位更要如此。实质性地拓宽国际法人才的就业“出路”使之学有所用，乃国际法教育改革得以深入推进的基础。我国的国际法教学要与国家的战略需求匹配，国家和社会就需要从顶层设计的层面着力，提升学生专业与工作的契合度，增加国际法的就业岗位。

其次，开放性导向建设。所谓“开放性导向建设”，大体是指伴随中国崛起，需要打破过去那种完全“就国际法论国际法”的自我封闭状态，在国际法研究与教育路径上，倡导从内外两个维度渐进实现这一学科的“科际整合”与“科内整合”，更多、更好地培养跨“学科”的人才。一方面，理论上，每一部国内法律，无论属于公法还是私法，在立法过程中都需要对其在国际关系中的作用与功能进行定位，据此定位来调整相关规定，确保其具有适当范围和程度内的域外可适用性。反过来说，国际法研究做得再好，若不能“投射”到国内法之中，不能在国际法和国内法之间进行有效转换和对接，此等研究可能会沦为“无本之木”。然而，当下多数国际法学者欠缺跨学科的视野和训练，从而导致他们很难顺畅地构建国际法与国内法之间的沟通桥梁，国内立法过程中更是难觅国际法学者的身影，“国内法的国际化”程度仍存在很大的改进空间。另一方面，在国际法的研究与教学中，精通其法律性，当然是必要前提，但如果仅局限于此，单向度地强调国际法这一规则体系的“自洽”，轻视对其“应然”价值进行审视，极易造就国际法与国际政治之间联系的割裂，脱离国际关系的严酷现实。这既不利于我们有效运用国际法这一外交斗争利器来捍卫国家的利益，也不利于在教学中给学生们呈现国际法潜在的多元面向，帮助他们形成大国崛起时代中国千禧一代应有的国际观。基于此，为了应对此种局面，国际法学者需要摈弃根深蒂固的学术门罗主义倾向，勇于跳出分析实证主义的蜗居，在外部维度上，采行“国际法的国际关系化建桥路径”推动国际法与国际关系两学科之间的“科际整合”，以期造就立基于实证主义但要适度超越实证主义的整合效果；而在内部维度上，国际法学者则需要学会主动，创造机会强化与国内法学者的沟通与交流，并将此种与国内法的“勾连”与“贯通”思维内化于日常的教学实践中，以期实现一种法学大学科之中的“科内整合”，扭转彼此之间长期存在的“各自为政”甚至“相互鄙视”的局面。

最后，主体性导向建设。中国国际法教育改革的落脚点必须回到中国。然而中国当下的国际法研究与教学，在一定程度上存在着过于追求“国际”“域外”而忽略“国家”“域内”，缺乏必要的“中国情怀”“中国意识”问题。过去20年，国际法学的规范化发展迅速，而本土化似乎并未做到与其同步演进。规范化强调学术对话与学术积累，在中国自己还未建立起完善的学科体系以及还未确立起真正的学术自信时，这种规范化容易导向西方化，不自觉间陷入一种强调片面“接轨”式的智识保守主义。国际法学研究和教学先天具有突出的“国际性”，这一点毋庸置疑，但并不能因此否认或忽视中国国际法学教育应有的“中国特色”。一些与中国直接相关的特定问题的教研固然要以中国立场和利益为出发点，即便是那些看似一般性的问题的教研，也不应脱离中国视角和立场，否则就不大容易体现或者说明其价值和意义之所在。欲求培养真正具备“全球视野”、“本土意识”和“家国情怀”的中国国际法专业人才队伍，首先需要努力做到的是，要让教师认识到我国的涉外法治人才培养必须有明确的国家利益观念，确保将国家安全、主权、发展利益作为工作锚点；其次要让学生们意识到学习国际法之终极目标应是谋求解决中国在国际上所面临或即将面临的各类问题与挑战。有鉴于此，在兼顾应用性导向建设与开放性导向建设基础之上，国际法教师在遴选讲授的课程材料、设置课堂外的实践教学、编制国际法教科书、构建自己的理论体系、提出自己的学术主张时，需要始终抱持此等自立、自觉、自主的主体性意识，并将之贯彻于教学过程且体现于教学成果，而不只是纯然貌似“客观”地介绍和描述。

本辑组稿之所以能够成功，完全得益于当下中国国际法学界老中青三代12位知名学者的鼓励与支持，他/她们分别是李鸣教授（北京大学）、车丕照教授（清华大学）、黄瑶教授（中山大学）、徐崇利教授（厦门大学）、韩立余教授（中国人民大学）、何志鹏教授（吉林大学）、杨泽伟教授（武汉大学）、廖凡教授（中国社会科学院）、朱利江教授（中国政法大学）、江河教授（中南财经政法大学）、宋杰教授（浙江工商大学）以及郑志华教授（上海交通大学）等。特别是其中几位资深的老一辈国际法学者，面对我这个素未谋面的学界后学的约稿，不仅第一时间给予积极回应，更是多次修订方才最终定稿。若非不是充分意识到这一议题之于当下中国国际法能力建设所具有的重要现实意义，若非不是深彻体认到作为一名国际法教育工作者在这个新的历史时代应有的责任与担当，或许他/她们不会如此倾力作为。坦率而言，这种无私的家国情怀，着实令人感佩；此等学术济世之诚，无疑也给当下中青一代国际法学人树立了可堪效法的榜样。与此同时，同样的敬意与谢忱也献给《第三世界国际法方法评论》（The Third World Approaches to International Law Review，TWAILR）编辑委员会的诸位同仁，他/她们对于4篇文章的中文翻译给予了慷慨的免费授权。这是由来自亚非拉第三世界国家的一群富有激情与抱负的国际法中青学人联袂创建的一个批判性学术刊物，追求之目标在于通过“抱团”的力量逐渐撼动并最终打破时至今日仍旧宰制国际法的西方意识形态霸权。在一定程度上，第三世界国家面临的问题，中国也同样存在。身处这个孕育国际格局大变迁的时代，与第三世界国家志同道合的国际法同仁们在认知上与行动上团结起来，共同致力于研究与教学领域中智识层面的“解殖”工作，谋求一个更为公平与公正的国际政治与经济新秩序，最终建构起真正意义上的人类命运共同体，理应成为新一代中国国际法学人应有之觉悟。

魏磊杰

2022年3月18日于厦门大学法学院

目　录

专题笔谈

深刻认识国际法人才培养的重要性

李　鸣*

本次笔谈会主题很好。改革开放伊始，小平同志提出要加强国际法研究，这应该是有感而发。改革开放要求融入国际社会，与各国交往合作，而国际法正是国际交往合作所需要的法律原则、规则，学习、研究国际法成为必需。各高校顺势而为，纷纷开设国际法课程，北京大学等一些学校还设立了国际法专业，我国国际法教育及人才培养进入了春天。如今，改革开放已经走过四十多个年头，国家发生了翻天覆地的变化。我国已经发展成为世界第二大经济体，国际影响力越来越大，正在和平崛起和民族伟大复兴的道路上前进。

国家硬实力的大幅提升，的确要求重新审视或反思我们的国际法教育及人才培养。国际法与力量密不可分，力量的变化有可能导致对国际法及其作用认识上的变化，导致国际法人才需求上的变化，并最终影响国际法教育及人才培养问题。笔谈会很有现实意义。

---

* 李鸣，北京大学法学院教授。

重新审视国际法教育及人才培养，可以从教什么科目开始。国际法和其他人文社科关系密切，国际法教育不单是要教国际法，还有一个如何围绕国际法开展人文社科教育的问题。此外，尽管国际法教师要教国际法，但由于对国际法理解或理解程度不一，他们教的国际法也不尽相同甚至十分不同。如何认识国际法也可以是反思的对象。这个问题还牵涉教材和参考书的使用，甚至影响教学方法。

国际法教育如何搞，国际法怎样教，主要是大学管理者和国际法教师考虑的事情，笔者也曾有所关注，〔1〕这次换个话题，讨论大国崛起语境下对国际法人才培养重要性的认识问题。国际法人才培养在当下对我国很重要，这似乎已成为共识。〔2〕但为什么重要、如何重要，恐怕还需要进一步明确。在笔者看来，国际法人才培养的重要性，决定于对国际法作用的认识，对国际法作用有什么样的认识，就会对国际法人才需求有什么样的认识——也就会对国际法人才培养有什么样的认识。鉴于此，笔者将从国际法对我国有哪些作用的角度，来讨论对国际法人才培养重要性的认识问题（其中包含一定的反思成分），以就教于各位同仁。

---

〔1〕 参见李鸣：《关于国际法的教学——我们应该教什么》，载《中外法学》1992年第6期；《国际法的性质及作用：批判国际法学的反思》，载《中外法学》2020年第3期。

〔2〕 参见教育部学位管理与研究生教育司、司法部律师工作局2021年2月发布的《关于实施法律硕士专业学位（涉外律师）研究生培养项目的通知》［教研司（2021）1号］，该通知提出我国亟须“培养一大批通晓国际法律规则、善于处理涉外法律事务的涉外律师人才”；以及教育部2021年9月发布的《对十三届全国人大四次会议第8342号建议的答复》［教高建议（2021）120号］，该答复是针对全国人大代表提出的“将国际法列为一级学科，加强涉外法治人才培养的建议”而作出的。此外，《北京大学十四五规划（草案）》提到将“在……国际公法等领域开拓新兴国际法人才培养项目”。

一、国际法教育的初衷

笔者想先简单回顾一下国际法教育的初衷。国际法产生于近代欧洲，格劳秀斯借罗马法上“万民法”（*jus gentium*）一语创造了国际法的概念。但欧洲社会当时盛行自然法，主权者之间适用的法律是自然法和万民法的混合物，并且前者构成后者的基础，大学的国际法教席也以“自然法与万民法”（*jus naturale et gentium*）冠名，设在哲学系。

国际法进入大学法律系是 19 世纪末的事情。建立在国家实践基础上的万民法，[3] 被认为符合实证主义科学观而一枝独秀，并进入法律系成为一门课程和学问。而基于理性的自然法，则因理性的不可知被打入道德冷宫。

万民法或国际法与外交密不可分，它的基础——国家实践实则为国家的外交实践，因此，国际法教育一开始就服务于外交，旨在为外交培养国际法人才。这种人才被称为“international lawyer”，属于法律专业人士，传统上为政府工作，而国际组织的不断涌现为其提供了新的就业机会。

在西方语境下，international lawyer 具有国际法律师的意涵。国际法律师是国际法从业者，他们是要代理诉讼或仲裁案件的。布朗利、克劳福德都是著名国际法学者，但又被称为律师，因为他们不仅著书立说还参与诉讼。但 international lawyer 更适合译为“国际法律工作者”，因为他们的工作不限于律师业务，更是为政府工作的 international lawyer。

为政府培养国际法人才，也一直是我国国际法教育的重点。改

---

〔3〕 万民法的英文译名为“Law of Nations”，而“Law of Nations”的中文译名为“万国公法”。在中文里，万民法和万国公法意涵不同；但在西文里，它们是一回事。无论万民法或万国公法，似都存在理解和翻译上的问题。

革开放四十多年，国内高等院校为政府部门培养了一大批国际法人才，他们多在外交部和商务部工作。此外，在国际组织或机构工作的中国籍人员，也大都在国内接受过国际法教育。例如，联合国副秘书长刘振民先生和国际法院法官薛捍勤女士，都曾在北京大学学习国际法。这一大批国际法人才为国家的改革开放做出了重要贡献，也为世界和平与发展做出了中国贡献。

国际法发展到今天变化很大，但万变不离其宗，它主要还是国家之间的法律。传统上，国际法被称为国际公法，这个称谓依然名副其实。各国的法律院系也都是把国际法列入公法范畴，并且作为公法的一部分来教授。国际法教育的初衷是为国家或政府培养人才，这一点没有疑义，也是笔者想强调的。

二、国际法是维护我国利益不可或缺的工具

国际法的这一作用体现在我们维护海洋权益、反对干涉内政等许多问题上。最近，我们隆重纪念恢复中华人民共和国在联合国合法席位 50 周年。恢复新中国联合国席位的斗争，很好地说明了国际法的这一作用。

新中国成立伊始，就将中国在联合国的席位视为由谁代表的问题，也就是说，是由中华人民共和国政府还是由逃亡台湾地区的国民党政权来代表中国。这个问题在国际法上属于承认和继承的范畴。国际法区分承认新国家与承认新政府，也相应区分国家继承与政府继承。新中国始终将承认中华人民共和国定性为承认新政府问题，将中华人民共和国的继承问题定性为政府继承，并且坚持承认

新政府要遵循国际法上的有效统治原则。[4]

这一立场得到越来越多联合国会员国的理解与支持，并导致联合国大会于1971年通过第2758号决议，恢复新中国联合国席位的斗争终于取得胜利。这一胜利使得国际组织在中国代表权问题上牢固确立了“一个中国”原则，有效防止了国际组织出现“一中一台”或“两个中国”的局面。恢复联合国席位后，各国纷纷与我国建立外交关系。几乎所有建交公报都规定道：“台湾是中国的一个省，是中国领土不可分割的一部分，中华人民共和国政府是代表中国的唯一合法政府。”“一个中国”原则成为中外建交必须遵循的原则，它要求建交国不得与台湾地区发展官方关系。

建立在政府承认与继承国际法法理之上的“一个中国”原则居功至伟，它在国际组织内和双边关系上有力和有效捍卫了我们的国家主权、安全和尊严。国际法对于维护我国的利益不可或缺。

三、国际法是促进我国发展不可或缺的工具

改革开放特别是“入世”后我国经济的巨大发展，很好地诠释了国际法的这一作用。恢复联合国席位后，我国开始缔结一系列多边条约，为改革开放做必要准备。1975年我们加入《维也纳外交关系公约》，该公约主要规定使馆职能和使馆及其人员特权及豁免权，加入该公约为我国建立广泛外交关系创造了良好条件。1979年我们又加入《维也纳领事关系公约》，该公约旨在通过使馆领事部和专设领事馆保护本国国民利益，加入该公约和之后订立的双边领事条约，对于保护我们出国人员，特别是留学研究人员、商务人

〔4〕 按照有效统治原则，一个政府控制了本国绝大部分领土并得到该领土上人民的习惯服从，他国就应予承认。中华人民共和国对中国领土的绝对控制和得到中国人民广泛拥护是显而易见的事实，因而完全符合有效统治原则的要求。该原则是我国主张和争取在国际组织代表中国的重要法律依据。

士和旅游者起到重要作用。

2001年我国加入世界贸易组织（WTO）。WTO既是国际组织又是由一系列国际法律文件构成的条约，它是经济全球化思想（主要是全球产业链分工理论）的法律化。加入WTO使我们成功融入经济全球化进程，并发展成为世界制造业中心乃至第二大经济体。“入世”前后各种数据对比充分说明，入世对于我国的经济发展起到非常重要作用。[5] 我国后来又签署了RCEP（《区域全面经济伙伴关系协定》）和《中欧全面投资贸易协定》，并正在申请加入CPTPP（《全面与进步跨太平洋伙伴关系协定》）。

时至今日，我国共参加六百多项重要的多边条约和几乎所有的普遍性国际组织，并坚持“约定必须遵守”原则，严格按国际规则办事。1982年我国《民事诉讼法（试行）》明文规定，当我国参加的国际条约与本法有不同规定的，适用条约的规定。1986年《民法通则》以及一批法律、法规也都有类似表述。这充分说明我国政府善意履行国际义务的决心。我们还通过对现有法律、法规的废除、修改和重订（“废、改、立”）来确保对于国际规则的遵守。2001年我国加入WTO前后，为满足WTO履约要求，一共废除、修改、重订了一千余部法律、法规。改革开放取得的伟大成就与我国尊重和遵守国际法密不可分。国际法对于促进我国经济发展不可或缺。

今天，我国已经走上可持续或绿色发展道路。我们签订了《京都议定书》和《巴黎协定》，并承诺于2060年前实现碳中和目标。

---

〔5〕 自2001年至2020年，我国GDP增长了9倍，年均增长8.7%，一跃成为全球第二大经济体；货物出口总额增长了近10倍，进口总额也增长了8倍多，成为货物贸易第一大国；服务贸易出口总额增长了7倍，进口总额更是增长了近10倍。此外，加入世贸组织后，我国外商直接投资规模从2001年的468.8亿美元增加到2017年的1363.2亿美元，年均增长6.9%；2020年，中国实际利用外资9999.8亿元，逆势增长6.2%，成为全球最大外资流入国。原始数据参见WTO官网（https://timeseries.wto.org）及国家统计局官网（https://data.stats.gov.cn），分析数据参见商务部数据中心（http://data.mofcom.gov.cn/hwmy/imexyear.shtml）及2018年国务院新闻办发布的《中国与世界贸易组织白皮书》。

在这条道路上，国际法再次扮演了重要角色。

四、国际法是我国进行国际说理斗争不可或缺的工具

从近年来我国外交部的新闻发布会，我们可以清楚看出国际法的这一作用。围绕我国钓鱼岛主权、所谓“南海仲裁案”和“南海航行自由”、“一带一路”倡议、中美贸易争端、美国长臂管辖、我国与世卫组织、我国与联合国、我国与上合组织、新冠病毒溯源、所谓“基于规则的国际秩序”、所谓“中国人权问题”、台海局势等议题，都和国际法相关，从国际法角度来阐明立场、进行说理和加以论辩是不可或缺的。

国际法之所以具有说理功能，是因为它可以用来判断国际上的是非曲直。笔者的老师魏敏教授曾说：“国际法是辨明国际上大是大非的标准。”〔6〕这个论断至今仍有生命力。新冠疫情发生后，特朗普多次将新冠病毒说成“武汉病毒”或“中国病毒”。从国际法来看，这是典型的种族主义论调，严重违反种族平等的基本人权，并涉嫌种族主义煽动罪。〔7〕他如果在美国国内针对有色人种发表类似言论，恐怕是要吃官司的。美国还有人以新冠疫情发生为由在本国法院起诉中国，向中国追责和索赔。而根据国际法，只有存在可归责于一国的因素，该国才有可能承担责任。新冠病毒被公认为起源于自然，与中国毫无关系。在这种情况下，奢谈什么起诉、追责、索赔？美国等一些西方国家还炒作所谓“新疆的种族灭绝”。在国际法上，种族灭绝要有大规模肉体上消灭某一团体的事实存在。而新疆少数民族人口一直在增长，所谓的“种族灭绝”从何而

---

〔6〕 魏敏编：《国际法概论》，光明出版社1985年版，第15页。

〔7〕 1965年《消除一切形式种族歧视国际公约》将种族歧视和国际罪行联系在一起。该公约第4条规定：“凡传播以种族优越或仇恨为根据的思想，煽动种族歧视……概为犯罪行为，依法惩处。”

来，又从何谈起？

拜登上台后，美国政府又以所谓民主的价值观为由攻击中国，并大谈“基于规则的国际秩序”。但我们知道，当代国际法是从联合国成立开始的，而联合国是由51个价值观不甚相同甚至完全不同的国家所创立，《联合国宪章》不是价值观相同国家之间的法律，而是价值观不同国家之间的法律。因此，当代国际法不是某种价值观的国家攻击他国的法律，而是价值观不同国家和平共存、友好合作的法律。我们只需明确这一点，就能清楚知道，谁在真讲国际法以及孰是孰非。国际法的确提供了辨明国际是非的标准。在当今复杂的国际形势下，面对大国激烈博弈的情况，我们需要以理服人，国际法对我国进行国际说理斗争不可或缺。

五、国际法是传播中国声音不可或缺的工具

我国现在国力上去了，但国际话语权仍需增强。正因为如此，中央提出要加强国际传播能力建设。加强国际传播能力建设从软件上看，主要是如何更好传播中国声音的问题。这个问题也离不开国际法，离不开国际法话语。

传播中国声音首先要让外国人听得懂，听得懂是传播中国声音的前提。而国际法话语是世界上唯一通用的法律话语，它能够有效沟通中外双方，起到对话的桥梁作用。当前似乎存在一个误区，就是把传播中国声音和使用中国原创或土生土长的话语相等同，其实不然。中国原创或土生土长的话语固然重要，但对外传播时必须解决让外国人听得懂的问题。国际法话语则不存在这个问题。国际法来自于西方，是西方基督教文化的一部分，它是随着西方殖民扩张而传到世界各地并成为一种通用话语的。当然，用国际法话语传播中国声音还需要用外语来表达，而用外语表达又涉及有关国家的文

化传统，涉及大学里的所谓西学（国际法也在其列）。从这个意义上讲，对外传播中国声音实则洋为中用的问题，是用外国人听得懂的话语和语言文化来讲中国的故事并讲好中国故事，而绝非自说自话。

此外，国际法话语是法律的话语，采用法律的形式，因而具有权威性。由于追求权威性或合法性乃世人普遍心态，权威性对于有效传播中国声音很重要。权威性和力量是孪生兄弟，国家再强大也不能忽视。近代以来西方不仅力量占优，而且擅长用国际法包装力量。国际货币基金组织、世界银行、GATT 以及之后的 WTO，无一不是很好的例子。我们也要善于将利益变成权力，把权力的行使变成法律的授权，并且用到传播中国声音上。传播中国声音特别是讲好中国故事离不开权威性。

习近平主席今年五次对外重要讲话〔8〕每每必提国际法，而且充满了国际法话语，这既说明国际法在当下对我国的重要性，也说明国际法已经成为我国对外关系和外交政策的重要语言。我们要按照这些讲话的精神，高度重视国际法，重视国际法话语对传播中国声音的重要作用。

六、国际法人才的用武之地

传统上，为政府工作的国际法人才被认为是从事法律工作的专业人士，其工作范围主要是出具法律意见、代理案件、参与条约制定等。由于提交第三方解决争端的案件数量有限，以及聘请国际法

〔8〕习近平：在世界经济论坛“达沃斯议程”对话会上的特别致辞（2021 年 1 月 25 日）；在上海合作组织成员国元首理事会第二十一次会议上的讲话（2021 年 9 月 17 日）；在第七十六届联合国大会一般性辩论上的讲话（2021 年 9 月 22 日）；在《生物多样性公约》第十五次缔约方大会领导人峰会上的主旨讲话（2021 年 10 月 12 日）；在中华人民共和国恢复联合国合法席位 50 周年纪念会议上的讲话（2021 年 10 月 25 日）。

教授担任代理人的传统，他们实际代理案件的机会少之又少。如果这样认识国际法及国际法人才的作用，对国际法人才的需求无论如何都非常有限。而国际法上述重要作用应使我们认识到，国际法人才在我国是大有用武之地的。

首先，政府几乎每个部门都需要国际法人才，只不过是需要多少的问题，因为它们都承担维护我国利益、促进我国发展、进行国际说理和传播中国声音的职责。这也应验了政府具有对内对外双重职能一说。在政府部门中，外交部和商务部需求量最大。外交部几乎所有机构、所有驻外使领馆、所有驻国际组织代表团，以及商务部所有对外机构，都应该需要国际法人才，这不仅因为维护我国利益、促进我国发展、进行国际说理和传播中国声音是其天职，还因为它们有可能参与对外政策的制定及阐释，参与对外政策及立场的宣示，直接参与国际说理斗争，并且代表中国发声。它们无法脱离国际法，包括国际法话语和形式，国际法是其必备工具，国际法人才在这些单位天地广阔、大有作为。

其次，军队和武警在一定程度上也需要国际法人才。军队不仅担负维护国家主权和领土完整的重任，传统上还要掌握国际人道法知识，现在又要参与联合国维和行动并打击海盗，对国际法人才有所需求。武警也是如此。新成立的海警部队属于武警系列，需要运用国际法维护国家海洋权益。

再次，我国的新闻媒体实际上也需要国际法人才，因为它们同样需要用国际法进行国际说理斗争，需要用国际法来传播中国的声音，宣讲中国的故事并讲好中国故事。不仅如此，它们还需要国际法人才撰写国际时评。国际关系可以从政治、经济、科技角度观察，还可以从法律角度观察，从法律与政治、经济、科技关系的角度观察，这就需要国际法专业人员。目前我国的新闻媒体鲜有国际法毕业生。

最后，国际法人才还有一个用武之地，就是到国际组织或机构工作。目前，在国际组织中工作的中国籍雇员或职员比例，要远远低于西方大国。纽约联合国秘书处工作人员总数约 4 万人，其中中国籍雇员 450 人，占总人数的 1.21%。其中，供职联合国秘书处的非语言类中国籍专业人员只有 74 名，低于联合国给出的 136 人额度。全球范围内联合国机构工作人员近 11.5 万，其中中国籍雇员只有 1000 人左右，仅占人员总数的 0.87%。中国籍雇员人数在五个常任理事国中最少，与会费分摊不成比例。〔9〕 在秘书处 D-1 以上的高级别职员中，美国有 42 位，英国有 21 位，德国有 16 位，中国有 13 位，印度有 12 位。在联合国日内瓦总部工作的中国籍职员数量是 57 人，从结构来看，其中 55 人都是从事语言类或者其他服务类工作。国际劳工组织国际职员总数是 600 人，而中国籍职员只有 10 余人。

截至 2021 年 4 月 30 日，国际货币基金组织有雇员约 2765 人，其中中国籍雇员 145 人，仅占总人数的 5.2%。而美国雇员超过总数的 1/3，中国籍雇员人数与中国在国际货币基金组织所占份额不相匹配。〔10〕 根据 2020 年年报，世界银行集团目前在全球共有约 1.23 万名职员，中国籍职员仅有 470 人左右，与中国作为世界银行三大股东之一的地位完全不相称。根据 2021 年年报，WTO 秘书处正式雇员有 624 人，中国籍只有 16 人，而美国籍有 32 人，欧洲总计 392 人，其中法国籍 165 人，英国籍 46 人。

导致这种状况的因素很多，但无论如何，国际组织或机构为我们的国际法人才提供了施展才华的舞台，关键还是要看个人的努力。此外，无论从履行大国责任或增强国际话语权来看，我国都需

---

〔9〕 据联合国会费委员会日前公布的 2019 年至 2021 年联合国各成员国常规预算报告书，中国的会费分摊比例从 7.921%上升至 12.005%，超过日本升至第二位。

〔10〕 2016 年 1 月，国际货币基金组织第十六轮份额改革正式生效，中国在该组织投票权重上升至 6.394%。

要向国际组织输送更多人才，包括国际法人才。

七、结论

国际法主要是国家之间的法律，为国家或政府部门培养国际法人才是大学的使命。但人才培养是一种供需关系，不仅大学要充分认识国际法人才培养的重要性，用人单位也要这样。从某种意义上讲，用人单位的认识更重要，因为先有需才有供。

国家越强大就越要重视国际法的作用。力量必须与权威性相结合才能获得更大影响力。我们要认真学习领会习近平主席对外重要讲话精神，高度重视国际法对我国的作用。

国际法的作用是人的作用，是人才的作用，是国际法人才的作用。离开了人才，国际法再有用也没有用。国际法对我国的重要作用表明，我国对国际法人才有着比较广泛的需求。

改革开放以来，我们的大学培养了大量国际法学生，但多数并未到政府部门工作，因而浪费了不少教育资源。出现这种情况有多种原因，但一些用人单位对国际法人才的重要性认识不足，恐怕也是其中之一。

国际法人才在我国大有作为。如果不忘国际法教育的初衷，站在为国家培养人才的高度，充分认识国际法对我国的重要作用，国际法人才培养在我国就大有可为。

如何实现国际法研究与教学的精确化

车丕照*

一、粗放式的国际法研究与教学难以为我国的国际法实践提供有力支撑

从 1977 年恢复高校法学专业招生算起，我国的国际法专业教育已有四十余年。在看到现有成绩的同时，也应看到不足。在笔者看来，我国的国际法研究与教学的一个重要缺陷是严谨性和准确性不足。这种不足首先表现在国际法研究上，随后自然影响到国际法教学。粗放式的国际法研究与教学影响到我们对国际法的精确把握和深入研究，从而难以为我国的国际法实践提供有力支撑。

20 年前在我国出现的那场关于世界贸易组织规则（WTO 规则）是否应在我国法院适用的争论充分显示出这一缺陷。当时国内压倒性的观点是，我国法院应直接适用 WTO 规则，而且，

* 车丕照，清华大学法学院教授。

当出现国内法与 WTO 规则不一致时，应优先适用 WTO 规则。例如，有学者指出："法院在审理和裁决具体涉外纠纷时，可以直接适用 WTO 协议中的一些规则，特别是在国内法中没有相关规定时，更应直接适用 WTO 协议。此外，当事人可以在法院直接援引 WTO 协议的原则或规则主张权利，这也是对 WTO 规则的直接适用。"〔1〕法学界的主流观点显然影响了我国最高人民法院对这一问题的判断。2000 年 10 月 29 日，最高人民法院的一位负责人在全国民事审判工作会议上表示，在中国加入世界贸易组织之后，各级法院在审理涉外民事案件时，如果世贸组织规则与中国法律发生冲突，应当优先适用世贸组织规则。直到两年后的 2002 年 9 月 12 日，最高人民法院才通过颁布《关于审理国际贸易行政案件若干问题的规定》重新明确了立场："人民法院审理国际贸易行政案件，应当依据中华人民共和国法律、行政法规以及地方立法机关在法定立法权限范围内制定的有关或者影响国际贸易的地方性法规"〔2〕。最高人民法院还进一步明确：我国法院将不直接适用世贸组织规则，而是通过修改和制定国内法律的方式来转化实施世贸组织规则。我国法院不直接适用世贸组织规则主要有两层含义：一是个人和企业不能直接援用世贸组织规则向法院起诉和抗辩；二是法院在判决文书中不直接援用世贸组织规则作为裁判依据。

最高人民法院在 WTO 规则能否在我国法院适用问题上的立场转变，原因可能是多方面的。例如，我国宪法对条约在国内的适用问题未做出明确规定，从而难以判断我国在条约适用问题上的一般立场；再如，当时的《民法通则》等几部法律关于"条约优先适用"的规定，使许多人相信，条约优先于国内法适用是我国确立的

〔1〕 江伟、王景琦：《WTO 协议与中国民事司法制度的完善》，载《中国法学》2001 年第 1 期。

〔2〕《高法：与国际贸易相关行政行为纳入司法审查》，载中国法院网：https://www.chinacourt.org/article/detail/2002/09/id/13698.shtml，访问日期：2021 年 8 月 29 日。

一般原则；又如，我国法院先前适用国际条约的实践使许多人认为，我国法院可以像适用民商事条约那样来适用 WTO 规则；还有，人们对我国“入世”谈判的内容，包括我国最后签署的各项法律文献的内容了解不多，使得人们难以对 WTO 规则在我国法院的适用问题做出准确判断。当然，还有一个重要原因，就是本文所说的，我国的国际法研究与教学存在着不够精确的问题。多年来，我们满足于“国际法高于国内法”“条约优先于国内法适用”这样一些笼统的判断，而疏于做出更为精细的研究。其实，只要认真读一下我国政府与世贸组织签署的最后文件，我们还是能够对 WTO 规则在我国的适用问题做出正确判断的。《中国加入 WTO 工作组报告》第 67 条指出：“中国始终都是以善意方式履行其国际条约义务。根据宪法和条约缔结程序，WTO 协定属于需经全国人大常委会批准的‘重要协定’。中国将确保其有关或者影响贸易的法律和法规与 WTO 协定和中国的承诺相一致，以充分履行其国际义务。为此，将在完全遵守 WTO 协定的情况下，通过修订其现行国内法和制订新法律，以有效的统一的方式实施 WTO 协定。”这已经表明，我国将以“转化”的方式来实施世贸组织规则，我国法院将要适用的是我国法律，而不是世贸组织规则。

在其他一些重大国际法问题上，例如，在“仰融案”中辽宁省政府在美国法院是否享有管辖豁免资格，我国的国际法学界也未能做出准确的预判，认为本案中的辽宁省政府在美国联邦法院不享有管辖豁免的资格，再次暴露出我国的国际法研究和教学的粗放式的弱点。所谓“粗放式”，是指对国际法的研究浮在表面，不求精确，从而得出一些似是而非的结论。随着我国国际地位的增强，为了给我国的国际法实践提供有力支持，我们的国际法教学与研究必须走向精确化。那么，如何做到国际法研究与教学的精确化呢？笔者认为要特别注意三方面的问题：一是不能笼统地看待国际法，二是不能孤立地看待国际法，三是不能脱离现实来看待国际法。

二、不能笼统地看待国际法

在给学生们讲授国际经济法时，笔者曾说过，国际经济法的研习过程可分为三重境界，分别是“知其然”、“知其所以然”和“不以为然”。笔者相信国际法的研习，乃至其他学科的研习，也都会有这样三重境界。

“知其然”是研习过程中的初始境界，但即使在这个阶段，我们也会发生认识上的错误。出现误解的原因在于我们经常未能自觉地运用分析和归类的方法，而是粗略地观察事物，笼统地做出判断。

所谓“分析”，就是将研究对象由整体分为若干部分，并分别加以考察的一种认识活动。分析是人们认识事物最基本、最常用的方法。但一些人在研究和教授国际法时不习惯细致的分析，因此，难以对研究对象形成正确的认识。举两个例子：一是国际经济法中的“国际惯例”，各教科书通常会认定其为国际经济法渊源，但却不肯对其再作拆分。其实，国际经济法中的国际惯例依适用主体的不同，可被拆分为两类：一种是调整国家间关系的“国际惯例”，即国际公法中的国际习惯；另一种是调整私人间关系的“国际惯例”，属于国际民商事规范。这两类惯例分属不同的法律体系，其约束力的产生依据也不相同，因此，不应不加区分地讨论。二是关于“国际条约”的例子。人们习惯于说“条约高于国内法”。其实，无论是“条约”还是“国内法”，都是需要拆分的。根据我国缔结条约程序法的规定，“条约”可以划分为具有不同效力等级的三类：须经全国人大常委会决定的条约、须经国务院核准决定的条约和由政府部门决定的条约。上述三类条约在效力等级上分别与法律、法规和规章相对应。因此，笼统地说“国际条约高于国内法”是不准确的。

所谓“归类”，是指按照事物的性质或等级将其归于一定的位置或系列当中。归类的核心是对认识对象的定性。确定了对象的性质或等级之后，就可以将其置于应有的位置或系列中。因此，“归类”其实包含“定性”与“分配”两个过程。在法学领域，只有先确定某项行为或关系的属性，才能确定其法律上的意义或后果。很多国际经济法问题之所以被争论不休，是因为没有被正确地归类。例如，WTO 规则在很长时间里被错误地归类为国际贸易规则，可以用来裁判民商事纠纷，但实际上 WTO 规则是国际贸易管理规则，即使在国内法院直接适用，也只能作为审理国际贸易行政案件的依据，而不是审理民事案件的依据。

为了精确地认识国际法，必须注重对国际法规范的分类研究。同任何其他法律部门一样，国际法也是一个规范体系。规范是国际法的最小构成单位。如同我们需要从认识分子来认识物质一样，我们也需要从认识国际法规范来认识国际法。从规范的角度来认识国际法，是一种分析的方法。我们把复杂的国际法体系分解成相对简单的构成单位，在个别考察的基础上，可以看出这些构成单位的基本特点和相互间的关系，并由此实现对国际法的整体把握。

国际法规范可依据不同的标准进行划分。依据表现形式的不同，可被分为习惯规范与条约规范；依适用范围的不同，可被分成普遍规范与特别规范；依据效力来源的不同，可被分为约定规范与强行法规范；依据约束对象的不同，可被分为约束国家的规范与约束私人的规范；依据约束力强度的不同，可被分为刚性规范与柔性规范。我们还可以依据其他标准将国际法规范无穷尽地划分下去。取出一盒什锦豆，我们可以将其分成球形与非球形的、酥的与脆的、甜的与其他口味的、深色与浅色的，等等。在日常生活中，我们每取出一粒豆子，我们都会立即从不同角度对这粒豆子做出判断：这是一粒酥的、甜的、绿色的、球形的豆子。至于类型划分标准的设定，则取决于人们对认识对象的何种属性更为关心。有人可能更关心豆子的硬度，而另外一些人则可能更关心豆子的甜度。我们对国际法规范的认识还没有达到这种水平。在多数情况下，我们仅满足于“国际法规范是约束国家的规范”这一层次的判断，而不善于从多角度对国际法规范加以认识。如果我们能够像对待什锦豆那样对待国际法规范，我们就会对每一项国际法规范做出比较全面的判断。例如，对《联合国国际货物销售合同公约》中“买方可以规定一段合理时限的额外时间，让卖方履行其义务”这一条款，我们可以判断：这是一项条约规范，这是一项为私人创设的规范，这是一项可由当事人排除适用的规范，等等。对于其他的国际法问题，也可通过分析和归类的方法求得精确和全面的认知。

三、不能孤立地看待国际法

由于国际法是一个庞大的规则体系，因此，人们对国际法的研究通常局限于某一或某些领域，如国际海洋法、国际人权法等。但应该看到，无论是国际法的哪一领域，都与国际法的其他领域紧密相关，并适用相同的原理。然而，有的学者却只熟悉自己的研究领域，孤立地考虑自己领域中的问题。

WTO研究在我国似乎已经成为一门独立的学问，不仅有专门的研究机构、专门的学术团体，还有专门的教学单位。因此，我国学界容易人为地将WTO规则与国际法体系割裂开来。一些学者倾向于将WTO规则看成一套“自洽”的、“自给自足”的法律体系。所谓自给自足的法律体系是指：其一，该制度的建立基于特定国家之间的协议；其二，它是和平解决国家之间争端以及执行国际法的一种封闭制度；其三，它拥有自己的一套执行体系；其四，其目的是反对国家在制度外采取单边措施；其五，其作用是促使国家履行条约义务，和平解决国际争端。基于这些标准，一些学者认定WTO规则是一套自给自足的体系。[3] 且不说“自给自足”的法律体系的概念是否科学，仅仅是这个概念的引入，便使得一些学者只着眼于WTO规则自身而忽略了将WTO规则放在整个国际法制度体系和理论体系下加以认识。对WTO规则的这种孤立的研究至少带来两方面的负面效果：其一，忽视了WTO规则的条约属性；其二，与此相关，忽视了对WTO条约解释的研究。

从国际法角度看，WTO规则是一套有关国际贸易政府管理的多边条约。如果再作进一步的分析，我们可以发现：其一，WTO各项协议是为成员方创设行为规范的公法性条约，而不是为私人创设行为规范的私法性条约。这类条约虽然可对私人的行为或利益产生影响，但却并不为私人创设行为规范，私人也不能依据此类条约规则而主张权利。其二，WTO规则是约束成员方对外经济贸易管理行为的规则。条约可在各个领域为国家创设行为规范，而WTO规则只是在贸易管理方面对成员方加以约束。其三，WTO规则是适应市场经济的国际法规则，它要求尽可能多地发挥市场机制的调节作用，尽可能少地进行政府干预。由于WTO规则是根植于传统的市场经济理论的一套制度，而我国的“社会主义市场经济”具有某些不同于传统的市场经济的特质，因此，基于经济制度的差别所产生的我国与某些成员方的冲突将不可避免。

由于WTO规则是一套国际条约，而条约是建立在各缔约方共同同意的基础上，因此，缔约方（特别是强大的缔约方）是有能力动摇WTO规则的。当我们满足于WTO规则是一套自给自足的规范

---

〔3〕 参见王传丽：《WTO：一个自给自足的法律体系》，载陈安主编：《国际经济法学刊》（第11卷），北京大学出版社2004年版，第82—118页。

体系时，当我们将WTO争端解决机制称赞为“皇冠上的明珠”时，我们没有想到，美国的“不高兴”会使“皇冠上的明珠”黯然失色，甚至使得整个WTO规则一时陷入岌岌可危的境地。WTO争端解决机制（特别是其上诉机制）的确像“明珠”一样耀眼。但这颗“明珠”的地位是基于各缔约方的共同同意，因此它不是“焊接”在“皇冠”之上的，甚至也不是“镶嵌”在“皇冠”之上的，而只是“摆放”在“皇冠”之上，因此，是很容易脱落的。

由于WTO规则是一套国际条约，因此，WTO争端解决的核心问题其实是一个条约解释问题。围绕着中国入世议定书第15条的含义，各有关方面在解释上的冲突就是一例。议定书第15条是规定倾销与补贴价格的可比性的。其中第1款规定，如果中国生产者能够明确证明，生产该同类产品的产业在制造、生产和销售该产品方面具备市场经济条件，则WTO进口成员在确定价格可比性时，应使用受调查产业的中国价格或成本（第1款第1项），否则，该WTO进口成员可使用不依据与中国国内价格或成本进行严格比较的方法（第1款第2项）。随后，第15条第4款又规定，一旦中国根据该WTO进口成员的国内法证实其是一个市场经济体，则第1款的规定即应终止，但截至加入之日，该WTO进口成员的国内法中须包含有关市场经济的标准。而无论如何，第1款第2项的规定应在中国入世之日后15年终止。对议定书第15条的解释分歧主要集中在对第4款的规定上。中国政府依据第4款的后半段主张，在中国入世15年后议定书第15条这一特别安排应立即终止；一些缔约方则提出，其有权不承认中国的市场经济地位，从而继续适用替代国方法。由于我们在很长一段时间忽略了WTO规则的条约属性，因此，我们通常将WTO争端解决看成一套特殊的技能，在WTO规则的解释方面没有下大功夫。在知网上以“WTO”为关键词可检索到86 000余项文献；以“世界贸易组织”为关键词可检索到

10 100余项文献；以“世界贸易组织规则解释”或“世贸组织规则解释”为关键词检索不到任何文献，以“WTO解释”为关键词只检索到一篇文献。显然，对我国参加WTO争端解决程序，我国学界难以从条约解释方面给予有力支持。

四、不能脱离现实来看待国际法

法律根植于社会现实。因此，不能离开国际关系的现实来看待国际法和理解国际法问题，而应从国际关系中寻找国际法的产生原因，依据国际关系的状况来判断国际法的实际效果。就国际经济法的教学而言，由国际经济关系出发来认知国际经济法，就可以树立国际经济法的整体观、本源观和发展观。

国际经济法的整体观就是要以国际经济法所调整的社会关系为边界，以国际经济法整体为背景，来思考国际经济法的具体问题。国际经济关系的参加者包括私人与国家，据此，国际经济关系可分为三类：一是国家之间的国际经济关系，主要表现为经济管理权限的界定，可称作协调关系；二是私人之间的国际经济关系，主要表现为经济利益的交换，可称作交易关系；三是国家与私人之间的国际经济关系，主要表现为国家对私人的跨越国界的经济活动的管理，可称作管理关系。无论是在国际贸易领域、国际投资领域还是任何其他领域，把握这三类关系，也就能够实现对国际经济法的整体把握。

国际经济法的本源观就是如何看待国际经济法的产生与存在。国际经济法的产生与存在均来自社会现实而不是某种先验的东西。在不同类型的国际经济关系形成与发展过程中，共同的规则逐步出现，进而以法律的形式确定下来。这些法律规则的逐渐积累就形成了当今的国际经济法。国际经济法规则的创设是国家意志协调的结果，但国家意志的背后仍然是物质性的东西，国家无法脱离国际社会的现实而恣意表达自己的意志。

国际经济法的发展观是如何看待国际经济法的演变过程。由于国际经济法的产生是来自国际社会的现实需要，所以，国际经济法也需要随着国际社会的发展而变化。我们必须动态地、历史地看待国际经济法。例如，关于 WTO 多边贸易体制与区域贸易安排的关系问题，回顾历史，我们可以看到，WTO 这种普遍性的国际贸易管理规则只是近几十年才出现的情况。只有各国可以分享共同的价值时，才可能出现共同的规则。如果没有双边和区域贸易协定的积累，也不会出现多边贸易体制。同样的，今天以各种双边和区域安排所表现的“碎片化”的造法，是在为未来“完整化”的造法积蓄能量。

这样的道理也应该同样适用于国际法的研究与教学。尽管从主权平等原则出发，各国对国际法的产生具有同等的作用或影响，而事实上，国际法总是更多地体现了大国的意志。在国际法不很发达的历史时期，其主要表现为国际习惯，而大国的实践对国际习惯的生成显然具有更为重要的作用。在以条约作为国际法主要渊源的时代，大国更倾向于将自己的意志转化为条约规则，从而主导国际法的发展。第二次世界大战结束以来，作为头号强国的美国，极力通过条约来创设新的国际法制度和规范。无论是七十多年前的《联合国宪章》、《国际货币基金协定》和《关税与贸易总协定》，还是今天各个领域中的多边、区域性和双边的条约安排，都表现出美国对引领国际规则制定的看重和美国的实际影响力。美国有能力主导它所喜欢的新规则、新制度的确立，同时也有能力抑制甚至毁掉它不喜欢的国际条约或其他国际安排。

对国际法作用的考察也不能仅停留在纸面而忽视国家实力的影响。例如，国际法上的报复制度，从字面上看是一种平等的安排，但其适用后果往往是不平等的。山羊踢大象一脚，对大象来说是无足轻重的；而大象踢山羊一脚，对羊来说则可能是致命的。

五、结语

不能笼统地看待国际法，就是要坚持矛盾的特殊性的观点。毛泽东同志在八十多年前所著《矛盾论》即已指出："如果不认识矛盾的普遍性，就无从发现事物运动发展的普遍的原因或普遍的根据；但是，如果不研究矛盾的特殊性，就无从确定一事物不同于他事物的特殊的本质，就无从发现事物运动发展的特殊的原因，或特殊的根据，也就无从辨别事物，无从区分科学研究的领域。"因此，如果不具体研究某一国际法规则或制度的特殊性，也就无法知晓其特定本质，无从辨别其与类似规则或制度的区别，自然也就难以得出精确的判断。

不能孤立地看待国际法，就是要坚持事物普遍联系的观点。在辩证唯物主义者看来，世界上的每一事物或现象都同其他事物或现象相互联系，而并非孤立存在。割裂国际法各组成部分，忽视国际法理论的系统性，就难以对国际法的局部产生准确的认识。

不能脱离现实来看待国际法，就是要坚持经济基础决定上层建筑、上层建筑同时又反作用于经济基础的观点。马克思主义认为，由社会一定发展阶段的生产力所决定的生产关系的总和构成该社会的经济基础；建立在该基础之上的社会意识形态以及与之相适应的政治法律制度等构成该社会的上层建筑。前者决定后者，后者又对前者发生反作用。因此，不能无视国际法所据以产生的国际社会的现实而抽象地看待国际法。

可见，实现国际法研究与教学精确化的前提，是要掌握科学的世界观和方法论。

大国崛起需要高层次国际法人才支撑*

——关于培养国际法律人才的思考

黄　瑶**

大国的崛起，离不开国际法人才的支撑。没有一流的国际法人才，就难以适应大国崛起后的国际地位、作用和国际影响力。国际法教育是培养国际法人才的重要保障和途径。从现状看，目前我国国际法人才的层次和质量还不能适应大国的崛起，最直观的表现是：享有国际声誉的中国国际法学者为数极少，在重要国际组织担任中高级别职务的中国人凤毛麟角，也未有中国国际法从业者被聘任为他国政府在国际法院的出庭律师，或者被选为国家间争端的仲裁员。中国国际法学人才在国际法实务一线的缺席，与中国作为世界第二大经济体、作为联合国安理会常任理事国的国际地位不相匹配，也难以满足国家日益迫切的通过国际法维护自身权益、发挥大国的国际

* 本文系作者主持的国家社会科学基金重大研究专项（项目批准号：20VHQ005）的阶段性成果。

** 黄瑶，中山大学法学院/海洋法治研究中心教授、博士生导师，南方海洋科学与工程广东省实验室（珠海）海洋法团队首席科学家。

影响力、构建新型国际关系的战略需要。国际法人才培养的滞后有多种原因，其中重要的原因有：一是以往对国际法人才培养的重视度不够，有历史欠账；二是中国国际法教育本身存在诸多不足，例如，教育理念和方法上的问题、市场导向的就业环境等。

党的十八大以来，国家越来越重视国际法人才的培养。习近平总书记在2016年9月的中共十八届中央政治局第三十五次集体学习时讲话中指出："参与全球治理需要一大批熟悉党和国家方针政策、了解我国国情、具有全球视野、熟练运用外语、通晓国际规则、精通国际谈判的专业人才。要加强全球治理人才队伍建设，突破人才瓶颈，做好人才储备，为我国参与全球治理提供有力人才支撑。"〔1〕2021年2月，教育部印发《关于实施法律硕士专业学位（涉外律师）研究生培养项目的通知》（以下简称《通知》），并选取15所高校实施涉外律师研究生培养项目。〔2〕本文以笔者从事国际法多年的教学心得体会，以及对国际法律人才的观察与理解，从国际公法教师的视角，谈谈如何培养高素质的国际法律人才。

一、何谓"国际法律人才"

教育部上述《通知》中提及的"涉外法治专业人才"（简称"涉外法治人才"）至少包括两类：一是为中国企业与国民"走出去"、外商企业"走进来"提供法律服务的律师、公司法务人员等法律从业者，其执业领域以含有涉外因素的民商法、行政法或争端解决为主。这类涉外法治人才的培养早在我国改革开放初期便起步

〔1〕习近平：《论坚持推动构建人类命运共同体》，中央文献出版社2018年版，第385页。

〔2〕《关于实施法律硕士专业学位（涉外律师）研究生培养项目的通知》，教研司〔2021〕1号，2021年2月2日发布，教育部网站：http：//www.moe.gov.cn/s78/A22/tongzhi/202102/t20210226_ 515055.html.

了。二是以国际公法为从业领域的国际法律人，包括为国家和政府各部门的国际交往提供专业法律意见的公职律师，在国际组织、国际性司法机构工作的法律专员，以及能为国家间争端的解决提供法律服务的职业化国际法律师等。相较而言，后者比前者更为稀缺，而国家对后者的需求也更为紧迫。因此，培养以国际公法为职业方向的人才应是当前涉外法治人才培养的重点。诚然，这也是涉外法治人才培养的难点。本文所指称的“国际法律人才”，除特别说明外，皆为后者。

在笔者看来，国际法律人才应具备的综合性素质包括：①扎实的国内法律基础知识和基础能力；②国际法规则的理论知识和实务运用能力；③外语运用能力；④跨学科通识和基本理论，尤其是国际经济、国际历史、国际政治、国际主义思想等方面的知识及基本理论；⑤国际上争取法律话语权和议题设置的能力，这一点对我国真正走向国际舞台、引领国际实践是必不可少的。

如何将国际法律人才的培养纳入涉外法治人才培养计划，这是当前高校面临的挑战之一。笔者以为，可以从以下三个方面考虑。

第一，应考虑涉外法治人才培养的规模。总的来说，本科生的职业规划不是很清晰。学生是否从事涉外业务，与个人意愿、工作岗位的数量、市场对人才的需求等因素息息相关。换言之，接受了涉外法治教育的学生可能从事与涉外法律事务无关的工作。而有些在本科阶段没有接受涉外法治教育的学生却可能因为工作机遇而从事涉外法律业务。因此，我们的涉外法治人才培养可能更多是通过夯实学生的外语和专业基础，使之具备从事涉外法律事务的能力，当机会来临时其能够从事涉外法律工作。从这个角度看，在本科阶段，涉外法治人才培养的面是越广越好。但由于涉外法治人才培养可能需要更多的教学资源，包括师资、资金等，为了保障教学效果，涉外法治人才的面则不宜太广。

第二，应考虑涉外法治人才培养的课程建设。涉外法律事务涉及的专业领域宽广、知识复杂。法学院（系）是涉外法治人才培养过程非常重要的关键一环。在这个环节，如何通过系统的课程建设，培养学生的思维和习惯，使之具备创新和开放的思维、持续的学习能力？如何引入国际政治、历史、外交等方面的教学内容，使学生拥有国际交往的能力和国际化视野？这些都是教育过程中面临的挑战。

第三，应考虑国际法人才学有所用的问题。笔者和同行们都认为，国际法人才尤其是国际公法人才的培养殊为不易，但国内国际公法对口工作范围窄、就业渠道少，不少优秀的国际公法学生“毕业即转业”，不得不从事与国际法无关的工作，在一定程度上造成了国际法人才的浪费。鉴于此，对于那些优秀的国际法毕业生，建议政府和社会（其他机构单位）应设立涉外法治人才库，拓宽他们的就业渠道，尽力让他们学有所用，以免这类优秀毕业生步入社会后荒废了有关资质。养兵千日用兵一时，希望政府和社会都能重视这个问题。

二、职业化国际法律人才如何培养

目前国内的国际法市场缺失是国际法律人才培养困难和人才流失严重的最主要原因。国内知名律师事务所没有国际公法业务板块，国内也没有形成职业化的国际公法律师群体。这与联合国安理会五个常任理事国中的其他国家形成了鲜明对比。以俄罗斯为例，在乌克兰频频将克里米亚相关问题诉诸国际性司法和仲裁机构之际，俄罗斯不仅聘用了外籍律师作为出庭律师和咨询专家，还启用了本国律师事务所的律师。英国国际公法律师的职业化最为成熟，浏览英国的各个大律师行（Chambers）官网可见，国际公法业务与国内法业务齐头并进，甚至对某些大律师行来说，国际公法业务比其国内法业务更为出彩。

反观我国，市场的匮乏导致了国际公法人才英雄无用武之地，因为大部分学生在选择专业时都是基于务实考虑的。比如，维护我国南海权益离不开国际公法和海洋法，然而，国际公法和海洋法的研究本身并不面向市场，是所有法律专业中最不挣钱的专业之一。笔者见过一些对国际法充满浓厚兴趣又拥有较高素质的学生，但他们在选择研究生专业时往往会选择民商法、诉讼法等容易在国内就业的专业。笔者虽深感无奈，但也理解学生的选择，毕竟，在目前的情况下，选择国际公法方向是需要勇气和情怀的，因为选择了国际公法这条路，就意味着要有更多的付出，而收益往往与之不成正比。

培养职业化的人才是培养国际法律人才的必经之路。〔3〕国际法和其他法律部门一样，也是一门应用型学科。国际组织、国际法庭中所要运用的国际法技术，同课堂上老师能传授的国际法知识，显然属于两个不同的层次。如何在市场缺乏吸引力的情况下实现职业化国际法人才的“破局”呢？笔者有三点思考。

第一，鼓励学生选择国际化、职业化的国际法道路。譬如，去国外知名高校交流、访学；支持学生在国际组织实习；支持学生留学攻读学位；等等。以笔者鼓励和支持学生出国学习和攻读学位为例。2012 级中山大学法学院国际法硕士研究生廖雪霞是中山大学的保研生，在研究生一年级时她想申请国际海洋法法庭（ITLOS）的暑期班，当时因为签证出了问题差点不能成行。在笔者的帮助下，签证在最短的时间内办好。在研究生二年级快毕业时，她犹豫要不要读博士，在笔者的鼓励和帮助下，最终顺利在研究生毕业的

〔3〕关于国际法律人才的培养与本国职业化法律团队建设的关系，可参阅廖雪霞：《法律职业化视角下的国际争端解决》，载《开放时代》2020 年第 6 期。

第二个月启程赴欧洲留学攻读博士学位，四年后以优异的成绩毕业，自此踏上了她的国际法研究与运用职业之路。现任北京大学法学院国际法助理教授的廖雪霞在回顾她的出国读博经历时说："黄老师，如果不是您的大力支持，我可能没有决心去出国留学。"

第二，需要国家从战略人才培养与储备的高度加大扶持力度。一方面，改革我国国际法的教学、研究〔4〕和人才培养体制，以更好地培养高端涉外法律人才作为国际公法教师；另一方面，引进国际一流人才，为我国国际法研究队伍和人才储备补充新鲜血液，从整体上有效提升我国运用国际法维护国家利益的能力。同时，还应做好优秀涉外法律人才的"出口"问题。正如郑志华博士所言：建议由政府支持，在国内优秀律师事务所中挑选两到三家，建立国际公法的法律事务部门，造就中国籍的国际出庭律师。只有先做好中国国际法人才的"出口"，让他们积累充分的国际法运用经验，才能让他们更好地服务于我国涉外法治工作的需要。

第三，鼓励高校国际法教师的外文发表和国际出版，提高中国国际法学者的国际知名度。实际上，许多国际法职业律师都兼具学者和从业者两种身份。因此，中国国际法学者的"出口"对于培养高素质的职业化国际法人才也至关重要。目前，在学术研究上，法学界对外文发表的重视程度不够，对法学院的评价体系总体还是以法律类的 CSSCI，尤其是 CLSCI（法学核心）期刊为主要标准，对外文发表的评价和认可度不足。澳大利亚国立大学的安西娅·罗伯茨（Anthea Roberts，中文名"安疏影"）教授也认为，由于语言、制度激励等原因，中国国际法学者在国际刊物上的发表数量还有较大的提升空间。〔5〕

〔4〕 关于我国国际公法研究现存的不足及对未来的展望，可参阅黄瑶、林兆然：《中国国际公法研究四十年：历程、经验与展望》，载《法学》2018 年第 10 期。

〔5〕 See Anthea Roberts, *Is International Law is International*? Oxford University Press, 2017, pp. 89–109.

需指出的是，目前的外文评价体系存在两个问题：一是仅局限于英文SSCI期刊，而还有一些优秀的专业期刊并不属于SSCI体系。SSCI期刊发表中国法律问题的文章和期刊又很少，导致我国法学界在国际社会的声音很有限，即便是最需要外文发表的国际法学科，其在国际知名期刊发表的文章也与我国的地位、在世界国际法的实践中的贡献不匹配。二是对于其他语种的不重视，导致使用该等语种的国家的学界和业界对我国法律的认知不足，不利于我国和这些国家的交流与合作，不利于“一带一路”建设的开展。因此，建议进一步改进学术评价体系，采用综合性、多元化的同行评价以及代表作制度。

三、国际法教育需要什么样的理念与方法

以培养国际法律人才为目标的国际法教育，在其具体的教育理念和方法上还存在应改善之处。对此，笔者有如下四点思考。

第一，要将国际法当作一门应用型法律学科来教学。许多学生在最初接触国际法学习时，往往不把国际法视为法律，而是将其理解为国际政治的附庸，或者外交口径中的说辞，又或者将国际法当作法理学的分支。笔者认为，国际法教师首先应该做的就是在教学过程中扭转学生的这种认识，让他们理解国际法首先是规则、是国与国交往中不可或缺的行为规范，要让法律思维渗透到对学生们的国际法教学中。国际法教学应当将运用和解释国际法规则作为首要目标，培养学生识别国际法问题的能力、解释国际法规则的能力，提高学生的逻辑思维能力和解决国际法问题的能力。理想的国际法治人才是在遇到棘手的国际法问题时能够给出行之有效的国际法方案的人，能够在规则层面据理力争，并且言之有理、能够说服他人。教学中，在分析国际法问题时，很多学生往往将问题归结于国

际政治或者大国博弈，满足于将外交部发言人的表态作为答案，放弃了对“为什么”的追问、对“怎么办”的追求。除了解决问题的能力，还需要可以提出问题抑即设置议程的能力。

第二，国际法教学中有时过于依赖“教材本位”的教学方式，对国际法案例、实践、时事新闻、经典和新兴的国际法研究关注不足。笔者常对学生说，国际法院的案例是“活的国际法教材”，因为国际法院不仅不断地审理国家间争议，还不断地更新自己的判例，对国际法的发展有极大的影响。有的国际法教材还将几十年前的国际法院案例作为参考资料，虽然部分经典案例确实具有根本性的重要地位，但不可否认，有很多案例已经过时，很多规则也在实践中被改变。关于国际法案例学习问题，详见下述。

第三，关注国际法的理论新动向。国际法教学中可能对新兴的国际法问题关注不足，没有将新问题或者新实践中的素材纳入教学范畴，导致学生们对国际法的发展和最新动向缺乏感知。其实，我们每天在新闻中看到的时政热点中都包含着国际法知识。比如，2021 年 8 月中旬，塔利班接管阿富汗政权，塔利班政府的代表是否享有在联合国的代表权？对塔利班的承认应作何理解？只有将这些新实践、新素材引入教学，才能激发学生们的兴趣，让他们知道国际法离他们并不遥远。实际上，对国际法的理论新动向应多了解，与关注国际法实践是一体两面。由于缺乏新的理论视角，很多问题即使放在眼前，也会被忽略。根据近年赴德国马克斯 · 普朗克比较公法及国际法研究所（简称“马普所”）做访问学者的同行反馈，在马普所开展的各种理论争鸣开阔了他们的眼界，除了欧洲之外，他们对拉美、非洲的国家实践（国内层面、国际层面、国际组织层面）的研究也非常深入。应该看到，国际法的研究明显有两大块富矿：一是实践发展中出现的新板块新问题，二是国际法中的老问题，两块在特定情形中也会交融。例如，前文提到的塔利班问题，实际上就是一个老问题的新体现，是由于国际法上的承认问题未曾被彻底解决。最近世界范围对国际法中的“帝国”“国家”“主权”等概念的再讨论，也是这一视野的再现。

第四，应当培养学生的国际化视野，让学生接触国际法经典、了解国际法研究动态。有的法学院不论是本科生还是研究生，都开设了国际法英文名著选读，笔者觉得这是一个“师傅领进门”的好方法。笔者的学生毕业后反馈说，当初是笔者的“国际法名著选读”课，才让他们初步了解了阅读英文文献的感觉和方法。精读国际法方面的精品力作，包括论文和著作章节，很有必要。研究生尤其是国际法研究生，应学习英文案例课和其他国际法的选修课，这些课程都要求阅读大量英文文献，甚至要求学生用英文写案例笔记或者小论文。这些教学方法不仅能提高学生一般性的运用英语的能力，还能帮助培养那些有志从事国际法学术研究的同学的学术基本功。

四、加强国际法案例教学

在国际法教学和人才培养中，加强对国际司法实践尤其是典型案例的研习，不仅可以提高学生国际法的运用水平，而且有助于深化其对国际法理论的理解，提升英语运用能力，更有利于培养学生的抽象思维能力。

国际法案例涉及的案情和法律问题非常复杂，因而需要重视对国际法案例教学中案例的选取与讨论，这直接关系到国际法案例教学的效果。在适当增加国际法教学中的案例内容前提下，所选的案例应包括三个方面：一是国际司法机构的案例。常设国际法院、国际法院、国际海洋法法庭等国际司法机构已经裁判大量国际争端或答复咨询请求。这些裁判文书或咨询意见解释国际法原则和规则、发展国际法原则和规则，是非常重要的教学和研究素材。二是我国法院审理的案例。改革开放以来，我国法院在不少司法实践中运用国际法或国内法审理相关争端。法院的司法实践反映了我国法官对国际法与国内法关系、国际法治与国内法治关系的思考，是我国国际法实践的重要组成部分。三是国外法院审理的案例。一些外国居民或公司在国外法院起诉我国。譬如，湖广铁路债券案、仰融等诉辽宁省政府案件，等等。引导学生阅读这些案例，不仅有助于提高学生的专业外语水平，还有利于促使学生理解国家豁免规则的变迁和实践操作，兼顾了国际法的规范性及国际关系对国际法的影响，而且还可以大大提高学生学习国际法的积极性和主动性，激发学生学习国际法的兴趣和对国家对外关系及国家实践的关注。

正如国际法学者前辈陈致中教授所指出的，学习案例应注意四个方面：一是管辖权的确立（establishment of jurisdiction）。因为管辖权是国际诉讼的基础，确定管辖权是国际诉讼的第一步，所以学习案例时必须注意该案的管辖权是怎样确立的。二是法律的适用（the applicable law）。三是该案所包含的法律问题（legal issues）。一个国际法案子往往涉及许多法律问题，学习时应在掌握事实的基础上，把所有的法律问题列举出来，并进一步弄清楚当事双方在这些问题上的诉讼主张（contentions）和国际法院的论点（arguments）。四是法院（或法庭）的结论和学者的评价（conclusions and comments）。〔6〕

这里需指出的一点是，国际法的第一手学习和研究资料一般是英文资料，案例学习更应以阅读英文原始判决、裁决或者意见为主，但不能仅限于判例本身，案件处理过程中的各类文件，特别是国家提交的文件，也非常重要，这点经常被忽视，导致不少学生乃

---

〔6〕 参见陈致中编著：《国际法案例》，法律出版社1998年版，前言第2页、第4—5页。

至学者只看最后裁决而忽略了整个动态的过程。从这些文件可以看到涉案国家和国际法律师是如何切入问题、引入自己的有力论点，也可以看到国际法院如何归纳纷繁复杂的论点，以及策略性地回避某些问题的讨论。此外，对国际法院的认知也应该抱有更开放和批判性的态度，在学习国际法案例的时候，国际法院过去和当前的权威性和局限性都应被强调，尤其不宜把国际法等同于国际法院法，应明确国际法首先是（或应该首先是）国家实践的法。

国际法案例学习也包括国际法实践教学活动中的国际法模拟法庭的演练和参赛。模拟法庭竞赛作为国际上受到广泛认可的专业法律竞赛活动，已经将“以赛促学”的理念引入法学教育之中。诸如杰赛普（Jessup）国际法模拟法庭辩论赛、国际人道法模拟法庭竞赛、国际空间法模拟法庭竞赛，等等。通过精心设计的虚拟案例，这些模拟法庭训练了学生的专业外语水平、国际法资料检索能力和案例分析能力，推动着国际法实践教学。〔7〕

总之，精读国际法文献、加强国际法案例教学，以及鼓励学生积极参加国际法领域的模拟法庭竞赛、设立国际法模拟法庭课程，在当前环境下更有利于培养国际法律人才。

〔7〕 刘丹：《JESSUP 模拟法庭结合国际法双语教学的探索与实践》，载《云南大学学报（法学版）》2012 年第 5 期。

突破国际法研究人才培养“闭关自守”的状态

——国际法与国际关系交叉学科方法的引入

徐崇利*

现今，科学研究的发展离不开学科交叉，法学研究也是如此。在国内法研究中，已经在很大程度上实现了学科交叉，出现了法政治学、法社会学和法经济学等跨学科研究方法。观之国际法研究，法律的分析实证主义方法根深蒂固，对于交叉学科方法的引入，态度相当保守。无疑，独尊纯法律分析方法，排斥外学科智识，不利于国际法学科的进一步发展。当下，世界正面临百年未有之大变局，国际法研究不可能隔绝与国际政治、经济、社会、文化等要素之间的关联，需要实现与国际关系的学科交叉。为了实现这样的学科交叉，一大要务是需要更多、更好地培养国际法与国际关系跨学科研究人才。

* 徐崇利，厦门大学法学院教授。

一、为何培养国际法与国际关系跨学科研究人才

目前，在中国，国际法的主流研究方法是分析实证主义。这种纯法律的研究方法注重对国际法进行从概念到逻辑的形式分析，虽然突显了国际法学科的法律分析方法之特色，但容易割裂国际法与国际政治、经济、社会、文化等要素之间的联系。故分析实证主义方法在国际法学科中“一派独大”的地位，必然扼杀国际法与国际关系跨学科研究方法的引入。在西方，尤其是美国和欧洲，国际法与国际关系已经形成了非常紧密的学科交叉。反观中国，这两大学科相互分离的程度还相当严重。从国际法学科的角度来说，迫切需要重视以国际关系知识和理论分析国际法。

在国内社会，法律由政府制定，并依靠国家机器实施。以此观之，哪怕脱离实际，可能也并不妨碍以纯法律的方法研究国内法。然而，国际社会处于“无政府状态”，国际法由各国共同同意制定，缺乏一个凌驾于各国主权之上的世界政府主导国际法律过程。因此，国际法不但用以调整国家之间的关系，而且其本身来自国家之间的关系。相应地，研究国际法，不可能对国际关系实行“临床隔离”。

汉斯·摩根索是有着深厚国际法教育和学术背景的德裔美国传统现实主义国际关系理论之父。早在1940年，他在《美国国际法学刊》上发表的专论《实证主义、功能主义与国际法》一文中，阐述了“功能主义”国际法理论，详细论证了国际法与国际政治、经济、社会以及心理等方面力量之间形成功能联系的机理，以此证明国际法学应当是一门“实证”的学科，用当下的术语表达，即应重视采用国际法与国际关系交叉学科的方法。

摩根索确立“功能主义”国际法理论立基的假设是，在国内社

会，法律事实具有典型性，法律规则往往容易全面和充分地反映社会现实，适用这些法律规则本身就意味着对社会现实的考虑。正因为如此，对于国内法律规则的适用，即使运用纯法律的分析方法，脱离社会现实的实际结果并不明显。然而，在国际社会，政治现实往往具有非典型性和独特性，假如只是采取概念化和形式化的研究方法，很容易造成对国际法律规则的僵化适用，以致与国际社会现实严重脱节。摩根索进而主张，国际法应当贴近国际政治现实，关注决定国际法律规则实际内容和运作的国际政治、经济、社会以及心理等方面的力量，探寻二者之间的功能联系。只有这样，才能科学地研究国际法。具言之，只有弄清国家之间的权力均衡和利益协调这一基础，才能准确理解国际法律规则为何得以产生，以及为何能够产生实际效力。只有认清与重大权力和利益斗争的相关性，才能识别何为“政治性”国际法律规则和“政治性”国际争端这一特殊存在。

应该说，当年摩根索倡导的“功能主义”国际法理论对国际法与国际关系跨学科研究方法的强调，至今仍不乏很强的说服力。

当下，中国正在越来越走近世界舞台的中央，对国际关系的影响与日俱增。与此同时，中国崛起也必将面临更为复杂的国际环境。在这一背景下，“工欲善其事，必先利其器”，我们将国际法作为外交斗争的一种工具，首先要精通其法律性，即厘清国际法是什么、在哪儿以及何时在等问题，使之成为手中的一把利器。但是，对于为何以及如何有效运用国际法这一外交斗争利器等问题，如果仅仅依靠法律性的专业分析，往往无法获得解决，只有将之置于现实的国际关系之中，采取国际法与国际关系跨学科的研究方法，才能找到确当的答案。

在加快涉外法治建设的进程中，虽然中国的大国地位及所处的复杂国际环境对国际法与国际关系的学科交叉提出了越来越大的需求，但迄今为止，国际法与国际关系跨学科研究人才的供给仍处于短缺的状态，究其成因，又是多方面的：

从历史发展来看，国际法与国际关系之间的学科交叉虽已历经一百多年，但在20世纪50至80年代的冷战时期，聚焦国家间激烈权力斗争的结果，冷落了国际法，形成了国际法与国际关系两大学科的阻隔和脱钩。直到20世纪90年代初冷战结束，国际法与国际关系的跨学科研究才得以回归繁荣。相较于西方，国际法与国际关系交叉学科方法引起中国国际法学界注意的时间要更晚一些。21世纪初，厦门大学国际法学科在国内率先尝试系统引入以国际关系理论分析国际法的方法，承担了“国际关系理论与国际法原理研究”等多个国家社科基金项目，开设了主讲国际关系与国际法学科交叉的“国际法理学”研究生主干课程，并连续出版了《国际关系与国际法学刊》等。

相对于国内法，国际法经常被认为是“软法”或“弱法”。由此，诸多国际法学人有意识或无意识地将严守国际法的法律性等同于捍卫本学科存在的价值，通过构筑起国际法的“法律帝国”，御国际政治、经济、社会、文化等因素于本学科之“城外”。再加上在中国，法律人的学科独立意识历来强烈，对自己学科“一亩三分地”的关注有时异乎寻常，表现在国际法学科，虽无须与国内法学科“争地盘”，但固守经略律法之道，防止国际法的法律性受到国际关系学科的侵蚀，已然形成一种学科的自觉。因此，容易将采取以国际关系知识和理论分析国际法研究方法者视为学法不精，乃至旁门左道。

近代，中国惨遭西方列强蹂躏。在国人眼中，这段历史时期的国际法等于就是强权政治的写照——中国被迫对外签订了大量不平等条约。一旦中国人民站起来、强起来，有能力运用国际法作为外交斗争的工具之后，势必强调以国际法的法律价值对抗西方强权的国际政治逻辑；相应地，在国际法研究中，中国国际法学人更有可能生成将国际法与国际政治相区隔的惯性思维。

传统上，国际法只是与宪法、刑法、行政法、民商法、诉讼法等国内法律部门具有同等地位的一个法律部门。然而，随着全球化时代的到来，大量的国内法律问题进入全球层面，国际法律规则的数量大幅增加，国际法中的各个部门法以及与之相对应的部门法学渐次形成，诸如国际经济法、国际人权法、国际环境法、国际刑法、国际组织法、国际海洋法、国际空间法、国际战争法，等等。可以说，国际法已不再是传统意义上的一个法律部门，而是一个与国内法律体系相对应的另一庞大法律体系。这样一个越来越庞大的法律体系为国际法研究提供了诸多只需运用分析实证主义方法的法律问题。对于国际法学科来说，并不缺乏作为研究对象的“纯法律问题”，即使排除那些需要涉及国际法与国际关系的跨学科问题，也不会影响国际法研究的“繁荣”景象。

二、如何培养国际法与国际关系跨学科研究人才

总体而言，中国国际法与国际关系跨学科研究人才的数量趋于增多。但是，与中国国际法学界的教学和科研队伍相比，迄止从事该跨学科研究的力量仍显薄弱。

中国国际法与国际关系跨学科研究力量不足，与中国的法学人才培养方式有关。国际法专业的研究人才主要出自教科类的硕士生和博士生，而此类硕士生与博士生多具有纯法律血统，很少有具有国际关系学历背景的学生。显然，一个具有纯法律血统的研究生相比一个前置专业修习国际关系的研究生，要培养其接受并运用国际法与国际关系跨学科研究方法的难度要大得多。当然，中国已开设了法律硕士专业，招收的这类专业学位硕士生，其本科专业可以是

国际关系。然而，虽然同属法律职业教育，都强调培养“复合型人才”，但中国的法律硕士与美国的JD在培养目标上存在着一个明显不同之处是，美国的法学研究人才多出自JD，也就是说，美国法学院的教师主要来自JD毕业生。就此而言，美国的JD既培养“应用型人才”，也培养“研究型人才”；而中国的法律硕士培养的往往是单一的“应用型人才”，缺乏将一个本科学历为国际关系的学生在研究生阶段培养成为一个国际法研究人才的初衷。

但是，如要更多地培养国际法与国际关系跨学科研究人才，最为关键的还是需提高国际法学界和国际关系学界对该交叉学科方法的认同。只要重视这种交叉学科方法，就能通过改进现有人才培养机制，哪怕是不改变现有人才培养机制，也能最大限度地发挥其功能，培养出更多的国际法与国际关系跨学科研究人才。

另外，要更好地培养国际法与国际关系跨学科研究人才，则首先要厘清这一交叉学科的若干要义和特点。

国际法与国际关系跨学科研究涉及国际法学和国际关系学两大学科。对于国际法学科来说，这种学科交叉的本据是国际法，即将国际关系理论与知识作为一种分析工具来研究国际法律问题，弥补纯法律分析方法的不足。同样，国际关系学者以本学科为本据的研究，也会涉及国际法。但相比国际关系学界，国际法学界对引入国际法与国际关系跨学科研究方法要更为热情主动，以至于有学者认为，这一学科交叉像是国际关系学向国际法学单向输出智识的“发展援助”，更为形象的比喻是，国际关系学类似医生，而国际法学犹如病人。当然，毋庸赘述，国际关系学科与国际法学科需要建立一种双向互动的“互利合作”关系，但站在客观的立场而论，国际法学科需要更多地借助国际关系学开展交叉学科研究，也属一种正常现象。在“无政府状态”下的国际社会，对于国际关系而言，许多时候，国际法并非决定性力量，更为基本的要素很可能是国家的权力、利益和观念等。长期以来，国际关系学者只是将国际法作为国际关系中非主要因素考虑，并非不可理解。也正因如此，如前所述，对于一些国际法律问题的研究，仅仅依靠单一的法律分析方法，存在明显的缺陷，需要引入以国际关系知识和理论分析国际法的方法，形成多视角的科学研究状态。可与之相类比的是，当下经济学研究越来越多地涉及法律，但我们不能夸大法律在经济学研究中的重要性，但以经济方法分析法律形成的法经济学，已经公认地成为法学学派中的一个重要分支。

既然以国际法学科为本据的国际法与国际关系跨学科研究是主要的样态，那么，我们侧重培养的也应当是这种样态的交叉学科人才——首先是精通国际法的学人，但同时能运用国际关系的知识和理论分析相关的跨学科法律问题。

从广义的角度来看，国际法与国际关系跨学科研究还有“薄”与“厚”之分。“薄”的研究是指用国际关系的知识说明有关国际法律问题。例如，揭示隐藏在西方国际法意义上的人道主义干预背后的国际强权政治逻辑等。但这样的跨学科研究实际上只是用到其他学科的知识（其实所有法学学科的研究也都如此）而已，属于一种“国际法中的国际关系分析”（international relations analysis *in* international law），不是严格意义上国际法和国际关系的学科交叉。“厚”的研究则是指以相关的国际关系理论为方法研究国际法律问题，形成不同于传统法律分析的独特范式，这是一种“国际法的国际关系理论分析”（international relations analysis *of* international law），是国际法与国际关系真正的学科交叉。例如，有的学者系统地运用女性主义国际关系理论分析国际法，构建出独特的女性主义国际法理论。

显然，我们着重培养的是掌握上述“厚”的而不是“薄”的跨学科研究人才。在网络化时代，要获得并学习国际关系的有关知识并不困难，无须在国际法学人中专门普及有关国际关系的通识，也无须对在国际法研究中用到国际关系有关知识（即使用“薄”的研究方法）做特殊的学术训练。但是，要运用“厚”的研究方法，即以国际关系理论分析国际法，首先要系统熟悉国际关系理论这一分析工具，而国际关系理论本身跨域广大。就当代西方主流国际关系理论而言，新现实主义学派是一种政治学的研究，制度主义是一种经济学的研究，而建构主义又是一种社会学的研究。这些国际关系理论不可能通过平常“碎片化”的方式全面习得，而是往往离不开系统的课程教学；即使系统掌握了国际关系理论，要将其中的有关原理运用于对国际法问题的分析，仍然需要进行这方面比较专业的跨学科研究训练。

最后，我们主张加大国际法与国际关系跨学科研究人才的培养力度，并非要主次颠倒。应该说，国际法的主流研究方法仍然是法律分析的方法，任何一个国际法学者，首先要精研国际法，熟练运用从概念到逻辑的分析实证主义研究方法，这也是国际法学科安身立命之所，引入国际法与国际关系跨学科研究方法只是要弥补法律分析方法的不足，而不是取而代之，二者的关系犹如“主食”与“补品”。对于国际法研究，法律分析方法是不可偏废的“主食”，国际法与国际关系跨学科研究方法只是“补品”。一个人不进主食，光吃补品，肯定不行；类比之下，在与其他国家开展法律战，或参与国际诉讼和仲裁之时，讲不清国际法，只是奢谈国际法背后的国际政治，只能沦为笑话。当然，完全依赖主食，一个人可能也会营养不良，此时需要适当进补。同样，有时要深刻理解国际法的真意，并在外交斗争中精准地用好国际法，需要懂得蕴含在国际法之中的国际关系原理。

虽然我们强调国际法与国际关系跨学科研究需要培养这方面交叉学科人才，但需要指出的是，国际法学和国际关系学都是大跨域的学科，一个人要同时通达两大学科业已相当困难。因此，对于一些国际法与国际关系跨学科问题，由分别来自这两大学科的学者“强强合作”，比之“一强一弱”兼修这两大学科的学者单独完成研究工作，可能会更有成效。20 世纪 50 年代，曾任美国国际法学会主席的国际法大家麦克杜格尔与曾任美国政治学会主席的政治学大家拉斯韦尔联手创立了国际法与国际关系学科交叉的“政策定向学派”（又称“纽黑文学派”和“耶鲁学派”），堪称跨学科合作研究的范例。

总之，随着中国崛起，国际法研究需要打破过去那种“就法谈法”的自我封闭状态，实现国际法与国际关系的学科交叉，更多、更好地培养这一跨学科的研究人才。

大国崛起语境下中国国际经济法学教育的反思与展望

韩立余*

自美国政府阻挠世界贸易组织上诉机构成员选任以来，特别是中美贸易战和全球新冠疫情暴发以来，那种认为国际经济法是更多技术性、较少政治性的认知产生了动摇。许多中国国际经济法学者都会感叹：怎么会是这样？国际公法学界似乎更加心平气和。但美国特朗普政府之前的国际法、国际经济法教学与研究，与拜登政府上台后的教学与研究，一样吗？

在世界贸易组织内部，美国政府在每次的争端解决机构会议上，都否决绝大多数成员提出的重启上诉机构成员遴选的建议。2019 年 12 月，世界贸易组织上诉机构终于因为人数不够审理案件的要求而终止运作。有上诉机构成员在之前的离别演讲时痛心疾首，指出："历史不会善判那些造成世界贸易组织争端解决机制崩溃的

* 韩立余，中国人民大学法学院教授。

人。"[1] 许多人将美国政府的行为归咎于特朗普本人的“疯子”性格，期待着美国政府换届后回归正常。但拜登政府上台后的政策和作为，至少使中国人感觉到这世界似乎不会回到以前所谓的常态了。

“世界怎么了，我们怎么办?”习近平总书记2017年1月在联合国日内瓦总部演讲时提出了这一时代之问，也确如总书记所说，“这是整个世界都在思考的问题，也是我一直思考的问题。”[2] 这一提问可以用于对中国国际经济法学教育的反思。

一、国际经济法学者教学研究中的问题意识

问题意识首先是解决问题的意识，同时也是提出问题的意识。一定意义上说，提出问题的意识更为基础和重要，特别是对于教学研究来说。提出问题的意识是质疑意识。要清楚地意识到任何规则都有其产生的特定背景，适用都有其特定的条件，要尽可能弄清既定规则服从于什么目的，换言之，其保护的利益是什么。正如鲁迅借狂人之口所质问的:“从来如此，便对吗?”

以发展中国家问题为例。发展中国家问题是如何产生的? 为什么会成为问题? 自从殖民地统治结束、发展中国家独立以来，发展中国家地位和待遇问题一直是国际问题的重点之一。联合国、贸发会议、关税与贸易总协定（后改为世界贸易组织）等场所，都能看到发展中国家与发达国家斗争的硝烟。美国和苏联为首的两大集团间的冷战，是这一斗争的大背景。1991年后苏联解体、东欧剧变，贸发会议改旨易帜。1995年世界贸易组织适用统一的规则，同时

---

〔1〕 See Peter Van den Bossche, Farewell Speech of Appellate Body Member, https: //www. wto. org/english/tratop_ e/dispu_ e/farwellspeech_ peter_ van_ den_ bossche_ e. htm.

〔2〕 习近平:《论坚持推动构建人类命运共同体》，中央文献出版社2018年版，第414页。

一定范围内给予了发展中国家特殊差别待遇。这个时候，“发展中国家地位和待遇”这个教学和研究视角是否过时了？从对抗组织消失、规则统一适用这一角度来说，的确有点过时；但从利益体来说，其实没有。毕竟，发达国家和发展中国家的利益是不同的甚至是对立的。多哈回合谈判没有成功，非常重要的原因是发展中国家成员和发达国家成员的兴趣点缺乏交集。美国政府以发展中国家身份为由指责中国，亦突出了发展中国家这一身份的重要性和敏感性。中国是否是发展中国家是一个问题，发展中国家地位是另一个问题。

现有国际规则存在的问题之一，或全球经济治理的问题之一，是发展中国家代表权和发言权的不足、不充分，受保护程度不够。或许这会引发新的问题：世界贸易组织内部不是成员平等吗？不是共识决策吗？美国凭一己之力摧残了世界贸易组织上诉机构；美国拒不执行认定其违反义务的裁决，发展中国家对此无能为力。因此，我们在看到规则设计良好、运行良好时，还要想到一个问题：如果有成员搞破坏、滥用权利，会发生什么后果呢？如果世贸成员拒绝执行裁决，会发生什么后果呢？詹姆斯·克劳福德指出，劳特派特主要作品的不足在于没有回答一个基本问题：如果其法律性依赖于指向某种不同事物的演变过程，我们是如何被说服接受现有国际法价值的呢？或者，我们如何回应现实主义的挑战，而不是将我们的希望寄托在不可能的意外事件上，或者放弃国际层面的规范性理念？詹姆斯这样回答他自己提出的问题：我们需要一个理论来提供给那些不相信国际法的人，以及那些对国际法期望过高的人。我们可以驳回国际法纯粹是表象的指控，但我们确实需要将权力和互惠性的作用纳入我们对国际法的解释之中。[3]

---

〔3〕 See James Crawford, *Chance, Order, Change: The Course of International Law, General Course on Public International Law*, AIL-Pocket, 2014, p. 55.

以上想表达的意思是不能完全想当然。华人国际法大家郑斌先生晚年特别强调要注意区分国际法的应然和实然。不能把应然的东西混同于实然的东西。我们在国际法、国际经济法的学者研究中，是否混同了二者呢？我们在分析国家行为时，是否使用了应然标准而理想化？是否摆脱了国际法本身的特点来评判国家行为？

当我们告诉政府官员或企业人员依据规则这也不行那也不妥时，得到的回应经常是：那你告诉我具体应该怎么办。怎么办呢？原本如此清晰的规则，在具体问题面前显得力不从心。不同主体、不同利益、不同层面、不同时空等的考量，个人利益与国家利益、商业政策与公共政策、一国利益与国际利益，成本与效益，目标与手段，都一齐冒了出来。是削足适履，还是破中有立甚至破就是立？考虑到国际法主要是国家实践的产物，国家是国际法的创造者、适用者和评判者，过于拘泥于以前的国际审判机构的判决，是否有点保守了？面对问题时，需要找到解决问题的方法。解决问题是关键，也是相关规则中的一个考虑因素，但不是唯一考虑因素。

我们在教学时，传授的大多是规则本身，较少探讨规则是怎么来的、向何处去。我们更多地传授规则是什么，却较少探讨为什么。这就少了“应用”的环节和思考。可以说，缺少灵魂。老师主动提供了一些现成的答案，学生被动接受了过去的做法。我们的教材、我们的教学方法基本上是这样的。实际和现实却是：规则不是这样的，不是这样应用的。我们需要加强对规则的反思，要对规则进行更多的质疑，这样才能挖掘出无限的可能性，以解决现实中多种多样的问题。

法律的运作有其自身的特点。法律的执法，特别是审理程序，问题存在着正反双方，各自提出自己的法律理解，审理人员根据双方的主张和抗辩，结合事实来作出综合裁决。如果被告缺席或抗辩能力不足，很可能导致对其不利的结果。就此而言，法律并不总是存在着唯一一种解释或含义。在我们的教学与研究中，习惯性地寻找那种唯一的答案，倾向于自以为是，这种方式对老师和学生的思维形成了桎梏。

二、国际经济法教学研究中的学科藩篱

对于国际经济法的教与学，清华大学车丕照教授曾经提出过国际经济法的“法”与“学”之问。[4] 这一问，可谓直击要害。在国际经济法的教学中，涉外经济合同法曾经是教学的一个重要内容。随着《涉外经济合同法》在1999年为《合同法》所吸收，出现了如何处理对待《合同法》的问题。《民法通则》第142条有关国际条约与民商事法律关系的规定，可作为国际经济法教学的指导。2020年通过的《民法典》统一了我国的民商事法律规则，但没有纳入《民法通则》第142条。这引起了民法与国际经济法关系、国际条约与惯例如何适用的新疑问。车丕照教授撰写的《〈民法典〉颁行后国际条约与惯例在我国的适用》一文反映了这一点。[5] 原来国际经济法讲授的保理等内容也正式纳入《民法典》中。我们如何对待这些变化，是重复讲授相关内容，还是另寻出路?《民法典》或其相关规定是否属于国际经济法的范畴?《民法典》第12条规定：“中华人民共和国境内的民事活动，适用中华人民共和国法律。法律另有规定的，依照其规定。”依据什么说我国民商事规则属于国际经济法的范畴?

如果回到一般采用的国际经济法的界定，国际经济法是“调整国际经济关系的法律规范的总称”，则可以断定，国际经济法是公

〔4〕 车丕照：《国际经济法的“法”与“学”》，载《国际经济法学刊》2008年第1期。

〔5〕 车丕照：《〈民法典〉颁行后国际条约与惯例在我国的适用》，载《中国应用法学》2020年第6期。

法与私法、程序法与实体法的总称，由此可以说民法属于调整国际经济关系的法的范畴。但如此说来，国际私法也是。世界贸易组织普遍被认为属于国际经济法的范畴，而世界贸易组织法是典型的国际公法，因此国际公法也属于国际经济法的范畴。世界贸易组织争端解决机构还审理过涉及中国刑法的案件。如果说国际经济法包揽一切的话，似乎国际经济法也就失去了自身。但如果我们进一步分析，我们现在接受的国际经济法的界定，包括了形式规范和内容规范两个方面的要求。就形式规范而言，其似乎涵盖所有规范；就内容规范而言，其仅包括调整国际经济关系的规范。一项法律，仅在调整国际经济关系的范围内，被纳入国际经济法的范畴。调整方式包括直接调整，也包括间接调整。这是我国国际经济法前辈和国际私法前辈产生分歧的地方。作为学科，从普遍联系的高度讲，所有学科都是相互联系的。作为一个学科，可以突出核心，旁及外围，在整个法律学科的大框架下来具体解决。

国际经济法的统合性决定了国际经济法的教学与研究，既要突出国际经济关系这一核心，也要考虑国际经济关系调整规范的多元性、调整方法的多样性。民法、行政法、经济法、诉讼法等，是一国法律体系内基于调整对象或调整方法的分类，是横向分层或纵向切割后的结果。在调整国际经济关系时，需要从问题出发，将这些分解后的条条框框重新组合起来。一项技术转让，如果仅发生于一国境内，可能涉及知识产权法和民法；但如果跨境转让，则可能同时涉及出口管制法，甚至涉及数据安全法等。一家母公司对境外子公司的技术享有所有权，但母公司能否使用这一技术却不是所有权本身可以解决的。“国际经济关系”这一表述，纳入了国与国的关系，传统的国内法视角——例如较少考虑国家政府的民商法视角、较少关注国际技术竞争的知识产权视角、将政府与相对人对立的行政法视角——都需要进行一定的调整。在国际经济关系中，由于国家与国家关系的存在，国家与人民的关系既是对立的又是统一的。各种法律规范都是调整国际经济关系的手段和方法，在这一意义上，国际经济法也不具备自己独特的调整方法。

调整国际经济关系的规范，还可以进一步思考这一调整是如何进行的。就跨境而言，就形式而言，不外乎方便、促进出境和限制、禁止出境两种，服务于自由贸易和贸易保护两种政策。如果把贸易作为手段（这里的“贸易”是广义上的大贸易），贸易管理又与其他公共政策联系在一起，比如说，作为环境保护、劳工保护、人权保护等的实施方式。经济制裁这一贸易管理方式，通常被用于非经济目的，例如民主、人权等目的，这时似乎难以判断它属于人道法、人权法还是经济法。

作为调整国际经济关系的法律规范的总称，国际经济法既涉及公法和私法，也涉及国内法和国际法，还涉及商业习惯。这里要特别强调国际经济法与国际公法的密切关系。出于习惯，国际公法课程、教材中较少涉及国际经济关系的内容，但国际经济关系属于国际关系的一个子类，因而作为调整国际关系的国际法无疑可用于调整国际经济关系。事实上，被称为近现代国际法源头的 1648 年《威斯特伐利亚和约》包括了战后恢复贸易的内容，1885 年《柏林公约》以自由贸易为名瓜分非洲刚果河和尼尔河流域，1919 年《国际联盟宪章》将经济制裁确立为违约的救济制度，1945 年《联合国宪章》将经济制裁作为安全与和平的强制措施，司法方面涉及股东权利的“巴塞罗那电车案”是由国际法院审理并在 1970 年判决的。这些国际法教材讲授的内容直接就是调整国际经济关系的内容。就中国而言，清朝政府被迫签署的一系列不平等条约，涉及单边最惠国待遇、关税自主权丧失、开放口岸、投资设厂，既是国际经济法的内容也是国际公法的内容。一些被普遍认为属于国际经济法的内容，如《关于解决国家与他国国民投资争端公约》《世界贸易组织协定》，采取的都是典型的国际条约形式。综上所述，国际公法，作为不同于国内法的规则体系，更多地体现为规范的形式性，其调整对象可以包罗万象；国际经济法，作为调整国际经济关系的规范，则侧重于内容的专门性。由于历史形成的原因和教学设计的原因，我国现在的国际经济法教材和教学都包括了民商法的内容，包括了国内法的内容，仅就国际条约而言，国际经济法教学与国际公法教学应是相同的。国际经济法的师生应向上多关注国际公法的内容，国际公法的师生应向下多关注国际经济法的内容。

世界贸易组织现在面临的困境可以用国际公法进行很好的解释。世界贸易组织作为政府间国际组织，受到成员的制约，成员基于这一国际组织框架来发挥作用。无论世界贸易组织规则多么精细，无论世界贸易组织争端解决机制多么完善，都不能摆脱主权国家所施加的“魔咒”。没有主权国家的支持、合作与配合，世界贸易组织就不可能履行其谈判功能、争端解决功能。国家与国际组织的关系，犹如道魔相长。

在经济全球化的时代，以问题为出发点，综合运用各种法律规范和法律方法，是国际经济法教学研究应把握的要旨。顺全球化也好，逆全球化也好，促进贸易也好，限制贸易也好，万变不离其宗。

新时代中国国际法学教育的定位与路径

廖　凡*

这是一个全新的时代。一方面，中华民族伟大复兴进入不可逆转的历史进程，中国日益走近世界舞台中央，“东升西降”的大势不可阻挡。另一方面，百年大变局、世纪大疫情、中美大博弈交织缠绕，国际形势依旧严峻复杂，“西强东弱”的现状在可预见的将来仍将长期持续。在庆祝中国共产党成立100周年大会上的讲话中，习近平总书记强调：“我们必须高举和平、发展、合作、共赢旗帜，奉行独立自主的和平外交政策，坚持走和平发展道路，推动建设新型国际关系，推动构建人类命运共同体，推动共建‘一带一路’高质量发展，以中国的新发展为世界提供新机遇。”

2018年以来，在大国崛起和中美博弈的大背景下，围绕经贸摩擦、华为事件、新冠疫情、涉港制裁等一系列重大实践问题，国际法的重要

* 廖凡，中国社会科学院国际合作局副局长，研究员。

性凸显，受重视程度显著提升，“维护以联合国为核心的国际体系和以国际法为基础的国际秩序”，成为当前我国对外工作的一个核心命题。与此相应，国际法人才、国际法学科，以及国际法学研究和教育的重要性凸显。新时代中国需要什么样的国际法学教育、怎样进行国际法学教育，也由此成为专家学者和有识之士共同关心的问题。笔者认为，新时代的中国国际法学教育，应当立足“中国”，放眼“国际”，坚守“法学”，兼及“他学”，守正创新，“共商共建”。

一、“中国”与“国际”、“法学”与“他学”、理论与实践

国际法学研究和教学先天具有突出的“国际性”，这一点毋庸置疑。但并不能因此否认或忽视中国国际法学教育应有的“中国特色”。事实上，无论是教学主题的选择（“为什么”），还是教学过程的展开（“是什么”），抑或教学成果的得出（“怎么办”），都离不开“中国视角”和“中国立场”。一些与中国直接相关的特定问题的教研固然要以中国立场和利益为出发点，即便是那些看似一般性的问题的教研，也不应脱离中国视角和立场，否则就不大容易体现或者说明其价值和意义之所在。

需要指出的是，这里所说的“中国视角”或者“中国立场”，并不是要教师放弃自身的学术观点或理论立场，扮演政策传声筒或者新闻发言人的角色。笔者所强调的，是教师在选择自己的教学话题、构建自己的理论体系、提出自己的学术主张时，应当对自身的视角和立场有一种自觉、自主的“意识”，并将之贯彻于教学过程、体现于教学成果，而不只是纯然“客观”地介绍和描述。正如有论者所指出的，“成熟的法学不可能是脱离本国法律实践的法学，也

不可能是翻译法学、移植法学或国外法学在国内的翻版。”[1]

要坚守和强化国际法学教研的“法律性”。一方面，要注意教研命题的选择，即应当选择从法律角度而言需要探讨、值得探讨、可以探讨的问题，而不是盲目追逐热点，讨论一些看似新颖实则并无法律分析价值的问题。另一方面，在吸收其他学科行之有效的研究方法的同时，仍需坚守规范分析这一法学研究的传统工具，重视对相关规则的分析和解释，进而在相关制度和理论框架内讨论其“合法性”及“合理性”（价值判断）。

要处理好理论研究与政策实践的关系。在充分了解实践的基础上与实践保持适度疏离，确保理论研究的独立性、全面性和（相对）客观性。换言之，要避免对“理论联系实际”“理论服务实践”作简单化、庸俗化的理解，“将学术理论当作外交对策来对待，将法律问题当作政治事务来处理，在并没有进行从客观角度而言认真、全面、公正的评述之前，就急匆匆得出具有‘政治正确性’的结论”。[2] 国际法学研究和教学的中国立场、中国视角是就研究的整体定位和方法而言，绝不意味着在每个具体问题的研究上都刻意去考虑如何进行“符合国家利益或需求”的理解和解释，以致影响对问题本身的全面理解和深入挖掘。只有在心态和方法上与实践保持适度疏离，才能真正做到旁观者清，真正识得相关问题的“庐山真面目”，真正为实践提供行之有效的指引和帮助。

要改善学术环境和评价机制。国际法学研究和教学的发展进步既要依靠内部“挖潜”，也有赖于外部“给力”，需要对学术环境和评价机制加以改善。首先，要避免将量化考核绝对化，注重研究成果“量”与“质”的平衡，在条件成熟的高校实行研究型岗位与教学型岗位分设的评聘晋升“双轨制”，使教研人员得以各取所

---

〔1〕 季涛：《法学方法论的更新与中国法学的发展》，载《浙江社会科学》2000 年第 5 期。

〔2〕 孙世彦：《中国的国际法学：问题与思考》，载《政法论坛》2005 年第 4 期。

需、各展所长，为其创造更加宽松的教研环境和氛围。其次，要鼓励更多刊物在条件允许的情况下开设国际法专栏，给国际法研究成果提供更多的发表空间。最后，要提升（高质量）教材在学术评价体系中的位置，鼓励学者以独著形式撰写具有独创性和个人风格的国际法通论或者总论，让教科书能够真正代表学者乃至学科的最高水平，体现“著书立说”的应有之义。

二、“以我为主”与“共商共建”

2016 年 5 月 17 日，习近平总书记在哲学社会科学工作座谈会上的讲话中指出，要按照立足中国、借鉴国外，挖掘历史、把握当代，关怀人类、面向未来的思路，着力构建中国特色哲学社会科学，在指导思想、学科体系、学术体系、话语体系等方面充分体现中国特色、中国风格、中国气派。2021 年 5 月 31 日，习近平总书记在主持十九届中央政治局第三十次集体学习时强调，讲好中国故事，传播好中国声音，展示真实、立体、全面的中国，是加强我国国际传播能力建设的重要任务。这应当成为新时代中国国际法学教育的方向指引和重要遵循。

一是要锤炼法治话语，讲好“中国故事”。要在国际法治领域讲好“中国故事”，必须注重法治普遍性和特殊性的辩证统一，把握国内法治与国际法治的互动。一方面，要熟悉现有的国际法话语体系，把握既有的国际法规范和理论，深刻理解法治的一般原理和标准，以及国际法治的基本语境和总体格局，洞悉其实践与趋势。而要做到这一点，基础又在于教育，只有基于良好的国际法学教育，才能让未来的表达准确把握国际法这一国际交往的通用语言，清晰了解国际法治的共性话语，认识到国际法的力量与弱点，知悉中国在国际法治上的核心关切和主要目标。唯其如此，我们才有可能将“中国故事”、中国经验、中国诉求锤炼为通行的法治话语，并在国际层面加以传播和推广。另一方面，“越是中国的，就越是世界的”，中国要想对当代国际法的发展产生影响，并在全球治理体系变革中起到实质性作用，就必须致力于国际法理念、概念和理论上的创新。任何新的国际法概念、范畴、理念、表述和理论，只有具备原创性，才有可能在世界舞台上抢占国际法发展的先机和话语权；只有符合时代需要和发展趋势，才有可能被世界国际法学界所接受并最终成为实在的国际法原则、规则和制度。为此，在法治互动过程中必须坚持“以我为主”方针，以中国特色社会主义法治道路、理论和制度作为参与法治互动的指针和标杆，坚定中国特色社会主义的道路自信、理论自信、制度自信。当然，在此过程中也必须注重提升规范论证和话语表达能力，确保全面准确地传递中国经验和中国智慧，使之更具权威性和说服力。

二是要开展合作教研，凝聚国际共识。在积极锤炼法治话语，认真讲好“中国故事”的同时，与相关国家合作开展法学研究和教学、相互分享智力成果，不失为拓展国际影响、凝聚国际共识、构建话语共同体的一条有效途径。以“一带一路”建设为例。“一带一路”沿线国家大部分是发展中国家，且在政治、经济、法律、宗教、文化等诸多方面呈现复杂多样性，相较于政治经济相对稳定、投资环境较为成熟、法律制度比较健全的欧美国家而言，在这些国家开展经贸活动具有更多的风险和不确定性。而在很大程度上，这种风险又突出表现为制度风险，即因对东道国的政治、经济特别是法律制度不熟悉、不了解而引发的风险。事实上，由于经济实力、政策导向、语言（人才）储备等因素，尽管与很多“一带一路”国家相邻相通，但我国国内对其相关法律制度的研究程度，可能不如一些欧美发达国家。可以说，我国无论是理论界还是实务界，对于“一带一路”沿线国家政治、经济、法律制度的研究和了解，还滞后于共商共建的现实需求。

在此背景下，由我国统一组织协调，与“一带一路”沿线国家相关教学研究机构和人员开展有关当地法律规则和制度环境的国际合作研究和教学，有助于增强双向了解、降低制度风险。一方面，沿线国家教学研究机构和人员对于本国政治、经济、法律制度，特别是其最近发展和动态趋势更为了解，对相关信息的掌握更为具体深入，从而有助于我们更加全面准确地理解东道国的制度环境及其潜在风险。另一方面，“一带一路”沿线国家对中国的相关政策和制度也往往缺乏了解，从而易于对“一带一路”倡议心存疑虑乃至产生误解。就此而言，开展国际合作研究也有助于东道国更多地了解中国制度和中国道路，进而在了解的基础上进行可能的借鉴，从而推动形成规则和话语共同体，使“中国方案”演进为“共同方案”。

三、适时设立“国际法学”一级学科

目前在我国学科体系中，“国际法学”属于“法学”一级学科下的二级学科，其下再分设国际公法、国际私法、国际经济法三级学科或者说研究方向。对比相邻学科（如经济学包含理论经济学和应用经济学两个一级学科），这在一定程度上限制了国际法学在学科发展、队伍建设、人才培养等方面的机会和空间。进入新的历史阶段，“两个大局”相互交织，中国国际法学教育面临新的机遇和挑战。将“国际法学”设置为与“法学”并列的一级学科，体现了新时代的内在需求，具有必要性和紧迫性。

一是有助于增强和提升国际法学研究力量和研究水平。较长时间以来，与民商法、刑事法、行政法等主流国内部门法学相比，我国国际法学在研究力量、研究资源、研究水平、研究成果等方面存在一定差距，学科地位、研究显现度、成果转化能力等均有所不足，难以为推进大国外交、构建人类命运共同体提供足够的理论支撑和智力支持。设置国际法学一级学科，有助于增强国际法学研究力量，提升学科地位和研究水平。

二是有助于优化相关学术评价标准和学术资源配置。在现有学术评价指标体系下，对论文引证率和刊物影响因子的过度关注和追求，导致相对小众的国际法学发表成果相对困难。我国当前的学术评价机制是一种“文以刊贵，刊以文贵”的颇为有趣的辩证状态，即一方面倾向于以发表载体的层次（核心期刊）来评价学术成果的水平，另一方面对发表载体自身的评价又高度依赖所发表的学术成果的影响力（引证率）。众多研究者纷纷争抢为数不多的核心期刊的有限发文空间，而刊物在决定发表与否时往往会考虑甚至主要考虑相关论文的潜在引证率。这就导致受众范围相对较小、引证率普遍不高的国际法学论文文献难以被优先考虑。设置国际法学一级学科，一方面可以“水涨船高”，相应地优化学术资源配置、拓展成果显现空间；另一方面也有助于基于国际法学自身特点，推动调整和优化相关学术评价标准。

三是有助于构建对外话语体系，提升国际话语权。我国当前的软实力、话语权与经济实力、综合国力还不相称，在国际上失语挨骂的现象依然突出。国际法虽不具备国内法那样的强制执行力和执行机制，但在很大程度上拥有“号令天下”的道义力量。设置国际法学一级学科，有助于增强和整合相关研究力量和研究资源，进一步挖掘和利用国际法的道义力量，构建更加精准、规范、有效的对外话语体系，提升我国的国际话语权。

改革开放以来，特别是进入新时代以来，随着我国对国际法理解和认识的日益深入、国际法研究和实践的日益丰富、国际法研究和教学队伍的日益壮大，设置国际法学一级学科的条件趋于成熟。

一是党和国家对国际法前所未有的重视。改革开放以前，我国对基于西方传统的国际法有所疏离和保留，更多地将之视为西方推行霸权主义的工具。改革开放以后，随着对外交往的扩展和深化，以及随之而来的规则需求，我国国际法研究不断加强。进入新时代以来，我国自身实力、国际地位、内外环境的发展变化，使得国际法的重要性更加凸显。党的十九届四中全会强调“加强国际法的研究和运用”，“十四五”规划《建议》提出“加强国际法运用，维护以联合国为核心的国际体系和以国际法为基础的国际秩序”，习近平总书记在中央全面依法治国工作会议上强调“要坚持统筹推进国内法治和涉外法治”。这些都为设置国际法学一级学科做好了充分的制度铺垫和舆论准备。

二是国际法研究和实践更加丰富和全面。首先，在习近平外交思想、人类命运共同体理念指引下，加强国际法研究和运用的主体性、主动性、主导性；其次，与对外贸易、境外投资、海外存在的日益增长相适应，探索更好地运用国际法来维护我国国家利益以及我国在外企业、个人的合法权益；最后，在美国单边主义、保护主义、霸权主义抬头，藐视多边体制、践踏国际规则的背景下，强化对国际法的研究和运用，捍卫国际体制、国际秩序和国际法治。

三是国际法研究和教学队伍更加壮大和成熟。总体而言，当前我国国际法研究已经完成了从自发到自觉的转变，在理论储备、研究水平、人才队伍等方面取得了长足进步。例如，不少高校成立了专门的国际法学院，中国社会科学院成立了与法学研究所平行的国际法研究所，整合相关研究、教学力量和资源，集中攻关国际法课题研究和人才培养。这些都为国际法学设置一级学科做好了实践探索和实操准备。

当下有一种提法，用“涉外法学”取代“国际法学”来命名新设置的一级学科，笔者对此持保留态度。

首先，“涉外法学”这一称谓无法涵盖国际法和外国法（国别法）。“涉外法”有其特定内涵，是指一国国内法律体系中具有涉外因素的那些法律制度和规则，简单地说，就是“与外国有关的本国法”。其属于一国国内法的一部分，本质上是国内法。例如现行的涉外民事关系法律适用法、对外贸易法、外商投资法，曾经的涉外经济合同法，都是如此。主张以“涉外法学”命名一级学科的人认为，“涉外法学”包括涉外国内法、外国法（国别法）和国际法，这无论是从语法、逻辑还是经验上，都是不成立的。

其次，从“涉外法治”并不能推导出“涉外法学”。“法治”是一个远比“法”或“法学”的内涵更丰富、更全面、更动态的概念，“涉外法治”“涉外法治建设”“涉外法治工作”等概念完全可以涵盖国际法和外国法（国别法）的研究和实践，而“涉外法”和“涉外法学”则并非如此。如果因为讲推进“涉外法治”，就要生造出“涉外法学”来与之对应，未免太过机械、牵强。

最后，“涉外法学”的提法不能契合全面实行国民待遇和实施高水平对外开放的大环境。改革开放以来，我国法律制度和规则建设发展的总体趋势是“内外统一，一体适用”：经济合同法和涉外经济合同法统一为合同法、内外资企业所得税法的统一、国家经贸委和外经贸部合并为商务部，以及新外商投资法全面实行准入前国民待遇等，都是在强化相关法律制度和规则的统一性，凸显内外一致、一视同仁的基调和精神。

综上，笔者认为，设立“国际法学”一级学科具有必要性和可行性，应当适时启动相关工作，推动新时代中国国际法学教育迈上新台阶。

中国国际法教育：现状、问题与前景*

杨泽伟**

近年来随着国际关系的发展变化，特别是为了应对美国单方面发起的对华贸易战，中国政府先后出台了《不可靠实体清单规定》《阻断外国法律与措施不当域外适用办法》《中华人民共和国反外国制裁法》等法律规章。它不但凸显了国际法在对外关系中的重要性，而且引发了对中国国际法教育包括涉外法治人才培养等问题的思考与讨论。

一、中国国际法教育的现状

新中国成立以来，中国的一些高等院校，如北京大学、武汉大学、中国人民大学和中山大学等都开设了国际法课程。[1] 经过七十多年的发

---

* 本文系作者主持的2018年度国家社科基金重大研究专项项目"'一带一路'倡议与国际规则体系研究"（项目批准号：18VDL002）阶段性研究成果之一。

** 杨泽伟，武汉大学国际法研究所教授，教育部长江学者。

〔1〕 参见杨泽伟：《新中国国际法学70年：历程、贡献与发展方向》，载《中国法学》2019年第5期。

展，目前中国国际法教育主要呈现以下特点。

（一）国际法教学和人才培养日益受到重视

1978年十一届三中全会以来，中国实现改革开放的政策，国际法日益受到重视。特别是，2012年中国共产党第十八次代表大会召开以后，中国国际法学的发展进入了一个新时代。[2] 2019年十九届四中全会明确提出："建立涉外工作法务制度，加强国际法研究和运用"；五中全会进一步指出："加强国际法运用，维护以联合国为核心的国际体系和以国际法为基础的国际秩序"。2020年11月，习近平总书记在中央全面依法治国工作会议上强调："要坚持统筹推进国内法治和涉外法治"。2021年《中共中央关于制定国民经济和社会发展第十四个五年规划和二〇三五年远景目标的建议》指出："加强涉外法治体系建设，加强国际法运用"。

（二）国际法教学和人才培养的组织、引领工作在不断增强

一方面，从国家层面来讲，2014年教育部批准设立了首家与国际法有关的"2011协同创新中心"——"国家领土主权与海洋权益协同创新中心"，它以服务国家战略为宗旨，按照"国家急需、世界一流、制度先进、贡献突出"的要求，瞄准国家领土海洋维权重大问题，开展战略研究、政策建言、人才培养、舆论引导、公共外交，建设人才、学科、科研三位一体的国家战略平台，服务于国家领土海洋维权斗争，提供领土海洋维权技术支持，服务于国家领土主权与海洋权益的重大现实问题和国家战略需求。2015年，中宣部批准武汉大学国际法研究所为首批国家高端智库试点建设单位。在25家首批国家高端智库试点建设单位中，武汉大学国际法研究所是唯一一家法学类的并且是国际法的试点单位。[3]

另一方面，中国国际法学会不但成立了国际法教学指导委员

---

〔2〕参见杨泽伟：《改革开放四十年来的中国国际公法学：特点、问题与趋势》，载《武大国际法评论》2018年第6期。

〔3〕2020年11月，正式更名为"武汉大学国际法治研究院"。

会，而且还专门设立了“中国国际法学优秀科研成果奖（航天科工奖）”和“国际法新锐奖”。其中，“航天科工奖”每年评选一次，至2018年已评选九届，共评选出优秀论文37篇、优秀著作17部。“国际法新锐奖”是专为那些向中国国际法年会提交学术论文的在校学生（本科生、硕士生和博士生）设立的，旨在激励青年学生积极参与国际法领域学术活动，热爱国际法、学习国际法和深入研究国际法。从2014年至2018年，该奖项已评选四届，共评选出一等奖论文16篇、二等奖论文32篇、三等奖论文49篇。

（三）国际法人才队伍的规模日益壮大、国际法人才培养方式更加多元

首先，国际法的人才队伍增长迅猛。进入21世纪以来，中国高等教育日新月异，中国法学教育也进入了高速发展的时期。据统计，截至2016年10月，中国有626所高校开设法学本科专业，在校学生超过31万。〔4〕这其中包括数量可观的国际法专门人才。此外，还有不少在欧美国家获得国际法硕士或博士学位的人士，目前活跃于国内各行业包括从事涉外事务。

其次，参加中国国际法年会的人数不断增加，也折射出中国国际法人才队伍不断壮大的趋势。据统计，2010年前参加中国国际法年会的一般是在200人以下。然而，2013年在湖南师范大学举办的中国国际法年会上，参会人数首次达到300人。此后，2014年在西南政法大学的参会人数为300人，2015年在中山大学的参会人数为400人，2016年在吉林大学的参会人数为300人，2017年在武汉大学的参会人数为480人，2018年在对外经济贸易大学的参会人数超过500人，2019年在西北政法大学和2021年在海南大学的参会人数均超过了600人。

---

〔4〕参见教育部：《教育部对十二届全国人大四次会议第4687号建议的答复》（教建议〔2016〕第258号，2016年10月8日），载中华人民共和国教育部网站：http://www.moe.gov.cn/jyb_xxgk/xxgk_jyta/jyta_gaojiaosi/201611/t20161104_287655.html。

最后，各种各样的国际法模拟法庭比赛，使国际法人才培养方式更加多元。例如，2003 年 Jessup 国际法模拟法庭中国首届全国选拔赛在中国人民大学成功举办。[5] 此后，“国际人道法模拟比赛”“国际空间法模拟法庭比赛”“国际刑事法院模拟法庭比赛”“海洋法模拟法庭比赛”等竞相举办。这类国际法模拟法庭比赛，是一种较好的国际法人才培养方式，对提升参赛学生运用国际法的能力有较大帮助。

（四）国际法的教材建设取得了重要进展

新中国成立以来，1976 年商务印书馆出版的周鲠生先生所著《国际法》（上、下册）、1981 年法律出版社出版的王铁崖主编《国际法》，为中国国际法教育和人才培养发挥了重要作用。党的十八大以后，2016 年高等教育出版社出版了曾令良主编的《国际公法学》，[6] 主要参编人员有：曾令良、江国青、周忠海、邓烈、白桂梅、朱文奇、李寿平、杨泽伟、何志鹏、余敏友、赵建文、黄瑶。该书被列为马克思主义理论研究和建设工程重点教材，其最显著的特色为：注重马克思主义国际法思想的梳理，以及运用马克思主义的唯物辩证法来阐述国际法的理论和实践。

此外，一些学者还不断修订、完善主编的教材或独撰的著作，使之逐渐成为学术精品。据不完全统计，目前已经出版了四版以上的教材或著作主要有：王献枢主编的《国际法》（第五版），中国政法大学出版社 2012 年版；邵津主编的《国际法》（第五版），北京大学出版社 2014 年版；程晓霞、余民才主编的《国际法》（第五版），中国人民大学出版社 2015 年版；王虎华主编的《国际公法学》（第四版），北京大学出版社 2015 年版；梁西著、杨泽伟修订的《梁西国际组织法》（第七版），武汉大学出版社 2021 年版；杨

---

〔5〕 参见杨泽伟：《改革开放四十年来的中国国际公法学：特点、问题与趋势》，载《武大国际法评论》2018 年第 6 期。

〔6〕 2021 年该书已出版了第三版，主编为江国青。

泽伟的《国际法》（第四版），高等教育出版社 2021 年版；杨泽伟的《国际法析论》（第五版），中国人民大学出版社 2021 年版；等等。

二、中国国际法教育存在的主要问题

目前中国国际法教育主要存在以下问题。

（一）国际法在法学教学体系中的地位有待进一步提升

19 世纪中叶，近代国际法正式传入中国，从而开启了中国国际法教育的历程。20 世纪 30 年代末，国际公法、国际私法成了中国法学本科必修课。20 世纪 80 年代，国际经济法正式确立为二级学科。到 20 世纪 90 年代初，中国有五十多所高校开设了国际法（国际经济法）本科专业，国际公法、国际私法、国际经济法作为二级学科招收硕士和博士研究生。然而，1997 年国务院学位委员会和教育部对学科专业进行了调整，不但取消了国际法本科专业，而且取消了国际公法、国际私法和国际经济法三个法学二级学科，并将这三个二级学科合并为一个“国际法学”二级学科。〔7〕此后，国际法学科不断被压缩、国际法课程日益萎缩、国际法学时大幅减少。以国内某知名高校的法学院为例，国际法课程（不包括国际私法、国际经济法）由国际法本科专业时的 72 学时逐步减少到 54 学时，直至目前的 32 学时。而反观同一院校的课程安排，法理学的课时为 64 学时，刑法的课时为 96 学时，民法的课时为 160 学时。

〔7〕 参见国务院学位委员会、教育部 1997 年颁布的《授予博士、硕士学位和培养研究生的学科、专业目录》、1998 年颁布的《普通高等学校本科专业目录》。按照该目录，“法学”是一个学科门类，在法学学科门类下，有法学、政治学、社会学、民族学、马克思主义理论等五个一级学科；在法学一级学科下，有法学理论、法律史、宪法学与行政法学、刑法学、民商法学（含劳动法学、社会保障法学）、诉讼法学、经济法学、环境与资源保护法学、国际法学（含国际公法、国际私法、国际经济法）、军事法学等十个二级学科。

（二）国际法学科体系有待进一步完善

目前中国高等教育设有十三个学科门类，具体包括哲学、经济学、法学、教育学、文学、历史学、理学、工学、农学、医学、军事学、管理学和艺术学等。但在法学学科门类中，有六个一级学科，如法学、政治学、社会学、民族学、马克思主义理论和公安学。[8] 然而，从严格意义上讲，法学学科门类下的政治学、社会学、民族学、马克思主义理论和公安学都不是法学学科。因此，法学学科门类下的六个一级学科，其实只有一个法学一级学科。而历史、文学、教育、经济和管理等学科门类均包含两个及两个以上一级学科。况且，在普通高等学校本科专业目录中，只有法学是唯一只有一个本科专业，而哲学、历史、文学、教育、经济等学科均有三个以上的本科专业。更有甚者，管理学中的工商管理类本科专业就有十个。[9] 可见，这种情况极大地弱化了法学学科专业在整个哲学社会科学领域的地位，极不利于专门培养涉外法治人才。[10]

（三）涉外法治人才培养的力度有待进一步加大

改革开放以来，中国国际法教育在涉外法治人才培养方面取得了较大成就。一方面，在联合国十五个专门机构中，有四个专门机构的负责人来自中国，如赵厚麟出任国际电信联盟秘书长、李勇为联合国工业发展组织总干事、屈冬玉为联合国粮农组织总干事、柳芳为国际民航组织秘书长。另一方面，在国际立法、国际（准）司法机构，也有中国学者的身影。例如，担任联合国国际法委员会委

---

〔8〕 参见国务院学位委员会、教育部 2011 年发布的《学位授予和人才培养学科目录》(2011 年)，载教育部政策法规司、教育部高等教育司编：《中国特色现代大学制度文件辑要 (2013 年版)》，教育科学出版社 2013 年版，第 340—346 页。该目录在法学学科门类下增设“公安学”为一级学科。

〔9〕 参见国务院学位委员会、教育部 2012 年发布的《普通高等学校本科专业目录》(2012 年)，载教育部政策法规司、教育部高等教育司编：《中国特色现代大学制度文件辑要 (2013 年版)》，教育科学出版社 2013 年版，第 306—339 页。

〔10〕 参见黄进：《加强我国涉外法治人才培养的战略选择》，载 https://legal.gmw.cn/2021-02/09/content_34611217.htm，访问日期：2021 年 5 月 20 日。

员的薛捍勤、黄惠康；当选为联合国国际法院法官的薛捍勤；出任前南斯拉夫国际刑事法庭法官的刘大群；当选为国际海洋法法庭法官的高之国、段洁龙；被推选为WTO专家组成员的张玉卿、曾令良和朱榄叶，当选为WTO上诉机构成员的张月姣、赵宏；等等。

然而，毋庸讳言，中国国际法教育在涉外法治人才培养方面也存在一些问题和不足，主要是现有的涉外法治人才储备还远远不能够满足新时代扩大对外开放、对外法律斗争以及参与全球治理体系改革和建设的实际需要。[11] 以联合国系统中的中国籍国际职员数量为例，中国籍国际职员实际比例远低于其应占比例，高级职位数量也偏少，代表性严重不足。据统计，目前在联合国秘书处的中国籍职员有548人，占总人数的1.5%，仅为美国的22%，英国的70%。[12] 目前，中国在安理会五个常任理事国中，国际职员数量是最少的。另外，根据2019年4月联合国秘书长古特雷斯的报告，截至2018年年底，联合国秘书处专业及以上职类，中国籍职员的数量适当范围是169人—229人，实际职员只有89人，离低限差80人。[13] 此外，目前联合国秘书处副秘书长、助理秘书长级的高级岗位共有150多个，但中国仅占一席，其他席位分别被美国、英国、澳大利亚、法国、俄罗斯、日本、加拿大和加纳等国占据。[14] 在秘书处D级以上中高级职员中，中国籍职员仅有19人，是英国的1/3，美国的1/5。[15] 此外，自2012年以来，虽然中国提供的

〔11〕参见黄进：《加强我国涉外法治人才培养的战略选择》，载《光明日报》网站：https://legal.gmw.cn/2021-02/09/content_34611217.htm，访问日期：2021年5月20日。

〔12〕参见《2021年7月5日外交部发言人汪文斌主持例行记者会》，载外交部网站：https://www.fmprc.gov.cn/web/wjdt_674879/fyrbt_674889/t1889810.shtml，访问日期：2021年9月20日。

〔13〕张海滨：《为什么在国际组织中任职的中国人不多?》，载《环球》2020年第13期。

〔14〕张怿丹：《中国称为联合国第二大会费国之后》，载《世界知识》2019年第11期。

〔15〕参见《2021年7月5日外交部发言人汪文斌主持例行记者会》，载外交部网站：https://www.fmprc.gov.cn/web/wjdt_674879/fyrbt_674889/t1889810.shtml，访问日期：2021年9月20日。

维和部队数量远远超过了其他成员，但在目前联合国维和行动中没有任何中国人担任高级职务。[16]

三、中国国际法教育的前景

（一）国际法成为法学一级学科是新时代的必然要求

首先，国际法成为法学一级学科是培养涉外法治人才的关键步骤。习近平总书记强调，要提高我国参与全球治理的能力，着力增强规则制定能力、议程设置能力、舆论宣传能力、统筹协调能力；参与全球治理需要一大批熟悉党和国家方针政策、了解我国国情、具有全球视野、熟练运用外语、通晓国际规则、精通国际谈判的专业人才。[17] 因此，国际法成为法学一级学科，有助于尽快弥补涉外法治人才的不足。

其次，国际法成为法学一级学科是实现中国高水平对外开放的客观要求。2020 年，十九届五中全会明确提出："实行高水平对外开放，开拓合作共赢新局面。"[18] 国际法成为法学一级学科，不但有利于进一步推进中国涉外法治体系建设，而且能助力造就市场化、法治化、国际化的营商环境，建立更高水平开放型经济新体制，推动贸易和投资自由化便利化，推进贸易创新发展。

最后，国际法成为法学一级学科有助于统筹推进国内法治和涉外法治。目前中国特色社会主义法治体系已基本形成，但是涉外法治建设还存在明显的不足，如涉外法治立法工作比较滞后、涉外法

---

〔16〕 参见［美］洛根·波利：《中国在联合国维和行动中成为领头者》，载美国外交学者网站 2018 年 4 月 17 日，转引自《参考消息》，2018 年 4 月 19 日第 14 版。

〔17〕 新华社：《中共中央政治局进行第三十五次集体学习》（2016 年 9 月 28 日），载中国政府网：http：//www.gov.cn/xinwen/2016－09/28/content_ 5113091.htm，访问日期：2021 年 9 月 10 日。

〔18〕《中国共产党第十九届中央委员会第五次全体会议公报》（2020 年 10 月 29 日），载人民网：http：//cpc.people.com.cn/GB/http：/cpc.people.com.cn/n1/2020/1029/c64094－31911510.html，访问日期：2021 年 9 月 1 日。

治执法能力不强、涉外法治司法国际公信力不高等。国际法成为法学一级学科，不但有助于统筹推进国内法治和涉外法治，而且有助于进一步提升运用国际法维护国家权益的巧实力，并最终实现人类命运共同体理念的制度化。

（二）重视国际法法理学的教学研究是培养具有国际竞争力法律人才的现实需要

国际法法理学是国际法学的基础和核心，也是建立一个法律体系的关键所在，同时也是有一定深度和难度的部分。长期以来，由于多种因素的影响，国际法法理学一直是中国国际法学研究的一个薄弱环节，对一些最基本的国际法理论问题，如国际法的理念、国际法的法律性质、国际法的效力根据、国际法与国内法的关系、国际法的历史、国际法的渊源、一般法律原则、国际法的方法论、国际法的价值论、国际法的认识论以及国际法各分支的一些理论问题等，还缺乏全面、系统、深入的研究。因此，重视国际法法理学的教学和研究，既是培养具有国际竞争力法律人才的现实需要，也是一项基础性工程。

事实上，近年来包括国际法的解释和适用问题在内的国际法法理学日益受到国际法学界的重视。〔19〕因为表现为文字的法律文件难免会产生歧义，特别是作为国际法主要法律渊源的国际条约和国际习惯更是如此。一方面，缔约国为了尽快就条约文本达成一致，可能会故意采用一些原则性或模糊性的规定以弥合彼此间的分歧；另一方面，国际社会对于某一规则是否已成为习惯国际法规则，也不容易达成共识。更为重要的是，近年来在WTO法等领域，国际法的碎片化现象日益增多，一些国际人权条约机构的扩权行为不断增加，类似国际海洋法法庭等国际司法机构的越权行为更加凸显、

〔19〕 杨泽伟：《新中国国际法学70年：历程、贡献与发展方向》，载《中国法学》2019年第5期。

在国际法院的判决中法官的独立意见也越来越多。这些新的动向，一定程度上体现了目前国际社会各利益攸关方，包括主权国家，为了寻找法律依据以维护自身利益，不惜对国际条约和国际习惯片面地做出有利于自己的解释。最典型的例子，就是 2013 年菲律宾单方面发起的“南海仲裁案”。该案的起因及其裁决结果，充分体现了菲律宾和仲裁庭对《联合国海洋法公约》有关条款的曲解。因此，中国国际法学者应更加重视包括国际法的解释和适用问题在内的国际法法理学，以更好地维护中国的国家权益。

（三）加大国际组织人才培养力度是进一步增强中国话语权的必由之路

如前所述，在联合国等国际组织中，中国籍国际职员人数偏少、级别偏低、占据的重要部门和关键岗位不多。未来，我们可以从以下两个方面弥补这一不足。

一是构建中国涉外法治人才培养体系，弥补中国涉外法治人才培养的短板。习近平总书记指出：“我们要继续做全球治理变革进程的参与者、推动者、引领者，推动国际秩序朝着更加公正合理的方向发展，继续提升新兴市场国家和发展中国家代表性和发言权。”〔20〕《中华人民共和国国民经济和社会发展第十四个五年规划和 2035 年远景目标纲要》也明确提出：“加强涉外法治体系建设，加强涉外法律人才培养。”可见，人才培养在中国涉外法治体系建设中是具有基础性、战略性、先导性的地位和作用的。因此，我们必须加强涉外人才的培养和储备，进一步探讨国际法作为一级学科建设的理论与实践问题，构建国际法本科、硕士、博士、博士后全流程培养机制，设立国际组织后备人才培养基地、涉外法治人才培养基地等。

〔20〕 习近平：《坚定信心，共谋发展——在金砖国家领导人第八次会晤大范围会议上的讲话》，载《人民日报》2016 年 10 月 17 日，第 2 版。

二是积极向联合国等国际组织输送人才，实现量的突破和质的飞跃。一方面，派遣和鼓励更多中国年轻人进入联合国系统工作，尤其要重视占据重要部门和关键岗位。这既可以弥补中国在联合国系统代表性不足的问题，也有利于展现中国的软实力，把中国的文化和理念融入联合国工作的各个领域。另一方面，要充分利用联合国现有的输送培养国际人才的渠道。例如，联合国开发计划署、经济和社会事务局均设立了一个初级职业官员项目，专门培养年轻的专业人员（P1/P2 级别）。一般 50%的初级职业官员都留在了联合国系统。〔21〕事实上，很多国家已经利用该渠道为联合国系统提供了不少的人力资源。我国应大力支持本国年轻人参与此类项目。

〔21〕 刘志贤主编：《联合国 70 年：成就与挑战》，世界知识出版社 2015 年版，第 489 页。

瓶颈抑或玻璃天花板

——改革开放以来我国国际法教学的困境及改进*

朱利江**

教学是指由教师的教和学生的学共同组成的人才培养活动，通过这种活动，学生在教师有目的、有计划、有组织的指导下，积极、主动地掌握系统的文化科学基础知识和技能，发展能力，提高素质，成为社会所需要的人才。〔1〕国际法教学就是指掌握国际法知识的教师的教和渴望掌握国际法知识的学生的学共同组成的培养国际法人才的活动。国际法教学是培养国际法专业人才的主要途径，是法学教育的重要组成部分，也是教学问题上受到联合国大会关注的议题，具有世界性影响。〔2〕本文旨在对改革开放四十多年来我国的国际法教学进行观察和思考，总结取得的

---

* 本文系中国政法大学青年教师学术创新团队支持计划（项目批准号：19CXTD09）阶段性成果。

** 朱利江，中国政法大学国际法学院教授，法学博士。

〔1〕《中国大百科全书·教育》，中国大百科全书出版社 1985 年版，第 150 页。

〔2〕 1965 年，第 20 届联合国大会通过了第 2099 号决议，题为“促进国际法教学、研究、传播和广泛了解协助方案”。1971 年，第 26 届联合国大会第 2838 号决议首次要求，在所有大学的法律学科教学中，国际法应占有适当地位。

成就，指出面临的困境，同时提出若干改进之策。需要说明的是，由于本人学识有限，本文中的数据不一定准确，有些描述不一定到位，如有不妥，还请多多谅解。

一、改革开放以来我国国际法教学取得的成就

改革开放以来，我国的国际法教学步入正轨。[3] 经过四十多年的发展，我国的国际法教学取得了丰硕成果，在专业设置、课程体系、教师队伍、教学材料、教学方法五个方面构建起了一个全面、庞大的教学体系，为国家、社会和世界培养了大量有用的国际法专业人才。我国已成为世界上国际法教学体量最大的国家之一。

一是在专业设置方面，形成了以研究生阶段设置国际法专业的格局。1979 年，北京大学法律系在全国创立了第一个国际法专业，招收了第一批国际法本科生。[4] 1980 年，武汉大学国际法研究所开始培养国际法专业本科生。[5] 之后，其他院校也陆续在本科阶段设置国际法、国际经济法专业。1998 年，本科生中的国际法、国际经济法等专业被取消，只设置法学专业。因此，国际法专业只在硕士研究生和博士研究生阶段设置。1978 年，北京大学法律系首先在全国招收国际法专业硕士研究生。[6] 1981 年，武汉大学国际法研究所首先在全国设立国际法专业博士点。[7] 目前，国际法（含国际公法、国际私法、国际经济法）是法学一级学科下的二级

---

〔3〕 Wang Tieya, "Teaching and Research of International Law in Present Day China", 22 *Columbia Journal of Transnational Law* (1983), p. 77.

〔4〕 林海：《王铁崖：国际法生涯七十二载》，载《江淮法治》2015 年第 4 期。

〔5〕 韩德培：《纪念、回顾与展望——在纪念周鲠生先生诞辰一百周年暨国际法研究所成立十周年大会上的讲话》，载《法学评论》1991 年第 2 期。

〔6〕 黄瑶、林兆然：《中国国际公法研究四十年：历程、经验与展望》，载《法学》2018 年第 10 期。

〔7〕 http://translaw.whu.edu.cn/index.php/index-show-tid-49.html，访问日期：2021 年 8 月 20 日。

学科，全国共有法学一级学科博士点 55 个、硕士点 149 个，均可培养国际法相关人才。此外，已在法学一级学科下设置国际法学二级学科博士点 36 个，二级学科硕士点 86 个。〔8〕

二是在课程体系方面，形成了以国际法课程为核心、以各个国际法分支或相关课程为辅助的综合课程体系。2018 年发布的高校法学类教学质量国家标准，将“国际法”作为所有法学专业本科生的核心必修课，“国际私法”“国际经济法”作为高校根据办学特色开设的专业必修课。〔9〕目前，不少学校的国际法课程体系非常全面。以中国政法大学国际法学院为例，在本科开设了“国际法”“国际经济法”和“国际私法”三门核心课程，还开设了国际海洋法、国际环境法、国际人权法、国际人道法、国际刑法、国际贸易法、国际金融法、国际税法、国际破产法等三十多门各类国际法选修课程，〔10〕从数量上看有可能是全世界国际法课程最多、最全的高校之一。

三是在教师队伍方面，形成了可能是世界上数量最多的国际法教师队伍和教学机构队伍。依据《普通高等学校本科专业设置管理规定》，我国有 632 所高校依法依规开设法学本科专业。〔11〕由于国际法是所有法学专业本科生的核心必修课，因此按照一所高校配备一位国际法教师计算，我国至少有 632 位从事国际法教学的教师。由于有许多高校还把国际经济法和国际私法作为法学专业本科生的核心必修课，再加上有许多政法类高校每一所拥有数十位国际法教

---

〔8〕《对十三届全国人大四次会议第 8342 号建议的答复》，教高建议〔2021〕120 号，http://www.moe.gov.cn/jyb_xxgk/xxgk_jyta/jyta_gaojiaosi/202109/t20210907_560085.html，访问日期：2021 年 8 月 25 日。

〔9〕同上注。

〔10〕《中国政法大学本科培养方案（2020）》，http://jwc.cupl.edu.cn/info/1055/7294.htm，访问日期：2021 年 7 月 1 日。

〔11〕《对十三届全国人大四次会议第 8342 号建议的答复》，教高建议〔2021〕120 号，http://www.moe.gov.cn/jyb_xxgk/xxgk_jyta/jyta_gaojiaosi/202109/t20210907_560085.html，访问日期：2021 年 8 月 25 日。

师，可以估算，我国从事国际法教学的教师人数至少在 1000 名左右。[12] 中国国际法学会的会员人数也在 1000 名左右。[13] 2020 年举行的中国国际法学会年会暨成立 40 周年纪念会议，共有 300 余名代表参加线下会议，另有 500 余名代表参加线上会议。[14] 美国国际法学会会员人数虽然超过 4000 人，但他们来自 100 个以上的国家，只有 60%是美国人，大约在 2400 人，他们当中有许多是律师、法官、检察官、学生等。[15] 美国经美国律师协会（ABA）认证的法学院共有 199 所，[16] 按照一所法学院有三名国际法教师计算，[17] 美国高校中的国际法教师人数在 600 名左右。这说明，我国的国际法教师人数在世界上应该处在前列。

同时，为了集合国际法教师的力量，自 1980 年开始，我国许多高校设置了专门的国际法教学机构。[18] 我国高校中专门的国际法教学机构主要由两大部分组成：一是政法类高校中专门的国际法学院，二是综合性高校中的国际法教学机构。政法类高校由于学生

---

〔12〕 有学者指出，早在 1992 年，中国国际法学会的会员人数已经达到 1000 人。参见邓烈：《改革开放 40 年中国国际公法学研究述评》，载《法学评论》2018 年第 3 期。

〔13〕 https：//www. spp. gov. cn/zdgz/200805/t20080530_ 26742. shtml，访问日期：2021 年 8 月 20 日。

〔14〕 http：//new. fmprc. gov. cn/web/wjbxw_ 673019/t1830339. shtml，访问日期：2021 年 8 月 20 日。

〔15〕 https：//www. asil. org/about/about-asil，访问日期：2021 年 8 月 20 日。

〔16〕 https：//www. americanbar. org/groups/legal_ education/resources/aba_ approved_ law_ schools/，访问日期：2021 年 8 月 20 日。

〔17〕 作为美国国际法师资最多大学之一的纽约大学，大约拥有 10 名国际法专职教师（https：//www. law. nyu. edu/areasofstudy/global/faculty）。不过，美国许多小法学院都是没有国际法教师的，也不开设国际法课程。国际法教学在美国法学院中处在边缘地带，只有 4%的美国法学院要求学生学习国际法课程。See Ryan Scoville，"Why Teaching International Law in American Universities Matters"，https：//www. justsecurity. org/20732/teaching-international-law-american-universities-matters/.

〔18〕 1980 年，北京大学法律系设立了国际法研究室，1983 年 5 月，经教育部批准，北京大学法律系的研究室升格为北京大学国际法研究所。申建明：《北京大学国际法研究所》，载《中国法律年鉴》（1987），法律出版社 1987 年版，第 846 页。根据武汉大学国际法研究所官网的介绍，武汉大学国际法研究所于 1980 年成立（http：//translaw. whu. edu. cn/index. php/index-show-tid-49. html）。

人数较多，需要的专职教师也很多，因此一般都设有专门的国际法学院。截至目前，传统的“五院四系”中的“五院”均设有国际法学院。[19] 综合性高校法学院中一般没有专门的国际法教学机构，而是多与研究所合并，一般称为国际法教研室。国际法师资比较强的综合性高校的法学院更喜欢设立国际法研究所。目前，我国有数十所高校设有国际法研究所。[20] 一些专业性较强的高校也设有国际法研究所，甚至国际法系或国际法研究院，例如外交学院。还有一些社科院的国际法研究所随着与大学的合并也承担着国际法教学功能，例如中国社科院国际法研究所。这个数量在国际上也是相当可观的，应该处在世界前列。

四是在教学材料方面，形成了数量庞大的国际法中文教材和教辅材料。自 1981 年北京大学王铁崖教授主编《国际法》中文教材以来，[21] 我国的国际法中文教材数量已十分庞大。据统计，我国国际法教材到 2008 年时已经有约 200 部，可谓“遍地开花”。[22] 此外，还有规模更大的各类国际法教辅书籍，包括国际法案例教材、国际法实践教学教程、国际法习题等。个别教师还撰写了英文的国际法教材。

五是在教学方法方面，形成了以传统的课堂讲授为主，案例教学、研讨教学、苏格拉底式问答教学、学术报告、专题讲座、讲习

〔19〕 中南政法大学与中南财经大学合并成立中南财经政法大学后，设立了法学院，在法学院下面设立了国际法系。

〔20〕 包括北京大学、武汉大学、浙江大学、中国人民大学、上海交通大学、西安交通大学、浙江工商大学、北京理工大学、湖南师范大学等。

〔21〕 王铁崖主编：《国际法》，法律出版社 1981 年版。参见殷雄：《一部奠定我国国际法教学体系基础的优秀教材——评王铁崖主编〈国际法〉》，载《中国高等教育》1988 年第 9 期。

〔22〕 邓烈：《改革开放 40 年中国国际公法学研究述评》，载《法学评论》2018 年第 3 期。

班、赴国外进修、访学和课堂外实践教学为辅的综合体系。[23] 尤其是近二十年来，各类国际法模拟法庭竞赛广泛开展，大大激发了学生们投身国际法实践的热情。此外，一些有条件的高校还与国内外实践部门联系，设立了国际法实习岗位和机会。

经过四十多年的教学，我国培养了一大批梯队明显的国际法专业人才。仅从 1980 年到 1990 年，武汉大学国际法研究所就培养了 314 名本科生、124 名硕士研究生和 33 名博士研究生。[24] 从 1978 年到 2013 年，北京大学国际法研究所培养了 300 多名本科生、近 300 名硕士研究生和近 100 名博士研究生。[25] 按照已经设立的国际法学二级学科 36 个博士点、86 个硕士点，每个博士点每年招收 5 名博士生、10 名硕士生保守计算，在过去 40 年，我国培养的国际法硕士和博士预计在 40 000 名左右。当然，40 年前我国的国际法学博士点和硕士点没有现在那么多，但即便如此，我国培养的国际法硕士和博士总数也应该在 10 000 人以上。改革开放以来，我国培养的第一代国际法专业人才为我国的国际法教学科研做出了重要贡献，为后代奠定了良好的基础。[26] 他们当中有的担任国际法庭的法官，有的担任国际组织法律官员，有的在外交部等国家机关的一线国际法岗位，有的在人民法院等司法机关审判涉外案件，有的从事企业法务和律师事务，还有许多在国内外高校和研究机构的国际法教学科研岗位上工作等。更加可喜的是，近年来，有不少年轻的学生在国内外接受了国际法博士教育后，已经在国际法的研究和实

〔23〕 早在 20 世纪 80 年代，北京大学国际法研究所和武汉大学国际法研究所就已经采取了这些方法中的大多数方法。参见黄新中：《开展学术活动，促进法学发展》，载《法学研究资料》1981 年第 6 期。

〔24〕 韩德培：《纪念、回顾与展望——在纪念周鲠生先生诞辰一百周年暨国际法研究所成立十周年大会上的讲话》，载《法学评论》1991 年第 2 期。

〔25〕《“北京大学国际法研究所建所 30 周年暨王铁崖先生诞辰 100 周年纪念会”隆重举行》，载 https：//www. law. pku. edu. cn/xwzx/xz/429. htm，访问日期：2021 年 9 月 1 日。

〔26〕 Lin Zhang, Lingsheng Zhang, “Research and Teaching of International Law in Contemporary China: A Landscape Sketch”, 10 *Journal of East Asia and International Law* (2017), p. 448.

务方面崭露头角。

二、改革开放以来我国国际法教学面临的困境

然而，应该看到，尽管如此，四十多年过去了，我国的国际法教学依然存在不少突出问题。教材千篇一律、教师照本宣科、填鸭式教学等现象，在许多高校依然存在，无法激发学生对国际法的学习兴趣。[27] 在国际法课程的教学中，普遍存在教师和学生对国际法“教无新意”“学无动力”的境况。[28] 因此，造成的情况是，“中国国际法教育的水平，仍然远远不能满足日益复杂的国际交往需要，不能匹配中国日益提升的国际地位，远远不能达到中国深入参与全球治理体系的需求”。[29] 而且，培养的国际法人才“难以适应我国日益走近世界舞台中央的历史进程，存在着总量偏小、水平不高、经验不足、供需脱节、管理薄弱等问题”。[30] 现有的涉外法治人才储备还“远远不能够满足新时代扩大对外开放的实际需要，主要表现为数量不足、能力不足、经验不足、培养不足”。[31] 或者，现有的国际法队伍和能力“与民族复兴、构建人类命运共同体的目标仍然有着很大的距离，具有国际化水平、在重要国际法岗位的国际法人才以及有国际竞争力和影响力的国际法智库存在明显

---

〔27〕 王艺、邱雪梅：《高等学校国际法教学模式现状与改革路径》，载《天津中德职业技术学院学报》2015 年第 4 期。

〔28〕 苏卡妮：《国际法教学改革的一些新思路》，载《吉林省教育学院学报》2011 年第 5 期。

〔29〕 何志鹏：《中国国际法教学提升的“道”与“术”》，载《中国大学教学》2017 年第 4 期。

〔30〕 黄惠康：《从战略高度推进高素质涉外法律人才队伍建设》，载《国际法研究》2020 年第 3 期。

〔31〕 黄进：《完善法学学科体系，创新涉外法治人才培养机制》，载《国际法研究》2020 年第 3 期。

‘短板’，应对国际事务捉襟见肘”。[32] 总的说来，我国的国际法教学存在本土性不明显、原创性不足、国际影响力不强、高精尖人才不多、培养的专业人才很难找到专业对口的工作等诸多问题。

确实，经过四十多年的国际法教学，最早接受国际法教学的学生都已经到了退休年龄，我国改革开放以来培养的国际法从业人才的年龄结构从二十多岁到六七十岁不等。尽管有许多杰出的国际法专业人才活跃在国际法庭、国际组织等工作岗位上，但还有大量接受国际法教学的人才并没有从事国际法工作，这一比例应该是很高的。我国的高校已经设置了层次丰富的国际法专业学位，开设了几乎所有的国际法课程，建立了一支庞大的国际法教学队伍，编写了大批国际法教材与辅助学习材料，采取了能够想到的足够多样的国际法教学方法，可以说，在形式方面完全不亚于欧美法学院。但是，培养出来的国际法专业人才经常被说成是并不能满足国家的需要，并不能为世界各国提供法律服务。四十年前，王铁崖教授说：“中国作为一个世界文明大国，对于国际法的发展应该而且必须有所贡献，中国应当也必须有世界水平的国际法学者。”[33] 但目前，在世界上具有全球影响的国际法学术大师屈指可数。同样，具有世界水平、能在国际法庭和仲裁庭代表各国出庭的律师和律师事务所也是凤毛麟角。以国际法院和《联合国海洋法公约》附件七仲裁庭为例，出庭律师基本上都来自英国、美国、法国和荷兰、比利时等国家，律师事务所则基本上都是一两家美国的律师事务所。以国际法院诉讼与《联合国海洋法公约》附件七仲裁为代表的国际争端解决的律师群体是一个狭窄、封闭、高度专业化与精英化的职业群

〔32〕 阙占文：《新时代国际法教学的现实困境与改革思路》，载《法治论坛》2020 年第 3 期。

〔33〕 李兆杰：《春蚕到死丝方尽——追忆我的导师王铁崖先生》，载《中国审判》2007 年第 3 期。

体，呈现明显的“欧洲中心主义”特点。[34]可以说，与英国、美国和法国相比，我国缺少完全依靠自身能力在国际法律市场上叱咤风云的世界级的律师，也缺乏在世界上具有全球影响的国际法学术大师。[35] 那么，是否可以追问一下，我国的国际法教学到底存在何种障碍？这些障碍是否只是可以逐渐得到克服的技术性质的“瓶颈”，还是根本就是再怎么努力也无法改变的、透明的、不易察觉的根本性质的“玻璃天花板”？[36] 如果是前者，我们就可以通过进一步完善现有的国际法教学体系加以克服；但如果是后者，则需要我们彻底反思现有的国际法教学体系，还可能需要进行根本性的改变。

三、我国国际法教学若干改进之策

如果对我国现有的国际法教学体系进行根本性的改变，可能需要进行大刀阔斧的顶层设计。无论如何，至少就现有的国际法教学体系而言，需要我们寻找、发现存在的问题，并加以改进。本文认为，我国高校可以从以下几个方面着手，改进现有的国际法教学。当然，有些建议也是许多专家此前已经不断提出的。

一是开展国际法精英教学，提高国际法精英教学的质量。有条件的高校可以真正开展国际法精英教学，培养法学功底扎实、外语水平一流、关注国际关系、具有跨文化交流能力和意愿的国际法专

---

〔34〕 廖雪霞：《法律职业化视角下的国际争端解决》，载《开放时代》2020 年第 6 期。

〔35〕 不过，其他国家也差不多，尤其是国际法庭和仲裁庭的出庭律师，基本上都被少数几个西方国家的律师或法学家垄断。相比之下，具有世界影响的国际法学者不仅分布在少数几个西方国家，在一些亚洲、非洲和拉美国家也有分布。

〔36〕 国际法教学面临的困境似乎并非只在中国存在，美国其实也存在。有美国学者认为，美国的国际法教学存在机制性的、体系性的障碍。See John Gamble, “Teaching of Get off the Lectern: Impediments to Improve International Law Teaching”, 13 *ILSA Journal of International and Comparative Law* (2007), p. 380.

业人才。与国内法不同，国际法的教学需要有十分流利的英语水平，甚至还可能需要有法语这样的第二外语能力，而且还必须熟谙国际关系，具有扎实的法学基本功。这就表明，要培养真正的国际法专业人才，光靠大众型的普及教学是远远不够的。目前，我国已经有不少高校在本科生教育中开设了各种卓越涉外法律人才班、涉外法学实验班、涉外法治人才实验班等，并为这些班级的学生提供最好的学习条件，应该说付出了很大的努力。但从教学效果来看，存在教师自身能力不够、教学投入不够、所谓的全英文课程形同虚设、教学效果不充分、没有充分激发学生学习主动性等问题。[37]这就需要高校真正把能力最强，也十分有意愿投入教学工作的教师引入这些班级的国际法教学，编写适合这些学生学习的高水平国际法教材，革新教学方法，真正提高国际法教学的质量，真正激发学生对国际法的热爱。

二是把好国际法授课教师的准入关，提高教师自身的授课水平。我国虽然有六百多所高校都有教师在为学生讲授国际法课程，但有许多高校的国际法课程授课教师并不是专门从事国际法教学科研的，而是由其他专业的教师兼职讲授；还有许多高校新入职的年轻教师没有经过任何事先的培训学习，就直接上讲台为学生授课；也有一些科研做得特别好的教师并没有把重心放到教学上来，严重影响了国际法课程的教学效果，没有激发学生学习国际法的动力与兴趣。很多教师把研究作为主业、把教学当成了副业。虽然不断有人说，没有科研，就没有教学。但是，做科研做得好，教学不一定好。即便是科研做得好的教师，有些也没有把精力放在教学上，这样就无法讲好国际法课程。为了激发学生学习国际法的动力与兴趣，高校应尽量配备专业的国际法教师，尽量让国际法科研做得

---

〔37〕丁卫：《培养涉外卓越法律人才——西安交通大学“中澳丝路班”的实践与反思》，载《法学教育研究》2019年第2期。

好、真正热爱教学、又有出色教学水平的教师讲授国际法课程，采取多种措施调动教师投入国际法授课的主动性，努力提高教师自身的授课水平。

三是聘请高水平的外籍国际法专业教师，提高教师和学生的专业英文水平。有条件的高校可以在世界范围内聘请高水平的外籍国际法专业教师，加入本校的师资队伍，充实本校的国际法师资力量。目前，除了个别高校法学院聘请了外籍国际法专业教师外，绝大多数高校法学院中均没有外籍国际法教师。[38] 我国的一些高校也在尝试让自己的教师用英文给学生讲授国际法，但实际效果并不理想。绝大多数国内教师自身的英文专业水平有限，学生并不能完全听懂，可能造成的结果是国际法和专业英文均没有学好。也有许多高校开设了所谓的双语国际法教学课程，但这些课程大多沦为翻译课，学生提升国际法专业英文水平的能力十分有限。英语水平稍微好点的学生把国际法双语课当作英文课学习，英语水平较差的学生则不仅没有把专业英语学好，而且也没有真正理解国际法专业知识。[39] 聘请高水平的外籍国际法专业教师，有助于提高本校教师和学生运用地道的专业英文从事国际法学习、研究和交流的能力。

四是加强课堂教学的效果，改进课程考核方法。国际法课程作为法学专业本科核心课程，上课的学生人数较多，通常很难采取问答式的苏格拉底教学法、分组研讨法等，所以绝大多数的授课教师都会采用讲授的方法。这时，如果讲课的内容枯燥、死板，采取照本宣科或填鸭式教学方法，考试时设置通过死记硬背就能解答的题目，就很难激发学生的学习兴趣。授课教师应该努力学习专业知识，与时俱进，革新自身的国际法专业知识，提升自己的专业水

〔38〕 拥有外籍教师的机构包括：武汉大学中国边界与海洋研究院、武汉大学法学院（武汉大学国际法研究所）、上海交通大学凯原法学院、对外经济贸易大学法学院、浙江工商大学法学院等。

〔39〕 李霞：《国际法双语教学探析》，载《牡丹江大学学报》2013 年第 3 期。

平；同时还应努力学习教学知识，可以在教学过程中适当穿插案例，运用视频等多媒体，加强教师与学生的互动，并对其中的国际法问题尽量给出确定的答案，让学生树立对国际法的信念。对于课程的考核，可以出一些案例题或设定立场的问答题，提高学生灵活运用所学的国际法知识的能力。

五是提高国际法实践教学质量、丰富实践教学形式。国际法教学不能只停留在课堂上。近二十年来，随着各类国际法模拟法庭竞赛在我国的展开，国际法课堂外实践教学取得了丰硕成果，激发了大量年轻学生投身国际法学习和研究的热情，许多年轻学生已经在国际法学术和实践领域崭露头角。然而，在各类国际法模拟法庭竞赛的光鲜背后，也存在不少问题。各类国际法模拟法庭竞赛质量参差不齐，对学生的国际法实践能力的锻炼程度也大小不等。有些竞赛中，学生实际上并没有经过系统的实践洗礼，却仍然得到了很高的竞赛荣誉，反而造成学生觉得国际法很容易学习的错觉，忽视对课本专业知识的系统学习。而且，各类国际法模拟法庭竞赛的学生参加人数较少，个别学生包揽所有竞赛，造成个别学生为了打竞赛而打竞赛，国际法模拟法庭竞赛能够给学生提供的受益面过小。有研究指出："学校的管理层对实践教学重视度不高，加上教学进度的紧张，导致模拟法庭教学并没有形成固定的教学环节，也缺乏专门的教学计划和培养办法。这些因素往往使得很多院校的模拟法庭教学搞成了表演秀，走过场，并没有取得应有的教学效果。"〔40〕因此，各类国际法模拟法庭竞赛不能一哄而上，只有竞争性得到切实保障，才能保证通过模拟法庭竞赛锻炼学生的成效。

同时，有条件的高校可以考虑开展国际法诊所教学。与国际法模拟法庭竞赛不同，国际法诊所教学针对的是真实发生的国际法案

---

〔40〕 姚骁杰：《论国际模拟法庭竞赛的参与与传统法学教育的改革》，载《齐齐哈尔师范高等专科学校学报》2017 年第 3 期。

例或事件，这是美国法学院中广泛采取的国际法实践教学形式，可以大大提高学生运用国际法解决实际问题的能力。尽管我国有一些学者呼吁我国高校开展国际法诊所教学，[41] 但我国尚未有高校采取这一课堂外教学实践方式。这可能与对指导教师的要求较高、案例难以切入以及需要庞大的经费支持有关。

六是拓展国内外国际法实习渠道，加大国内外高校国际法教学交流。高校应积极利用各种资源，不断拓展学生前往国内外各种单位实习国际法的渠道，包括政府部门、企事业单位、高级律所、国际组织和国际司法机构。这些单位经常会发布实习信息。高校应及时关注和收集这方面的信息，及时动员学生前往实习，并为学生的实习提供各种保障。高校也应当积极举行国际法实习知识讲座，提高学生前往国内外单位实习的意识，激发他们进行国际法实习的积极性。高校也应当积极申请国家留学基金委的国际组织后备人才培养项目，积极选派优秀学生前往国外合作院校学习研究，并积极联系国际组织，为学生前往国际组织实习提供机会。高校也可以积极与国际司法机构联系，熟悉国际司法机构的实习制度，为优秀学生前往国际司法机构实习创造机会。

国际法的教学是联合国大会关注的教学问题。1965 年，联合国大会专门通过了国际法教学、研究、传播和广泛了解协助方案。学术团体“国际法协会”（ILA）也专门就国际法教学设置研究委员会进行专题研究。我国高校之间应积极加大国际法教学的交流，可以通过举行专门的国际法教学研讨会、邀请外校专家举行国际法教学讲座、申请国际法教学项目等多种方式，加强国际法教学的交流探讨。中国国际法学会应该在年会中专门设置一个关于国际法教

---

〔41〕 曾令良：《卓越涉外法律人才培养的“卓越”要素刍议》，载《中国大学教学》2013 年第 1 期；郭雳：《创新涉外卓越法治人才培养模式》，载《国家教育行政学院学报》2020 年第 12 期。

学的专题会议。[42] 我国高校还应积极与国外高校取得联系，分享自己的国际法教学经验与成果，学习他们在国际法教学方面的先进理念和做法，取长补短，提高自身的国际法教学水平。

七是提高学生工作与专业的对口度、增加国际法就业岗位。国际法教学要能够吸引学生，还应当从源头上采取措施。激励学生学习国际法的最大动力就是毕业后的工作是否与所学的专业对口。专业不对口，不仅是对教学资源的极大浪费，也会动摇学生学习专业的积极性，影响专业教学的可持续发展。我国的国际法教学要上去，国家和社会应当从源头上想办法解决。对于已经培养的国际法专业人才，应多给予信任，多给予锻炼的机会。国家和社会应多创造一些国际法就业岗位，增加工作与专业的对口度。

四、结语

我国高校的国际法专业开设了多少年，国际法教学问题就讨论了多少年，可以说是一个老生常谈的问题。过去四十多年，不少专家学者对如何提高我国的国际法教学水平已经提出了许多意见建议。我国的国际法教学水平也在这一持续讨论的过程中不断提高，教学成果也是有目共睹的。然而，与西方一些国家高校相比，我国高校的国际法教学水平仍有很大的提升空间。目前，我国涉外法治人才的培养面临重要的发展机遇，我国高校的国际法教学作为培养涉外法治人才的重要依托，应当有所作为，也可以有所作为。

---

〔42〕 美国国际法学会自20世纪50年代开始年会中均有讨论国际法教学问题的专题。See Georg Schwarzenberger, "On Teaching International Law", 4 *The International Law Quarterly* (1951), p. 20. 美国国际法学会现在甚至专门开辟了关于国际法教学的兴趣小组，参见 http://www.asil.org/teachingillindex.html，访问日期：2021年9月1日。

中国国际法教育应向何处去？

郑志华*

一、引言

改革开放以来，我国法学教育取得了长足发展，但是国际法教育和人才培养仍然处于相对滞后的状态。虽然各个政法大学多设有国际法学院，国际法专业的硕博毕业生人数也蔚为可观，但尚不能满足我国对外交往和参与国际治理的要求。特别是在大国博弈日益激烈的背景下，国际法已经成为一个国家话语权和软实力的重要象征，对于维护国家利益有着重要的影响，国际法教育和人才培养的滞后已经成为我国走近世界舞台中心、发挥负责任大国作用的一个制约因素。

迄今为止，有关国际法教育的改革主要是沿着两条路径进行的：强化专业能力和强化外语能力。强化国际法专业论的提倡者主要观点是，将国际法专业设置为独立的一级学科，单独开辟国际法本科专业，扩大国际法专业招生，强化和进

* 郑志华，上海交通大学日本研究中心副研究员。

一步精细化国际法专业教育。强化外语能力的提倡者则认为，英语和法语是国际法专业从业人士必备的工作语言，对于我国的国际法专业人员来说，精通一门英语已是不易，同时精通英语和法语者凤毛麟角，如果连工作语言都不能过关，何谈利用国际法捍卫国家利益!

二、重新审视国际法教育的相关改革方案

“设一级学科，强化国际法专业论”主要基于这样一种观点：国际法是一种舶来的知识传统，我们作为后来者和学习者，只有强化专业学习，弥补专业短板，才能和传统国际法强国一较长短。由于我国的国际法在专业设置中是法学之下的二级学科，在法学本科教育中只有国际公法是必修课，国际法学科下如国际贸易法、国际投资法、国际金融法、国际税法、国际航空法、国际货物运输法、国际环境法、国际海洋法、国际知识产权法、国际私法、国际组织法、国际争端解决等大量复杂的专业知识鲜有机会在本科课堂上被传授，国际法教师没有专业课可上、学生没有专业课可学，不仅造成专业教师队伍萎缩，也造成涉外法治人才捉襟见肘。毫无疑问，将国际法学设置为一级学科，意味着更多的人力、物力和财力的投入，也会是国际法教育实现跨越式发展的重要契机。但是仅提升学科地位、加大资源投入，就可以扭转国际法人才培养的劣势吗?我国与英国、美国等传统国际法强国的差距是因为国际法学科不是单独的一级学科所导致的吗?这些问题可能都需要进一步加以审视。

我国各个政法大学多设有专门的国际法学院，综合性院校的法学院也多设有国际法系所，培养了大批国际法专业的研究生和博士生。相比之下，英美国家鲜见有专门的国际法学院，更遑论有关国际法专业一、二、三级学科设置。根本问题恐怕在于，我国的国际

法人才培养并非面向国际法治人才市场，而是更多面向国内法律人才就业市场；我国目前的法学教育也缺乏为国际造法、国际执法、国际司法和国际法律服务输送人才的意识、能力和胆气。这就造成了我国的国际法治人才市场是非常小的，因为只有极少数毕业生有机会进入到外交部、商务部等部委的条法司或国际司，更不用说有关国际组织了。这在事实上造成我国国际法人才培养进入一个死胡同，我们培养的国际法专业学生达不到国际法治人才市场的准入门槛，90%以上的毕业生只能进入国内法律相关的就业市场，此时就业市场给学校的国际法人才培养就不太会是正向的反馈，因为学校人才培养一定程度上背离了专业设置的初衷，并没有进入与所学专业直接相关的行业。那为什么还要设置这样的学院和专业？而且不仅要保留，还要升格、升级，加大投入、扩大招生？

目前看来，专门设置的国际法学院逐渐在人才培养上与一般性的法学院（或专门的民商、经济、行政、刑事法学院）越来越没有辨识度，人才市场对于学校这种巧立名目也越来越缺乏兴趣。下一步即便我们将国际法升格为一级学科，把学生贴上国际法专业而非一般法学专业的标签，为他们开设更多的专业课，他们毕业后就自动成了国际法专业人才吗？[1] 依笔者浅见，将国际法升格为一级学科无非就是政法院校国际法学院的升级版，既然专门的国际法学院并没有解决国际法律人才培养问题，将国际法升格为一级学科、开设更多的国际法专业课就能解决国际法律人才培养问题吗？笔者认为，设一级学科强化国际法专业仍是一条延续苏联快速培养专业人才的计划经济路子，短期来讲对于国际法的专业化可能会有帮助，但似乎并没有抓住国际法律人才市场这个源头活水，也很难从根本上扭转乾坤。

---

〔1〕 届时可能陷入一个更加尴尬的境地：毕业生一方面进不去国际法律人才市场，另一方面又脱离国内法律语境不受国内法律人才市场待见。

另一种方案是强化法律专业学生的外语能力。比如，目前不少院校与专门的外国语学院合作开办各类“涉外卓越法律人才实验班”，将外语学习置于与法律专业学习同等甚至更为重要的地位，毫无疑问这也会推动我国涉外法律人才的培养。毕竟如果连工作语言都不掌握，如何奢谈成为国际法律人才？但是，我们也要防止另外一种倾向，即“去专业化”。我国的法学教育中很大一个弊病是没有基本门槛，仿佛只要是识字的人都可以学法律，会英语的都适合学国际法，忽视对于国际法学习者专业能力的培养。那么，国际法人才培养就等于“专业”加“外语”吗？

国际法人才培养成功与否的标志，可能不在于其毕业生是否懂外语或懂几门外语，甚至也不在于是否培养出了国际组织的领导人、国际法院或法庭的法官、国际仲裁机构的仲裁员等杰出人才，而在于有多少律师活跃在国际法律服务市场。特别是当外国政府之间相互打官司时，他们会不会请中国法学院的毕业生当律师。因为国际组织领导人、国际法院或法庭法官政治任命的重要性往往超过专业能力。但是，如果各国政府、跨国公司进行国际诉讼或仲裁时纷纷聘请中国律师和中国律所，那么我们也许就可以自豪地说：中国的国际法教育是成功的。

中国国际法教育要实现脱胎换骨、升级换代，就不应局限在到底应该是强化专业学习还是强化外语能力的争论上，而应当深入思考这些问题：中国国际法教育到底应当向何处去？为什么国际法教育量上的增长没有带来质上的突破？国际法教育和人才培养为什么会落后于其他法学领域的发展？国际法教育和人才培养中到底存在哪些问题？我国需要什么样的国际法专业人才？我们为谁培养这些人才？国际法专业人士所需的核心专业技能有哪些？我们的国际法专业毕业生短板在何处？为什么会有这些短板？这些短板会有什么影响？如何补足？

三、可能的出路：中国国际法教育改革的四个面向

第一，中国国际法教育应当面向国际法律人才市场这个源头活水。国际法教育的目的是培育国际法人才，解决国际社会面临的法律问题。脱离国际法律人才市场的需求去搞国际法教育改革，无异于缘木求鱼。由于当代国际关系已经日趋法治化、规范化，利用国际调解、国际仲裁以及国际司法途径化解和处理国家之间投资、经贸、知识产权、环境保护，甚至领土主权和海洋权益争端越来越频繁，也越来越重要。据统计，从冷战结束到2014年，全球有至少24个常设司法机构并累计作出37 000多个具有拘束力的裁决，可见这是一个庞大的国际法律服务市场。[2] 只有对标国际法律服务市场的人才需求，才能培养出“具有国际视野、通晓国际规则、善于处理国际事务”的涉外法治人才。这就要求我们无论从培养计划、课程设置，还是教学方法，都要进行系统的改革，彻底扭转我国传统国际法人才培养体系与国际法律人才需求错位的现象。对标国际法律服务市场的人才需求，也意味着我们不仅仅是为自己国家培养国际法人才，也要同时为国际社会和其他国家培养国际法律人才。唯其如此，才能确保中国国际法教育的开放性、包容性和先进性，才能有助于传播中国理念和中国方案，才能有助于推动和实现各国国际法律人之间的文化交流和文明互鉴。

第二，中国国际法教育应当面向国际法实践。国际法是一门实践的学问，国际法教育不能只是纯粹的理论和概念的讲授，而需要密切关注、学习和研究国家实践与国际司法实践。特别是由于国际法不同于民法、刑法和行政法，与市民生活相对较远，普通人很难

〔2〕 See Alter, Karen J., “The Multiplication of International Courts and Tribunals after the end of the Cold War”, in Romano, Cesare P. R., Karen J. Alter, and Yuval Shany (eds.), *The Oxford Handbook of International Adjudication*, Oxford University Press, 2014.

有近距离观察或参与国际法实践的机会，再加上我国外交工作机制的特点以及部分外交工作的涉密性，一定程度上造成学习国际法犹如雾里看花，理论与实践相脱节，两张皮现象比较严重，比较缺乏实践反哺教学和研究的机会。近年来，由于涉外法治工作的日益严峻复杂，外交部门对于国际法学界的倚重也有逐步加深之势，但总体上来看，我国国际法学界大多数学者和教师没有参与国际法实践的机会，研究和教学中“本本主义”的现象普遍存在。国际法学者研究了大量自己假想的而非外交工作中实际存在的问题，向学生传授的也是大量脱离实践的抽象的知识。毋庸置疑，好的外交决策离不开优秀智库、优秀研究成果的支撑；好的研究成果也离不开对于外交实践、具体案例的总结、提炼与反思。但这一切的前提必须是学习和研究真问题。民法、刑法等国内法研究之所以远比国际法研究深入、发达，正是因为有大量的民事、刑事司法实践的给养；国际法教育和人才培养之所以落后于其他法学领域的发展，也正是因为与国际法实践的疏离与脱节。国际法教育应当把国际法实践嵌入国际法概念和理论之中，加强对于国家实践和国际司法实践的观察、学习以及研究，引导学生了解概念和理论所对应的国际法实践。各大高校和科研院所应当加强与实务部门的联系，积极将国际组织、政府部门、司法机关、跨国公司、国际法律服务机构等实务部门的国际法实践资源引入法学院人才培养环节中。校内教育环节则要进一步优化和完善案例教学、法律诊所和模拟法庭教学。这些都是通过实践引领推进并完善国际法人才培养的重要法门。

第三，中国国际法教育应当面向国际法知识传统。国际法是一个完全舶来的知识传统，是一套源于西方（特别是欧洲）的话语体系。这套话语体系有许多缺陷，也不尽公平合理，它主要反映西方大国意志，不能完全反映许多发展中国家的利益，尤其是像中国这样新兴发展中大国的利益。[3] 但总体而言，中国是当代国际规范体系和国际秩序的受益者，也是重要的建设者和维护者。稳步推进国际关系法治化，是我国作为一个全球性大国的利益所在。深入了解世界、全面融入世界，才能最后影响世界，这也是改革开放四十余年来中国最重要的成功经验之一。[4] 我们应当认识到，国际法已经发展成为国际交往的通用准则和共同语言，不全面学习这套知识传统，不善于利用这个共通的公共话语体系为自身国家利益辩护，仅仅习惯于、依赖于自己的地方性话语，很难引起国际社会的共鸣与支持，就会出现鸡同鸭讲的无效沟通。我们可以有中国特色的国际法教育，但不能自说自话地认为存在中国的国际法或美国的国际法。正如习近平主席在第 76 届联合国大会一般性辩论中明确指出的："世界只有一个体系，就是以联合国为核心的国际体系。只有一个秩序，就是以国际法为基础的国际秩序。只有一套规则，就是以联合国宪章宗旨原则为基础的国际关系基本准则。联合国应高举真正的多边主义旗帜，加强国际法治，完善全球治理，坚定维护以国际法为基础的国际秩序。"[5] 目前我国应该加强国际法学习，加速融入国际法知识传统，进而能够逐步改造这个知识传统。

第四，中国国际法教育应当面向中国立场、探索中国方案。中国国际法教育改革的落脚点必须回到中国，前文所述"面向国际法律人才市场""面向国际法实践""面向国际法知识传统"这一切根本之根本是面向中国需求，解决中国在国际上面临的各类问题和挑战。培养真正具备"全球视野""本土意识""家国情怀"的中

〔3〕 何志鹏：《中国国际法教学提升的"道"与"术"》，载《中国大学教学》2017 年第 4 期。

〔4〕 国务院新闻办公室：《新时代的中国与世界》白皮书，2019 年 9 月 27 日发布。http：//www.gov.cn/zhengce/2019-09/27/content_ 5433889.htm，访问日期：2021 年 8 月 10 日。

〔5〕 参见 2021 年 9 月 21 日国家主席习近平在第 76 届联合国大会一般性辩论的讲话《坚定信心共克时艰共建更加美好的世界》，http：//www.gov.cn/guowuyuan/2021-09/22/content_ 5638775.htm，访问日期：2021 年 10 月 2 日。

国国际法专业人才队伍。中国国际法教育的“世界性”和“中国性”是不可分割的，前三个“面向”体现了中国国际法人才培养的“世界性”维度，都是用于锤炼本领，特别是全面提高自身运用国际法、驾驭国际法的本领，努力掌握国际法的“出题规律”；第四个“面向”则是在提高“做题”能力的同时，善于主动设置国际议题，提高自身的“出题”能力，出“好题”，助力中国成长为一个具有国际号召力的国家，因应国际关系法治化的需求，服务于中华民族的伟大复兴。坚持“国际化”和“中国化”齐头并进的发展方向，培养一支能够在国际诉讼舞台上竞技的法律人才队伍，全面提升使用国际法维护国家利益的能力，使中国成为国际法新知识、新理念、新规则的策源地、创制地和集散地，推动形成国际法教学、研究的中国学派。

四、结语

中国国际法教育到底应当向何处去？毋庸置疑，强化专业能力以及强化外语能力的培养，对于国际法人才的塑造都有举足轻重的作用。但是仅仅讨论如何强化国际法专业能力和强化国际法人才的外语水平，难以厘清国际法人才培养中的一些方向性和根本性的问题。中国国际法教育应当以更深层次的改革和更高水平的开放，直面国际法律人才市场、直面国际法实践、全面融入国际法知识传统、全面回应中国需求、系统探索中国方案，培养出更多具有国际视野、通晓国际规则、精通国际法律事务、善于参与国际合作竞争的卓越国际法律人才。

主题论文

世界变局中的涉外法治人才培养*

何志鹏**

摘要： 当今世界所经历的百年未有之大变局不仅对世界力量对比和国际秩序构建产生了深刻的影响，而且也证明了中国的力量，并对中国发展提出了更高的要求。为此，需要在涉外法治人才方面做出更多的努力。纵向观察，我国涉外法治人才培养取得了巨大的进步；但横向分析，也仍然存在着很多的不足。涉外法治人才培养的主要短板是法治人才的相关岗位以及实际能力的不足。具体表现为实践部门对国际法的认知较为模糊、理论领域对于国际法研究的认可程度不高。这种情况不能满足中国高水平开放发展对于涉外法治人才培养的新要求。这就需要在观念上提升对国际法的重视，促进国内法的国际化，从就业的角度适应国家对外交往的法治化水平。具体措施包括刷新"外语+法学"的培养方式，研讨涉外法治人才培养的规模和层次，确立以应用为中

* 本项研究受到国家社科基金项目"国家形象导向下的中国国际法话语权提升机制研究"（项目批准号：19AFX024）支持。

** 何志鹏，吉林大学法学院教授、院长，外交部国际法咨询委员会委员。

心的国际法教学与研究导向。

关键词：世界变局；涉外法治人才培养；法学教育

在中国规划进一步对外开放、更高水平对外开放的背景下，需要从工作认知的角度提升国际法的地位，并且提供更多的国际法职位与高等法学教育中的涉外法治人才培养相衔接。与此同时，在法学教育和法学研究中，应当进一步强调中国在对外开放体系中的高层次、高水平要求；面对一系列实践问题，应以更具问题导向的思维意识提升法学教育和法学研究。

一、涉外法治人才培养的逻辑前提

当今世界所经历的百年未有之大变局，构成了中国涉外法治人才培养的逻辑前提。世界所面临的百年未有之大变局，要求中国能够应对挑战、打开新局面。面对着这个大变局，需要中国具有大视野、大智慧、大战略，同样也需要从政治、经济、文化、社会、法律等各层面进行理论调试、理论跟进、理论创新，当然更需要人才培养的整体完善。

（一）世界格局对中国涉外法治人才队伍的要求

此种国际发展大变局客观要求中国在法治的维度上建设国家形象、维护国家利益、参与全球治理。这些目标显然对国际法理论、涉外法观念、涉外法治工作和涉外法治人才培养提出了一系列的调试与革新要求。不仅特别要求认真审视、独立思考、客观评价现有国际法律制度体系、相关外国法律制度的自洽性、正当性、合理性、可持续性，还需要培养出适格的人才，渐趋形成良好的职业共同体，用更加清晰和透彻的思想立场来分析和研判当前的国际法律制度、中国涉外发展的法律环境，并最终形成一套中国特色的国际法理论体系，以适应百年未有之大变局给中国带来的新挑战新要求。鉴此，在当今世界格局之下，中国的涉外法治人才队伍应当具有以下品质。

第一，聚焦具体涉外法领域，建构中国立场与话语。在国际法的性质、特点、主体、客体各个领域，都需要中国学界提出接轨传统、彰显特色、服务现实的法理。特别包括：

一是在人权领域，中国学者需要深耕中国共产党带领人民谋自由解放、谋繁荣发展的伟大工程所蕴含的人权法理，不仅在中国内部不断使人权话语脱敏，而且要有力地回击一些西方国家反复宣称的中国作为一个中国共产党领导的国家就必然压制人权的错误论调，降低甚至消除西方学界和民众对我国人权事务的误解，提升我国的人权观念与人权主张的国际支持度，提升我国在世界人权事业中的声誉和地位，减少我国开放发展所可能遭逢的人权阻力。

二是在经济贸易领域，针对全球化的整体态势，我国学界需要深入剖析国际经济秩序可能的演进方向，以及我国究竟需要何等样态的国际经济秩序。其中特别值得考虑的问题是，我国是否应积极参加和引领全球化？若是，它在模式上具有何种特点？我国应当如何平衡全球经济安排与区域经济安排之间的关系，应当如何认识和评价当前的世界贸易自由化规范和约束贸易自由化的反倾销、反补贴和保障措施等制度的正当性与合法性？应当如何对这些规范和措施进行改造和调试？

三是在安全领域，需要挖掘自卫权、不干涉内政、集体安全、自决权等观念、原则、制度背后的内在逻辑，尤其需要有效回击“法理台独”等主张和论调，为祖国统一、一个中国打下坚实的理论基础，做好充分的话语准备。

四是在领土完整与领土安全领域，应更充分地证明南海诸岛、钓鱼岛等属于中国。提出在法律上站得住脚的理由，探索中国拥有相关岛屿和海域的扎实根据。这不仅在专业程度上需要对现有的国际法制度有深切的理解，同时也需要在公众认知上进行具有战略纵深的信息传递。首先需要在论断上说明这些地区自古以来就是我国领土的一部分，而且也要阐明这些领土归属的法律依据。避免让相关国家的公众认为，中国仅仅是凭自己的实力主张相关领土的归属权，从而使中国领土的主张能够理直气壮、深入人心。

五是在国际法价值层面，要对以西方文化为基础的、以资本主义经济为主导的国际法价值体系进行梳理。既看到现有国际法价值体系中积极正面的因素，对于国际法的历史进步和积极意义予以正面的评价；同时也看到国际法在发展进程中仍然存在的诸多缺漏和不足，深刻领会现有国际法体系中的问题和差距，从而使中国的国际法主张、国际法观念有较为明确的国际法价值依托，也使中国引领国际法的发展具备扎实的国际法价值根据。

六是在涉外法律运行层面，要对国内法域外适用、管辖权、国际造法、国际司法、国际守法和国际法的监督机制有更为深刻的认知和分析。一方面，要求从实证法的意义上对于现有制度规范及其运行有较为明确的把握；另一方面，也要求从前提批判和价值评估的角度，对于现有国际法运行机制所取得的成就和存在的问题有全面的把握，避免陷入国际法万能论、完全以国际法现有的规则体系和运行机制为标准的误区，确立中国在国际法面前的主体性，提升中国在国际法治的改进和革新方面所拥有的话语权。

第二，梳理既有国际法、涉外法、比较法方法，推出中国主张。在国际法方法层面，要注重对于现有的、较为成熟的国际法方法的整理、归纳和总结。特别是自然法学派与实证法学派，对于国际法和国内法都有着深远的影响，也反映了法律生活的内在规律。这两种理论有必要深入探索、推陈出新、去伪存真。与此同时，也要认真研讨非主流的方法论在国际法上可能产生的效果，如纽黑文学派、女性主义学派、法律社会学学派等。特别要强调以马克思主义辩证唯物主义和历史唯物主义的方法分析国际法问题的观点，其中不仅应包括在当代世界已经获得一定重视的“第三世界理论”，而且也应包括以马克思主义经典作家观点为起点、以中国及相关国家的实践为基础的，可能助益于中国发展的国际法方法和主张。

第三，把握西方对外关系法、国际法的理论，锐意推陈出新。既要密切跟进西方的各种涉外法、国际法理论，充分了解相关理论的主张和逻辑脉络，避免某种理论落入中国理论界或实务界的盲区，使我们在国际法律事务的对话中陷于被动地位。同时也不能盲目地服从、认可这些来自西方的理论，要对它们保持一种批判的立场，汲取其积极有益的方面，警惕其对中国或其他非西方国家、发展中国家有害的内容。

第四，表达发展中国家国际事务立场，建构负责任的法治大国。发展中国家是中国在国际社会发展的伦理基础，即使中国在经济水平上有了很大的飞跃，已经成为一个繁荣富强的社会主义强国，我们仍然需要与发展中国家站在一起，正如中国共产党始终与广大人民群众站在一起一样。中国作为大国不能脱离发展中国家，不能脱离最广大的国际社会基础，不能像某些既有大国一样，一旦成为世界顶级强国，就无视甚至破坏小国的利益，这种做法在很大程度上是一些西方国家在伦理道德上缺乏国际支持、国际形象恶化的重要原因。第二次世界大战以后，美国作为盟国首领，也曾作为正义的标志，引领国际组织与国际法的建设进而受到了各国的支持与认可。但当美国为了本国的利益，开始质疑和反对多边主义及全球化的时候，它的国际声望就开始下降。这可谓“得道多助、失道寡助”的鲜明例证。中国不能脱离发展中国家，就像永远不能走向霸权大国一样，这应当成为中国长期恪守的国际法理立场。我国的涉外人才必须与我国的这种国家定位、发展方向保持高度一致。

二、涉外法治人才培养的现状检视

中国的法治人才队伍的整体实力仍达不到一个顶级大国应有的软实力水平，虽然取得了斐然的成绩，但不可否认仍存在诸多问题和短板。

（一）纵向观察：涉外法治人才培养的巨大进步

从20世纪40年代末，中国共产党、中国政府应用国际法来处理一系列国际问题，提出诸如“和平共处五项原则”“求同存异”等国际事务解决原则以来，中国在对外交往和国家开放方面已经进行了多年的努力，取得了可观的成就。虽然中间经历过“十年文革”的沉重打击和巨大挫折，但是在改革开放之后，中国仍然加入了数量众多的国际组织，签订和批准了大量的国际条约，广泛应用国际法，助推了中国改革开放事业的发展，中国在国际社会的受认可程度日益提升。

（二）横向比较：涉外法治人才培养的主要不足

在中国进一步扩大对外开放、全面参与全球治理，努力做国际法治的参与者、建设者的大背景下，中国的国际法研究和应用就显得相对不足。

第一，国家保护海外利益的法律能力不足。很多案例表明，当一些中国的企业或者中国的普通民众面对外国国家、政府，或者与政府有直接关联的机构试图主张正当的权益时，除了受制于外国立场的所在国司法途径，使用特别谨慎的外交渠道之外，并没有可用的国内司法渠道。这样一来，我国很多公民（自然人和法人）的合法权益无法通过我国的司法程序获得保护，当事人的切身利益受到了影响。

第二，国家话语中的国际法表达不足。在过去的外交实践中，一些代表我国国家立场的人员在阐述相关问题的观点意见时，提出了一些在国际法上颇有争议的说法。在国际法专家看来，这些说法至少存在诸多可资改进的空间。有时，此类表达理应更直接地触及问题的核心，而不至于在国际法基本论断上产生争议，进而给人留下这样的负面印象：中国对国际法抱持一种模糊、消极甚至漠视的态度。

第三，国际争端解决的国际法应用不足。在出现国际纠纷争议时，我国还不善于采用法律手段，或者直接回避用法律手段来加以应对。这样一来，就容易给相关国家、国际公众造成中国的国际法治观念较弱，或者中国以大欺小、以强凌弱的口实。虽然中国的主张和具体做法有着充分的理由，但国际社会特别是西方社会基于惯性思维还是倾向于采用简单的法律和法治标志来对标中国，从而贬低中国的国际事务应对方式。

第四，学术研究成果的国际法机会不足。现有很多国际法研究成果仍然处于坐而论道的状态，这种不能面对真正问题的研究容易造就一种“虚假的繁荣”：表面上看，国际法的研究成果数量很多，但实际上很多成果的质量并不高，国际法研究的问题导向意识并不强，国际法研究成果的针对性较弱，实践转化程度和实践应用能力都远低于预期。

三、涉外法治人才培养存在短板的主要制约因素

国际法应用存在不足有着诸多观念、人才、能力方面的原因。这些原因不是暂时形成的，而是历史发展积累的结果。

（一）实践部门的国际法观念仍待提升

在一些涉外事务的发展进程中，中国的部分一线操作者对于国际法重要作用的认识还有待增强。将国家利益、特别是国家的形象

塑造、国家的声誉保障与国际法立场有效、有机对接起来的观念意识仍需要提升。历史反复证明，一个有效、持续崛起的大国必定是一个充分意识到国际法对于国家软实力的提升具有不可替代作用的国家;〔1〕一个国家善于应用国际法，对于改善其国家形象、提升人们对这个国家的认可程度具有重要意义。〔2〕当国家的战略规划和战术设计部门没有高度认识国际法地位的时候，国际法的应用能力就很难得到有效的提升，进而也可能掣肘中国在国际社会上形象的提升。

（二）国际法研究成果的边缘化现状

中国国际法学术研究的群体在逐渐扩大，但是很多的研究成果都存在着发表和传播渠道的障碍，所以总体上国际法的研究成果数量不够多，尤其与刑法、民法等学科比较，差距很大。〔3〕之所以国际法的研究成果水平不甚理想，国际法的研究针对性不强，主要有两个原因。

第一，国内主流的法学期刊对于国际法论文的发表采取极为谨慎的态度，除了少量的学术名家有机会发表国际法论文，多数尚在上升进程中的研习者试图发表国际法的论文难度极大。在这种情况下，很多年轻人会转向学术资源较多的刑事法和民商法，由此减小了国际法研究者的投入热情和规模，在源头上限制了最富有创造力的年轻一代进入国际法领域研究的可能性。

第二，国际法的很多应用机构对于国际法应用领域的难题、困境，不愿意向研究机构开放咨询意见，而仅仅是通过小规模内部研究，或者针对性地邀请一位或几位其认可的研究人员进行研讨。这

---

〔1〕蔡高强：《大国崛起与国际法的发展——兼谈中国和平崛起的国际法环境》，载《湘潭大学学报（哲学社会科学版）》2009 年第 4 期。

〔2〕Roda Mushkat, "State Reputation and Compliance with International Law: Looking through a Chinese Lens", 10 *Chinese Journal of International Law* (2011), pp. 703-737.

〔3〕何志鹏：《中国国际法学的双维主流化》，载《政法论坛》2018 年第 5 期。

样就会使大多数研究者不了解国家在国际法实践领域所面临的问题，研究的问题导向就很难提升。

（三）国际法人才在关键环节的缺位

在国家需要高水平专业化的国际法人才去维护国家利益、参与重大国际法事务的时候就发现，真正可用的人才储备很少。按照正常的逻辑分析，中国恢复国际法教育已经四十余年，中国人的勤奋好学、聪明才智被世界各国所认可，所以国际法实战人才缺乏的情况是不正常的。由此可以看出，我们在国际法的人才培养和使用方面的确存在着一些体制机制上的问题。与此种情况平行出现的是，国内的理论研究数量不少，相关研究人员也为数众多，但是始终存在着细致程度和深入程度的差距，这就导致在涉及具体事务时，国际法与国家利益的关系无法有效展开，无法寻求有针对性的理论支持。

（四）与国际法相对应的规范缺位

尽管国际法在分配国家的权利义务、确立国家的行为方式上存在着一些与国内法不能相比的弱点，但是，它仍然会给一个国家提供理论基础和话语根据。在国际法上拥有资格，提出的主张会更容易被国际社会所认可和支持。随着国家对外开放程度的提升，必须将国内经济社会循环与国际经济社会循环有效衔接。而经济发展、社会发展的循环和进程与法律规则的进程密切相关，如果法律规则不能够应对经济社会发展的需求，就一定会落后于时代，从而阻滞社会的发展，造就经济社会发展中的错漏。

四、高水平开放发展对涉外法治人才培养提出新要求

法治国家必须有国际视野，必须致力于国际法治，必须注重国际法与国内法有机协调、有效结合，国内法治要越来越具备国际取

向。就中国而言，不仅要在宪法中更加明确规定国际法的位置，而且在其他法律规范中也要保证国际法的有效接口：一方面促动在国内治理中有效应用相关的国际法规则；另一方面在国际社会有效地运用本国法规范。

（一）在思想观念上提升对涉外法的重视

整体改进涉外法观念，不仅仅包括实践领域更加重视国际法在国家开放中的意义和作用，也包括国家的整体学术资源掌控部门对国际法关注的提升。例如学术项目的立题和遴选，学术文章著作的出版，都需要给国际法一个应有的公正待遇，避免对国际法进行有意识的压缩，使得国际法的研究在资源上供给受到限制，影响高质量进行国际法研究的可能性。

与此同时，实践部门也要更多地向研究机构和人员提供信息、提出问题，尤其是具有明确实践导向的问题。通过实践立项的方式对研究者的研究予以资金上和名义上的支持，并且对于研究成果予以积极的认可和反馈，使这些研究者的研究在其工作领域的评价体系中得到认可。

（二）促进国内法的国际化，保证涉外法运行平衡

要想让一个国家的利益在国际社会得到有效保护，仅仅接受和参与国际法是远远不够的，还要特别注重从国内立法的角度维护国家的海外利益或者涉外权益。这里不仅仅包括国家在国际贸易、投资、金融领域有意识地考虑国家利益的海外延伸，或者海外因素对于国家利益的影响，而且要考虑本国的立法、司法能够逐步彰显涉外的特色。对于一个封闭的国家而言，其国内法不太需要考虑涉外方面，但是当一个国家在开放领域已经达到很高程度之时，就必须考虑一系列的法律广泛应用的可能。其中特别值得关注的是，我国的自然人和法人何以能够通过国内的司法渠道对域外主体提起诉讼进而获取维护合法权益的机会。这就需要在诉讼方面进行调整，尤其是在管辖权上考虑中国自然人和法人在中国法院对外国国家、政府或者相关机构提起诉讼的可能性。在国际法上，对于国家豁免问题需开展更加深入、有针对性的研究，通过一系列沙盘推演，形成适当的国家豁免立场，进而维护中国日益增大的海外利益。我国的涉外法治人才培养必须秉持明确的国家利益观念，确保将国家安全、主权、发展利益作为首要的工作锚点。

（三）从就业的角度提升国家的对外交往法治化水平

当前，法学教育界和研究界有一种声音认为，应当加大涉外法治人才培养的数量。从现实实践的情况看，这种观点并没有抓住问题的关键。当前国内各法学院系培养出来的国际法方面的学生对口就业率不足50%。这就意味着，有很多国际法方向的人才并不能够找到国际法方向的职位。调研表明，普遍存在的现象是，就业岗位之中对于国际法的需求并不大，真正大量需求的法律人才仍然主要出自国内法专业。这就导致了一个矛盾：试图大数量、高质量培养出的国际法人才，在实际工作岗位中却不能够被有效的使用。究其核心，是因为在相关工作流程设计和人员编制规划中，没有将国际法的专业知识、专业素质、专业能力充分地考虑进去。这一方面使得相关工作的质量在国际法领域的评价降低，另一方面压缩了国际法人才就业的空间。有鉴于此，客观上，这就需要相关用人单位能从法律职位的角度，为国际法人才提供充分的就业机会。这进而要求在国际交往的大局中考虑编制和职位的设置要与其他的职位有机结合，形成就业需求、明确就业方向，为国际法人才的出口提供畅通的渠道。

（四）国家形象建构目标引导涉外法治人才的软实力理念

国家的国际法表达的水平和国际法应用方式、途径，是国家在百年未有之大变局中国家声誉、国家形象改进的重要方面。未来的国际社会既是硬实力竞争的社会，也是软实力角逐的社会。国家的涉外法和国际法应用能力、国际法规范的参与程度，都决定着一个国家的主权安全和发展利益。所以，对于涉外法和国际法存在的重要性不可忽视，也不可低估。尽管国际法在维护国家硬实力方面的作用比较软，但是在维护国家软实力方面的作用却比较硬。历史反复表明，法治格局、国际法应用对于一个国家的声誉、国际形象非常重要。当今世界，法律和法治已经成为全世界各国人民普遍认可的基本原则，依法办事已经成为国际社会共同支持的行为方式。故而，中国非常有必要确立一个依法治国、在国际社会积极真诚践行法治的形象。涉外法治人才的培养必须立基于为国家的声誉和立场提供助力这一理念之上，确立人才培养的标准和模式。

五、完善涉外法治人才培养的理念与措施

涉外法治人才培养是全面依法治国工程中的重要部分，是法治人才培养的重要方面。如何培养出符合新时代需要的涉外法治人才，是近年来党中央和教育主管部门高度重视的任务，也是各法学院、政法院校工作的重点。关于具体推进涉外法治人才培养的方法和内容，培养单位具有不同的探索和观点。其中值得关注的是，涉外法治人才培养的具体过程中，包括教育部在内的主管机关提出了“英语+法学”的培养模式，一些高校也通过校内专业合作或者是校级合作的方式，推进“英语+法学”的人才培养结构。从时代发展的条件和需求看，虽然不能说这种方式意义不大、缺乏效果，但至少这不应当是当前涉外法治人才培养的重点。转而，“社会科学+法学”“自然科学+法学”应该成为下一步涉外法治人才培养的关键和突破口。

（一）刷新“外语+法学”培养方式的固有理念

必须认识到，以“外语+法学”的模式培养涉外法治人才，在

历史上取得过重要的成绩。在改革开放之初，中国对国际法、外国法的了解和接触比较有限，很多英语的规则和文献都存在着阅读和理解上的障碍，大多数师生的英语读写能力都有待提升。所以在那个阶段，很多出色的国际法学者、涉外法治专家都是以外语为学科基础或者法学学习研究的重心、人才培养的关键方面。这些专家为中国的法治发展做出了重要的贡献，为中国的开放大业提供了关键的知识动力和智慧支持。

然而，也需要认识到，“英语+法学”的模式去培养涉外法治人才不能适应当下的人才需要现状，因为法律外语背后的法律文化、法律专业术语，尤其是欧洲语言中来自拉丁语的专门用语，并不为绝大多数有外语语言研究的师资所掌握。语言学专业的语篇分析对于注重实务、强调立法工程、个案工程、话语工程的法律一线需求而言，接口并不紧密。

（二）理性研讨涉外法治人才培养的规模和层次

一些业界人士还提出了建设国际法一级学科或者恢复本科国际法专业的主张。从教学和研究发展的规律看，国际法作为一级学科存在的基础尚不牢固。现在，新的学科既可以在知识交点上存在，也可以在实践需要但学科准备空白的地带出现。但是，将一个既有的二级学科升级为一级学科，而这个二级学科依赖于一级学科中的基本理论，与其他学科又存在着不可或缺的紧密联系，那么，这个学科的一级化建设就缺乏真正的意义。而在法律知识相对齐全、法律思维较为完备的基础上，学生培养专业化是一个可以考虑的目标。

（三）以应用为中心的国际法教学与研究导向

以应用为中心的国际法教学与研究，应注重训练学生的国际法实践能力、应用规范和解释规范的能力。学术发展鼓励基础理论钻研，但是真正鲜活的理论是在面对实践的过程中形成、深化、改进和完善的。这就意味着，非常有必要进一步挖掘国家成长历程中对国际法的需求和应用基本规律，需要在理论发展中不断梳理和深入观察国际法历史发展中形成的里程碑式的事实和经验。在此过程中，特别要强调进行有效的理论研究，避免低水平重复。必须在国际社会和国内社会的环境与发展的前提下讨论国际法，增强国际法应用的战略水平和主动能力，而不能限于国际法内部“就法谈法”，陷入“唯法律论”或“国际法万能论”的误区。

学生不能就国际法而学国际法，必须有宽广的法律知识；研究者不仅需要法律知识，还需要了解国际政治国家发展的大战略。

国际法人才培养并不限于学校内的教育。在现有的职业格局下，特别需要加强一线工作人员的国际法知识水平、避免低级错误。如果能够在国家形象的意义上理解国际法的作用，了解国际法在实质决定国家物质利益之外，主要的功能在于国家的话语表达，则社会各方面各领域的工作人员用公认的国际法语言来表达观点即具有高度的重要性。忽视这种基础常识层面的素养，就有可能在国际法交流中偏离正轨，引发国际社会和国内民众的误解。

（四）应用型涉外法治人才能力构成的基本标准

就现代中国的开放发展要求而言，高水平涉外法治人才应当达到“外语熟练、法律过硬、技兼一门”的标准。

“外语熟练”中的外语，并不只包括英语，只要是相关国家的法律所使用的语言，就有必要掌握。对中国而言，俄、日、韩语言法律人才的培养应当为周边合作而进一步提升；德、法、西、葡语言的法律人才的培养，需要为推进欧洲、非洲、拉美地区的合作而拓展；阿拉伯语法律人才的培养也应当随着“一带一路”倡议的工程落地而不断加强。周边国家、“一带一路”沿线国家的语言同样有必要成为相关法律人才的基础素养。不过，外语应当仅仅是涉外法治人才的前提要件。

“法律过硬”是法治人才的核心素质。法律过硬，并不是要求人才全面清晰地把握相关法律的具体内容，而是掌握法律的整体架构，特别是法律之间的关系，以及法律的社会环境、法律的发展情况。从“认识活的法律、把握活的法律、活用法律制度”的角度来传递法律知识、培养法律能力。这里尤其要求对于事实进行归纳，对于论断进行逻辑推演的能力。

“技兼一门”是指在能够用相应的外语来应用和操作法律的基础上，还有足够的素养对于一个相关领域形成较为清晰深入的认知和把握。例如，对于很多工程建设合同的法律问题，如果不懂工程建筑的基础知识，则很有可能无法作出正确的判断。类似地，涉及专利、商标、版权等知识产权问题的法律专家，如果仅仅关注相关的知识产权国内法或者国际条约，也是远远不够的，需要对相关的科学技术问题有足够的了解。与此同时，涉外问题多与外国的社会文化，有时甚至直接关乎外交和国际关系，如果能够对外交和国际关系事务有充分的认知，则很有可能对法律的运用和把握达到较高的水平。

综上，基于人才培养的实际情况和中国发展的客观要求，高素质涉外法治人才更应当强调的不是“英语+法学”，而是“自然科学+法学”或者“社会科学+法学”。这样的交叉学科培养会使得法律人才不至于在实际的事物中迷失，而能够更有效地贡献于全面依法治国的建设。

六、结论

世界业已进入“百年未有之大变局”的时代，变局中的国家发展、社会进步对于涉外法治人才提出了更高、更细致的要求。明确、积极地回应要求，是教育机构和教师的职责与使命。我国涉外法治人才培养已经取得了相当的成就，但也还存在一些短板。顺应时代潮流，在人才的理念、教学内容、教学方法、就业保障等方面积极促进，有助于法律人才水平的实质提升，服务于国家开放发展的大局，为把中国建设成为富强民主文明和谐美丽的社会主义强国而做出贡献。

我国国际法教学与研究存在的问题

宋　杰　郑和英*

摘要：我国国际法教学和研究存在着一系列问题，直接导致国际法在我国外交实践中难以发挥应有的作用。这些存在的问题包括：国际法教材不重视实操性，国际法教学不重视国际法的新发展，对学生能力的培养重视不够，国际法思维存在固化和僵化现象，国际法研究过于强调理论，对于案例和实践重视不够等。要解决这些问题，在教学和研究中既要重视法律思维的强化和训练，也要重视国际法的实证研究，同时还要重视国际法教材的典范写作和与国内法学者之间的沟通和交流问题。

关键词：国际法实践；国际法教学与研究；问题与挑战；实证研究

在过去的两年中，国际法无疑受到了空前的重视，而此种重视，不仅体现在政治和政策层面，同时也体现在实务层面。十九届四中全会强

---

* 宋杰，法学博士，浙江工商大学法学院国际法教授；郑和英，浙江工商大学法学院国际法博士研究生。

调，要“加强国际法研究和运用，提高涉外工作法治化水平”；〔1〕十九届五中全会强调，要“加强国际法运用，维护以联合国为核心的国际体系和以国际法为基础的国际秩序，共同应对全球性挑战”。〔2〕在中美贸易战中，国际法的重要性体现得更加明显。通过此次对抗，我们深刻地体会到了“针尖对麦芒”的重要性，有关部门高度重视法律在对外斗争中的作用，并为此专门制定了《不可靠实体清单规定》《阻断外国法律与措施不当域外适用办法》等行政规章。〔3〕

然而，在政治和实务层面高度重视国际法的运用是一回事，此种重视能否产生相应的效果则是另外一回事。而就后者而言，主要取决于实务部门对于国际法的理解及相应的适用能力。而我们知道，国际法的理解与适用能力的形成绝非一日之功，相反，是在持续的、反复训练和实践的基础上形成的。一国国际法教学与研究同该国国际法实践之间，显然存在着“良性互动”，二者是彼此影响、互相促进的。国际法教学和研究是基础。唯有基础牢靠，培养出了擅长解释和适用国际法的专业人才，国家的国际法实践才会“出彩”。

而从我国国家教学和研究的现状来看，由于存在着诸多问题和短板，有些问题和短板甚至非常严重，远非短期内就能解决和提高。具体而言，我国的国际法教材、教学和国际法研究存在的不足主要体现在：国际法教材不重视实操性，国际法教学不重视国际法

---

〔1〕参见《中共中央关于坚持和完善中国特色社会主义制度、推进国家治理体系和治理能力现代化若干重大问题的决定》，2019年10月31日中国共产党第十九届中央委员会第四次全体会议通过，第十三部分（一）。

〔2〕参见《中共中央关于制定国民经济和社会发展第十四个五年规划和二〇三五年远景目标的建议》，2020年10月29日中国共产党第十九届中央委员会第五次全体会议通过，第59段。

〔3〕关于《不可靠实体清单规定》，参见商务部2020年9月19日发布的第4号令（2020年）；关于《阻断外国法律与措施不当域外适用办法》，参见商务部2021年1月9日发布的第1号令（2021年）。

的新发展，对学生能力的培养重视不够，国际法思维存在固化和僵化现象，国际法研究过于强调理论而对于案例和实践重视不够等。

一、国际法教材和教学存在的问题

首先，从教材来看，我国多数国际法教材，大多程度不同地存在着过于追求体系和结构的完整，对知识的深度和实际应用却重视不够的现象。国际法本来是一门实际应用度很高的学科，相较于国内法而言，不仅在法律性上毫不逊色，在实操性上更应该是有过之而无不及的。而从实操性角度看，重视国际法的解释和适用应贯穿于国际法教材的始终，是国际法教材最应该着力的地方。遗憾的是，国内的国际法教材，重视的往往是国际法规则本身，偏重于对规则本身的介绍；对于规则的解释和适用则很少涉及，即使涉及也多是浅尝辄止，创制规则就更是无从谈起，是多数学者不敢想象和尝试的“禁脔”。不将对规则的解释和适用置于教材的中心环节，必然导致学生不重视国际法的实际应用性，也容易导致学生得出“国际法无用论”的结论。而且，一旦忽视了对规则解释和适用能力的训练，创制规则的能力就更是无从谈起。在这个意义上，贾兵兵老师从解释和适用角度来撰写其两卷本的国际法教材的做法无疑值得肯定和借鉴。〔4〕

国际法教材存在的另外一个问题是：教材大多是多人合编的，独著的国际法教材较少。集体编写教材无论对于主编和参编者，还是对于出版商来说，都是双赢互利的。从主编角度看，通过主编全国性教材，往往能凸显甚至强化其在学科中的地位，提高其学术影响。对于参编者而言，通过参编具有全国影响的教材，也在很大程

〔4〕 参见贾兵兵：《国际公法：和平时期的解释与适用》，清华大学出版社 2015 年版；《国际公法：武装冲突中的解释与适用》（下卷），清华大学出版社 2020 年版。

度上能够体现其在学科中的“江湖地位”和“江湖影响”。对于出版商而言，由著名或者知名学者担任主编、参编者且在分布上具有全国性和地域代表性等这些事实，本身就能够保证教材的销量，能够保证出版相应教材的市场影响和经济效益。公允地说，此种模式，在国际法学发展的早期和中期阶段，确实是一种非常好的模式，既有利于充分调动各方面的积极性，同时也较为高效。

尽管多人合编国际法教材具有一定优势，其短板和不足同样也非常明显。不足之一是：多人合作，可能会导致在质量意识和责任意识上不如一人独著的模式。因为是集体参与，集体担责很多时候也意味着集体推责甚至集体无责。不足之二是：参编的模式一旦普遍盛行，会导致国际法学科的多种教材“千篇一律”的现象。无论是体例还是具体内容的展开，不同版本的国际法教材，在内容方面差异往往并不大。不足之三是：由于是参编和集体合作，会导致国际法教材普遍不太重视著作权的保护问题。由于是参编，并且受“全国同一学科的教材内容往往大同小异”观念的影响，在第一本教材出来之后，后面的教材往往会“跟风”。而且，多数国际法教材往往不重视具体内容的来源，很少对所引用的知识加以标注。注释详尽的国际法教材比较少见。

其次，从教学看，国际法的教学同样比较严重地脱离实际。一方面，国际法教师基本以教材为主，根据教材内容展开讲授，很少联系实际案例，尤其是新近发生的案例；另一方面，国际法教学也很少持续跟进中国国际法实践，较少在教学中结合最新实践讨论相关问题。由于新近案例往往会提出新问题，引发新挑战，而最新的实践同样如此，课堂上欠缺对这些新问题、新发展和新挑战的讨论，可能难以吸引学生对国际法的兴趣。

最后，从教学思维看，大多数从事国际法教学的老师都缺乏对国际法的洞察性认知。而一旦缺乏此种洞察性认知，必然会导致老师在国际法教材的利用上，多数时候只能按照教材“照本宣科”，从而导致国际法课堂乏味和无趣。

而从对国际法洞察性认知的角度来看，笔者认为，如下两点认知非常重要：

第一，对于国际法规则形成的洞察性认知。国际法规则的形成，一般要经历三个阶段，[5] 分别是个别国家的实践、其他国家的跟进和规则（实践）国际化。而在这三个阶段中，第一个阶段，即个别国家实践的阶段往往是最重要的，因为没有个别国家的“首创性”实践，就没有第二个阶段的他国跟进和规则（实践）国际化的阶段。

从国内的国际法教学来看，在教学过程中，老师往往以条约和习惯为基础和依据而展开。但从国际法发展的三个阶段理论角度可以看出，条约和习惯只是国际法规则形成的第三个阶段的产物，并且是规则形成最后的阶段。由于规则形成的第一个阶段往往是决定性的，是相应领域规则的未来发展趋势，在教学中过于重视第三阶段的结果而忽视此结果形成的缘起与过程，一方面会导致学生对国际法的发展缺乏动态性认知与感受，另一方面还导致对国际法发展趋势的把握欠缺。

第二，对国家在规则解释、适用和创制中的能动性的洞察性认知。此种认知的欠缺，同前述洞察性认知的欠缺是有内在关联的。从国际法规则形成的三个阶段可以看出，国家的国际法实践是国际法规则形成和发展的核心和动力。此种核心和动力意味着，一方面，国家本身要看到自身在国际法规则形成和发展过程中的重要作用，要看到国家自身即国际法规则形成和发展的“作者”身份；另一方面，在规则形成之后，国家依然要意识到自身的主体性地位，

---

〔5〕关于此点更多的分析和展开，参见宋杰：《国际法上的司法干涉问题研究》，中国政法大学出版社2018年版，第15—16页。

需要高度重视对既存规则的解释和适用，以及在必要时创造新规则的可能。

一旦有了对国际法的前述两点洞察性认知，体现于国际法教学过程之中，就要求将国际法的渊源和国际法的编纂作为国际法基础教学的核心问题予以对待。原因在于：从渊源的角度来看，国家实践实际上应该是国际法渊源的重要部分。国家既通过自身实践形成和发展着相应的国际法规则，也通过自身实践创制着新的国际法规则。国家单方面行为理应是国际法的重要渊源。而在我国目前的国际法教学体系内，却很少从国际法渊源的角度去讨论国家单方面行为的意义与作用。而从国际法编纂的角度来看，国际法的编纂实质上就涉及国际法规则的起草和制定过程，以及在此过程中国家该如何参与等问题。在编纂过程中，国际法委员会无疑发挥着重要作用。国际法委员会的编纂成果，无论最终形态如何，都会对国家行为及其行为模式产生重要影响。[6] 而这也启示所有国家，应高度重视对国际法委员会编纂进程的参与，并应想办法提高自身参与的有效性。但从国内的国际法教学现状来看，对于国际法渊源和编纂的认知及相应处理，远远没有达到比较理想的状态。

二、国际法研究存在的问题

而从国际法研究角度看，我国的国际法研究同样存在着一些比较严重的问题，主要表现在：

首先，从研究范式来看，国内国际法研究过于重视理论研究，实证研究存在严重不足。

国际法能够产生，本身就是根源于实践的需求。从威斯特伐利

〔6〕 See Song Jie, "Evaluating the Effectiveness of China's Participation in International Legal Matters: Lessons from China's Practice in the International Law Commission and the International Court of Justice", 15 *China: An International Journal* (2017), p. 153.

亚体系的形成，到各项具体规则的出现，无不根源于国际社会的现实需求。无论是对于掌握国际法话语权的强国还是对于不掌握国际法话语权的弱国，在国际法领域的任何创新与实践，毫无例外地都与本国利益和实践需求息息相关，根源于和服务于本国利益需求。在国际法领域，不存在单纯地基于“学理偏好”和“体系完整”而出现的纯粹学术性概念。

遗憾的是，国内的国际法研究，“流行”的往往是偏理论性的研究，期刊在决定是否刊载有关国际法论文的过程中，是否有理论性，很多时候是考虑的重要权重。〔7〕对于国际法的实证研究，无论是案例研究还是国家实践的跟进性研究，都存在着明显的不足。一方面，对于国际性法庭，无论是全球性的还是区域性的，国内少见一个或多个学者在持续地跟进研究；〔8〕另一方面，对于某一领域的国家实践，同样少见国内学者在穷尽性地跟进和整理。这样一种研究范式所带来的问题是：由于欠缺对实际案例和国家实践的持续跟进与提炼，国内学者很难提出既与中国有关又具有普遍性意义的国际法问题；〔9〕我们所进行的所谓国际法理论研究，很多都是跟在欧美学者后面“拾人牙慧”之举；在国际交流场合，我们自己的学者很难与欧美一流学者进行对话，即使能对话，多数也是“自说自话”，形同“聋子的对话”；我们的学者虽然在国内提出了很多理论与创新，但相应理论与创新却很难转化为在国际层面的有效话语，从而最终呈现出自我娱乐的状态。

其次，国内学者很少把国际法作为一门严谨的法律科学加以研

〔7〕笔者在投稿过程中，不止一次收到的审稿反馈是：文章缺少理论分析，或理论分析深度不够等。

〔8〕当然，WTO争端解决机制可能是少有的例外。

〔9〕在这个意义上，王宠惠于20世纪20年代末在国际联盟“国际法逐渐编纂委员会”上提出的“国家对外侨损害赔偿之责任”命题可谓具有代表性。该问题既根源于实践，与中国遭遇息息相关，又具有全球性意义。正因如此，此问题才被“国际法逐渐编纂委员会”所接受，成为最终入选的三个议题之一。

究。从对国际法的态度和立场来看，国内国际法学者自始至终将国际法作为一门真正的法律尤其是法律科学加以信仰和研究的，可谓少之又少。大多数学者对于国际法的研究多是抱着功利态度。国际法之于这些学者，可谓具有多变性：或者是政治，或者是外交，或者是权力。缺少了法律科学这一灵魂，如何指望国际法在一国的对外关系中发挥重要作用？也正是基于一种功利心态，而非一种真正的法律信仰，国内的国际法学者多数都排斥对国际争端解决机制的利用。由于国际争端解决机制是国际法遵守和实施的最重要依仗，研究国际法的学者却对之排斥和抵制，这无论如何都不是一种正常的现象，却也能折射出国内学者对于国际法信仰的缺乏。

而一旦缺乏对国际法的信仰，不将国际法作为一门真正的法律科学予以对待而引发的不利后果，凯尔森早就指出过。在《国际法原理》“序言”中，他是这样说的：

“如果国际法是真正意义上的法律——本书是这样认为的，那么，除了法学方法以外，还有什么其他方法可以适用于这个对象的描述与说明呢？然而，如果我认为有必要强调这本书的纯粹法学的性质，那么我这样做也是为了反对国际法作者中广泛流行的一个趋势，他们——虽然他们不敢否定这个社会秩序的法律性质及其拘束力——主张法律方法以外的另一个方法，即政治方法，是适当的方法。在我看来，这种观点只是这样一种企图：为不适用现行法律作辩解，如果它的适用与某种利益相抵触，或者毋宁说，与各作者所认为其国家的利益相抵触。如果他认为他有义务向其政府提出一种权力政策，也就是说，一种只由其国家的真正或假设利益所决定并只受其权力限制的政策，他可以这样做而自负责任。但是，如果他试图使读者相信，这项政策是符合从‘政治上’加以解释的国际法的，他所提出的就不是一个科学的国际法理论，而只是一个政治意

识形态。”〔10〕

一旦不能将国际法作为法律科学对待，就很容易导致国际法学者在对国际法问题进行分析与评论的时候，缺乏一种“法律思维和法律素养”。具体表现就是：在没有掌握相关事实和所有细节的背景下，轻易地就某一问题的合法性问题作出断定；很难将相关规范与事实细节等很好地结合起来进行相应的合法性或违法性论证；在论证上多“泛泛而谈”，欠缺对相应的国际案例和国家实践的援引与比较，论证难以做到充分和彻底；轻易适用国际法原则来对具体问题进行分析，〔11〕而不考虑相应原则适用的例外及其边界等。

最后，国内学者在对国际法进行研究的时候，普遍不重视其与国内法的对接和沟通问题。

从国际法与国内法关系的角度看，理想的情形是：国际法的研究为国内立法与司法等提供“源泉”与“活水”，国内法则通过借鉴国际法来发挥其在国内和国际关系中的作用。但从我国的现状看，二者皆未能发挥其应有的作用。一方面，多数国际法学者欠缺国内法的坚实基础，从而导致其国际法研究大多处于“想当然状态”，无法实现与国内法的有效对接；另一方面，在国内立法的时候，由于欠缺必要的国际法视野，导致立法过程中对相关法律在国际关系中的功能与定位欠缺，进而影响到其在国际关系中的可适用性。

从本国法律域外适用的角度及充分有效地保护本国国家利益和国民等角度看，理论上，每一部国内法律，无论属于公法还是私

---

〔10〕 参见［美］汉斯·凯尔森：《国际法原理》，王铁崖译，华夏出版社 1989 年版，序言第 2 页。

〔11〕 此种分析路径对国际法实务部门也产生了一定的影响。具体例证就是，在我国参加国际法院“科索沃单方面宣布独立的合法性问题咨询意见案”过程中，我国所递交的书面陈述意见，几乎通篇都围绕适用原则展开分析。关于我国的书面陈述意见，可参见 https：//www.icj-cij.org/public/files/case-related/141/15611.pdf，访问日期：2021 年 5 月 10 日。

法，在立法过程中都需要对其在国际关系中的作用与功能进行定位，根据此种定位来调整相关规定，确保其具有适当范围和程度内的域外可适用性。然而，要对国内法在国际关系中的作用和功能进行定位，前提是国际法的研究要做好。欠缺坚实、有力的国际法研究，对国内法在国际关系中的作用和功能进行定位就是一句空话。相反，国际法的研究做得再好，相关研究不能“投射”到国内法之中，不能在国际法和国内法之间进行有效转换和对接，国际法研究可能会成为“阳春白雪”“不接地气”。在重视和强调国内法域外适用的背景下，如何将国内法规则国际化、将国际法规则国内化，这是国内国际法研究应下大力气重点关注的问题。然而，由于多数国际法学者欠缺跨学科的视野和训练，从而导致国际法学者很难顺畅地构建国际法与国内法之间的沟通桥梁。二者更多地还是在“自说自话”。

三、四点改进建议

在教材、教学和研究存在前述问题的情形下，我们该如何克服和改善我国未来的国际法教学与研究？从教学角度看，需要培养和训练国际法的法律思维；从研究角度看，需要大力强化国际法的实证研究；从教材角度来看，需要以国家利益为导向，以教材为示范，在教材写作中强化法律思维和实证研究；此外，还需要重视与国内法学者的沟通与交流。

（一）培养法律思维是关键

无论是从事国际法教学还是研究，将国际法作为一门真正的法律科学加以信仰非常重要。而要如此对待，首当其冲的，就是需要训练法律思维。在这方面的建议既简单又直接——需要从三句话开始，训练国际法思维，即：观点本身并不重要，重要的是支撑观点的理由和证据；国际法原则本身并不重要，重要的是原则的例外；规则本身如何规定并不重要，重要的是如何解释和适用该规则。

“观点本身并不重要，重要的是支撑观点的理由和证据”。对于任何一个问题，每一个人，无论其专业背景为何，也不论其智力水平如何，都会有自己的观点。对于法学背景的学生来说，凸显自身专业背景的，唯有理由和证据，靠论证和逻辑来说服别人。而对于国际法而言，强化理由和证据尤其重要。国际法不是一种精致的理论体系，相反，是高度实证的，操作性特别强。一旦持有某种观点，你就需要去考察相关实践，在实践的基础上证明自身观点的正当性和合理性。论证不能想当然，不能建立在自我想象、自我论证的基础之上。

“国际法原则本身并不重要，重要的是原则的例外”。就国内国际法教材而言，鲜见不将“国际法基本原则”单独作为一章的。这是国内教材有别于西方经典教材的一个重要特征。国内教材这样做的目的，在于凸显国际法基本原则的重要性。这样处理实际上是有问题的，容易产生误导，并在实践中带来不利后果。原则本身尽管重要，但其重要并不是通过单纯地强调、论证其重要性体现出来的，而是通过如下两点：其一，原则需要解释和适用。任何一项原则，都有其适用范围和适用限制。要知晓其适用范围和适用限制，就必须注重对原则的解释。其二，原则存在着大量的例外。可以说，不存在没有例外的原则。通过例外，原则就有了适用的边界；通过例外，原则就有了适用的限制；通过例外，国际法规则体系就不断地向前发展。找不到原则的例外，就无法正确地解释和适用相应原则。

“规则本身如何规定并不重要，重要的是如何解释和适用该规则”。法学学生，通常习惯背法条。找到并背诵国际法法条的思维，正是很多学生开始接触国际法时的惯常思维。这时候就有必要提醒学生，国际法的规则体系，不需要背诵和记忆。背得再熟练，不能解释和适用，相应规则无论对于个人还是国家，都没有实际价值。不存在不需要解释的国际法规则。国际法教学的过程，实际上就是训练学生解释和适用国际法规则的过程。

（二）加强实证研究是根本

国际法的实证研究，即以实践为基础和直接依据的研究。最理想和最高级的国际法实证研究，同严谨的历史研究理论上是没有本质性区别的。在这样的研究中，每一句话，每一个论断，都应有实践的基础和依据。以此为研究所得出的结论，也是构建在实践基础之上的。

国际法的实证研究，需要和倚重的，理应是第一手资料，而不是第二手甚至第三手资料。真正的国际法第一手资料，其实只有两种：国家有关国际法的实践，国际司法机构、国际组织等有关裁决、决议等。国际法著作和论文，只是第二手甚至第三手资料。好的国际法研究，都是建立在对第一手资料的整理、利用、研究和提炼的基础上的，而不是国外已有的论著和论文。原因在于：在对第一手资料进行利用的过程中，论文和论著的作者已经有所筛选、有所选择。如果完全依赖于已有论文和论著，在很大程度上，我们的研究就相当于被“绑架”了。原因很简单：对于同样的国家实践和国际实践，观察者不同，观察视角不同，对材料的利用肯定就会有所不同。“一千个读者，有一千个哈姆雷特”，说的正是同一问题。因此，在此情形下，最理想的状态是：一方面，要阅读相关论文和论著；另一方面，还是需要回到作者所利用的第一手资料“本源”上，要尝试自己阅读，自己体会，自己判断。

而要做好国际法实证研究，则只有一条路可走：找到一个准备研究的问题，穷尽这个领域的所有国际实践，通过对实践的梳理、对比和跟进，来找到问题、分析问题和解决问题。国际法的实证研究路径，强调和重视的，是对一个领域的长期和穷尽性跟进，而不是浅尝辄止，不是“三天打鱼，两天晒网”，不是“打一枪换一个地方”。缺乏对一个领域持续三年以上的跟进，就很难进入这个领域的核心，更遑论在这个领域提出有价值的问题与判断了。

（三）教材写作需要以国家利益为导向，强化和示范法律思维与实证研究

作为一门实用性极强的学科，学习和研究国际法的目的，主要还是为了本国的国家利益。一方面，要通过适用国际法来保护本国的国家利益；另一方面，还需要通过国际法来扩展、渗透本国的国家利益。从国际法教学和研究角度看，要始终坚持本国国家利益第一的导向。

实际上，国际法教材写作应当以本国利益为第一追求，这并非作者“首创”的主张。翻开被称作经典的西方国际法教材就会发现，相关教材的作者在展开写作和论证的时候，首当其冲和援引最多的，往往是与本国有关的案例与实践。作者是从本国需求和实践出发，在充分考虑本国利益的基础上来展开教材写作的。

教材当然需要追求和维护本国的国家利益，但是，即使有此目的和追求，在教材写作过程中，我们还是需要注意如下两点：一是要重视国际法规则的解释与适用；二是要以国际法实践为基础展开。这既是践行法律思维培养和训练的需要，也是践行国际法实证研究的需要。这实际上就要求，教材在写作中不仅要介绍规范，还要介绍规范的来源，讨论规范的解释与适用。在这个过程中，无论是规范的解释还是规范的适用，都需要结合相关案例与国家实践展开。教材的写作是论证式而非描述式的写作。好的国际法教材，一定是建立在丰富的案例与实践来源基础之上的，引证丰富是当然的基础要求。国内国际法学者要以此为出发点，开始自身国际法经典教材的建设步伐。

（四）加强与国内法学者的沟通与交流，加快建设中国法域外适用体系

正如前文所指出的，我国的国际法研究与国内法研究，基本上呈现出平行的状态，彼此之间的沟通严重不足。这样一种平行模式导致在制定国内法的时候，基本是国内法学者说了算，国际法规则在国内法的含义与实际效果，则很少体现在实际立法之中。这种“各自为政、自说自话”的局面必须要改变。要发挥国内法在国际关系中的功能，构建中国法的域外适用体系，在我国法律体系内确立进取型的管辖权体系，就要加强国内法学者与国际法学者间的沟通与交流，在立法和司法过程中加强彼此间的合作。要在立法中打破学科界限和壁垒，既重视国际法规则在国内法中的转化与对接问题，也重视国内法在国际关系中的功能与定位问题。需要打破国内法学者“垄断”国内立法的局面，充分吸收国际法学者参与国内立法。而在这方面，考虑到国内法学者的强势地位，国际法学者要学会主动，创造机会加强彼此之间的沟通与交流。唯有打破隔阂，二者间的有效合作和“补位”才有可能。

中国国际法教义学的现实困境和理论构建*

江　河**

摘要： 在百年未有之大变局中，全球治理的中国因素日益明显，国际法治人才的培养成为中国法学教育的重要任务。然而，国际法学的碎片化、涉外法治的宏大叙事及其法律意涵，都无法有效构建国际法教义学的知识体系，也不利于发挥人类命运共同体理念在国际法实践中的规范建构功能。国际公法、国际私法和国际经济法（三国法）的三足鼎立使国际法教义学在理论上缺乏统一的知识体系，主流的国际法教材没有为国际法学确立应然的体系性和逻辑性，国际法基础理论和实证国际法也难以形成良性互动。概念界定是社会科学研究的“圈地运动”和国际法教义学的理论坐标。国际法的内涵和外延分别决定了其基本特征和主要渊源，而两者的互动使国际法的知识体系具有开放性。在国际法概念体系的逻

* 基金项目：中南财经政法大学学科建设统筹项目“全球治理和国际法治的关联性研究”（WHCC202113）

** 江河，中南财经政法大学法学院教授。

辑支配下，大国政治与国际法治以及国际法与国内法的互动都促进了国际法教义学的法理建构，从消极和平到儒家和谐，国际法的价值转向在国际法教义学中发挥了重要的规范性作用。这种国际法教义学的建构将有利于增强三国法划分的内在逻辑，并为社科法学视域下的体系变革提供了具体路径。随着国际社会的组织化和国际关系的制度化，国际法教义学的开放性逐渐削弱，专业性将相应地得以强化。在此过程中，人类命运共同体理念和儒家文化的和谐价值观有利于通过中国特色的国际法教义学为国际法治贡献中国智慧和中国方案。

关键词：大国政治；全球治理；国际法的概念；国际法教义学；国际法的渊源

中国的和平崛起与美国的霸权衰落构成了百年未有之大变局的重要因素，而中美在大国政治和国际法实践上的本质差异，使这种大国的实力交替对国际关系和国际法治产生了深刻影响。美国主导的单向度全球化最终导致了各种国际性问题，而其实力的衰落也使其无力从法律上有效地应对这些挑战。全球化上升时期的各种国际公共产品难以为继，特别是国际和平与安全。生产力的决定性作用与国际市场的优势资源配置功能使全球化不可逆转，但是现代科技的风险和跨国经济活动的负外部性使人类的共同安全和国际法治都面临着严重挑战。时势造英雄，中国顺应了冷战后和平与发展的时代潮流，中国的和平崛起及其大国责任的外交实践，都使其在国际社会面临着维护世界和平与安全、推动国际法治的时代使命。因此，无论是就维护国家的合法权益还是就推动国际法治而言，中国都亟须培养大量的国际法治人才。事实表明，中国高校培养的国际法人才在数量上远超社会需求，这意味着国际法人才培养的质量是高校国际法教育的瓶颈所在，而国际法学科建设缺乏逻辑化的知识体系，国际法专业教育缺乏内在的独有的技术性，都不利于涉外法律人才的培养。在国际法的学术研究中，涉外法治的程序化和政策化倾向也使国际法教学和研究呈现出形式化的困境。这些问题和困境的有效解决，很大程度上取决于国际法教义学的体系建构。

一、大变局之中国使命与国际法治人才培养的困境

随着改革开放的不断深化以及综合国力的日益提升，中国逐渐走近了国际舞台的中央。积极推进国际法治建设，不仅是构建人类命运共同体和参与全球治理的必然要求，还有利于为解决全球化问题提供中国智慧和中国方案。这也预示着中国将需要更多的国际法治人才引领公平正义的国际法治。法教义学与法治实践之间具有紧密联系，国际法教义学的问题导致国际法教学缺乏统一的知识体系和内在逻辑，国际法治人才培养也陷入了一系列的困境。

（一）全球治理视野下的国际法治

自冷战结束以来，和平与发展成为国际社会的主流趋势，经济全球化过程中形成的国家间复合相互依赖客观上有效地维护了国际和平与安全。通过加入 WTO，中国深度参与了经济全球化。作为世界第二大经济体，中国经济实力的增强构建了和平崛起的硬实力之维。与此同时，对外开放以及大国外交战略使得中国与世界各国的交流与合作愈来愈密切，人类命运共同体理念多次被写入联合国文件并获得广泛的国际认同。同时，中国在联合国和 WTO 等全球性组织中也发挥着重要作用，这使得国际政治和国际法实践中的中国因素日益明显。推动国际法治合作，弘扬国际法治精神，[1] 不仅符合中国的根本利益，也与国际社会的共同利益相一致，为国际

---

〔1〕 参见《推动国际法治合作 共建“一带一路”高质量发展》，载《人民日报》2021年11月17日。

和平与发展做出了贡献。当前，中国正站在实现“两个一百年”奋斗目标的历史交汇点上，这一特定的历史阶段与百年未有之大变局相重合。在世界格局和国际秩序深度调整的背景下，全球治理体系将发生深刻变革，新时代的中国不仅构成推动国际秩序良性变革的关键动力，也成为应对大变局下全球性危机的重要力量。无论是负责任大国推动构建的新型国际关系，还是人类命运共同体理念和“一带一路”倡议的外交实践，都将在百年大变局之下通过全球治理推动世界深刻转型。

在全球化背景下，大国政治和国际法治构成全球治理的两大要素。近年来，以美国为首的一部分西方国家在国际关系中推行政治单边主义和贸易保护主义，其主导的单向度全球化导致了逆全球化浪潮，对全球治理特别是国际法治造成了前所未有的挑战。例如，美国抵制 WTO 上诉机构成员的遴选导致了上诉机制的瘫痪，其“退群”行为体现了西方自由主义和例外论所导致的国际责任感的缺失和对国际法效力的蔑视。〔2〕其所体现的霸权政治不仅严重削弱了国际法治，更对国际安全造成了极大威胁。由于整体实力相对衰弱，这些西方国家在反思其构建的全球化体系后，开始从提供公共产品—获取影响力—攫取利益的模式，向拒绝提供公共产品—拒不承担国际责任—保存实力的模式转变。在狭隘的国家利益观下，对国际规则的肆意违反日益侵蚀了国际法的实效，也导致了国际公共产品供给的真空。相对地，作为负责任大国，中国在国际关系中一贯反对霸权主义，在坚持和平共处五项原则的外交政策下发展和实践儒家和谐观。儒家文化注重正义之秩序，即和谐，它是中国和

---

〔2〕 西方文明最为显著的特性包括基督教、多元主义、个人主义和法治，它们奠定了“自由主义”和“美国例外论”的文化基础。美国人认为，美国与其他国家不同，是一片自由完美的土地。英美希望创造普世文明，使美国的价值观普遍化，这种普世主义和霸权主义对世界构成了威胁，它可能导致核心国家之间的文明战争。参见周琪：《“美国例外论”与美国外交政策传统》，载《中国社会科学》2000 年第 6 期，第 83—94 页；［美］塞缪尔·亨廷顿：《文明的冲突与世界秩序的重建》，周琪等译，新华出版社 2002 年版，第 287—288 页。

平发展的价值基础。在构建人类命运共同体的外交实践中，中国通过善意履行国际义务、向国际社会及时提供公共产品，积极推动大国政治与国际法治的良性互动，努力维护国际和平与安全。

面对百年未有之大变局，中国在谋求自身发展的同时也应承担起相应的国际责任。〔3〕为了重塑全球治理体系，习近平总书记提出了共同构建人类命运共同体的中国方案，而推动国际法治则成为贯彻和实施人类命运共同体理念的重要路径。诚如贝克所言，全球化将所有的国家、地区和民族纳入了一个互相依存、利益相关的“风险共同体”中。〔4〕人类命运共同体理念中的新安全观契合于与当前国际社会命运日益休戚与共的现实环境，对促进全球治理具有重要意义，也将负责任大国政治的理念嵌入国际事务和国际法体系之中。国际法治有助于形成建构安全、促进公正、推动发展的国际秩序。〔5〕从某种意义上来说，负责任大国的大国政治通过对霸权主义的抑制和否定在不断地实现大国之间的均衡，也在事实上强化了小国政治在国际关系中的作用。通过政治和法律的互动，大国政治得以在特定的历史阶段成为国际法治的推动者，而国际法治则为负责任大国的大国政治确定了行动目标和实践模式。〔6〕为了切实维护国家利益和推动全球治理体系变革，中国在国际交往中肩负负责任大国的历史使命，在摒弃霸权政治的同时推动多向度的全球化，这使得践行国际法治成为中国对外交往和法学教育的时代要求。为此，中国应培养更多、更优秀的国际法治人才，进而提升中国在国际法治中的话语权，为促进大国政治和国际法治的互动贡献

〔3〕参见刘雪莲、杨雪：《打破国强必霸的逻辑：中国特色大国外交的道路选择》，载《探索与争鸣》2021年第5期。

〔4〕［德］乌尔里希·贝克、维尔姆斯：《自由与资本主义》，路国林译，江苏人民出版社2017年版，第104页。

〔5〕何志鹏：《国际法治论》，北京大学出版社2016年版，第52—57页。

〔6〕参见江河、胡梦达：《大国政治与国际法治的互动——中国参与全球治理的理论逻辑与能力强化》，载《湖北大学学报（哲学社会科学版）》2021年第5期。

中国智慧和中国方案。

（二）国际法研究和国际法治人才培养的困境

国际公法、国际私法、国际经济法三个方向有关“国际法”概念的分歧导致了国际法知识体系的碎片化以及价值规范功能的缺失，这不但在社会实践中削弱了国际法的规范性和实效性，而且在法学教育中也难以培养优秀的专业性和复合型法律人才。国际法治人才的培养在国际法治建设中发挥着重要作用。在国际法治的实践中，世界范围内的国际法治人才队伍虽然庞大，但大多集中在西方发达国家。例如中国的涉外律师人数增长缓慢，无法满足新时代对外开放和全球治理的需求。〔7〕不仅如此，在国际法治人才培养的实践中还存在着一系列的困境：学生在专业学习中无法确立系统和理性的知识体系，学者在学术研究中的理论成果难以向国家的国际法实践有效转化。在中国，国际法治人才在培养质量上严重不足，具体表现为各类国际组织特别是国际法院、国际仲裁机构等机构的中国籍工作人员数量偏低；〔8〕并且发挥主导作用的人员不多，高端法治人才尤其匮乏，较之发达国家尚有很大差距。〔9〕国际法治人才培养的问题反映了中国法治人才的培养体系存在的不足：国际

---

〔7〕 相关数据显示：截至2019年底，中国律师人数为47.3万人，涉外律师仅占1%；截至2020年底，中国律师队伍有52万多人，涉外律师人数仅为1.2万人。近年来我国在涉外法治人才培养方面虽取得了一定成绩，但国际法治人才和社会需求之间仍然存在着巨大缺口。参见迟日大：《健全中国涉外律师人才推荐机制》，载《法制日报》2020年5月27日；《官方：中国律师队伍已达52万人，涉外律师1.2万余人》，载中国新闻网，http：//www.chinanews.com.cn/gn/2021/03-25/9440361.shtml。

〔8〕 黄进：《完善法学学科体系，创新涉外法治人才培养机制》，载《国际法研究》2020年第3期。

〔9〕 根据2019年4月联合国秘书长古特雷斯的报告：截至2018年底，在联合国秘书处P-2级别以上的专业职员和司长中中国籍职员目前仅有89人，秘书处D-1级别以上的高级别职员中，中国有13位。目前的数据显示，秘书处中国籍职员占总人数的1.5%，仅为美国的22%，秘书处D级以上的中高级职员，中国籍仅有19人，占美国的20%。参见《为什么在国际组织中任职的中国人不多?》，载国际组织人才信息服务网，http：//io.mohrss.gov.cn/a/2020/07/02/0378200.html；外交部网站，https：//www.fmprc.gov.cn/web/wjdt_ 674878/fyrbt_ 674879/20210705_ 9177389.sn。

法学与其他学科之间缺乏沟通和交流，国际法课程压缩并且脱离实践，导致人才培养质量降低。[10] 在实践中经常产生“私法公法化”和“公法私法化”的问题，难以实现国际公法与国际私法的教学结合和相互参照。[11] 对这一问题的忽视，使学生无法在国际公法和国际私法的互动中进行系统而又深入的学习。与此同时，无论是国际法实务界还是学术界、教育界，对国际法普遍持“工具主义”的态度，这导致国际法教学对学生实践应用能力的重视程度不足。长此以往，作为一门实践学科，国际法规范体系在国内法中将失去应有的地位和实效。这些困境最终都导致了中国国际法治和全球治理人才匮乏，不利于国际法治的中国表达和国内法治的时代发展。

随着单向度全球化负外部性的日益凸显，发展问题也影响到国际法律秩序的合法性基础，西方国家单边主义和国际民粹主义的兴起都使国际法治导向全球治理。在国内，中国的经济崛起使涉外法治超越国际法治的话语地位，并成为国际法教学和外交实践的宏大叙事。涉外法治、国际法治、国内法治以及全球治理等关键词在概念上的逻辑混乱及其不同的法理意涵，使中国的国际法实践在理论指引和行动逻辑上无所适从。就行为规范和外交政策而言，涉外法治有利于促进国内法治和国际法治的互动，是法治国家建设和涉外工作开展的历史化进程，[12] 但是，就学科的独立性和内在逻辑而

---

〔10〕 自20世纪90年代以来，由于取消了国际法本科专业，取消了国际公法、国际私法和国际经济法三个二级学科，国际法在法学学科体系中的比重和分量大幅下降。另外，国际法课程遭到压缩，作为高校法学专业“10+X”培养方案中选修的“X”，国际私法和国际经济法的吸引力不足，课程设置地位不高，选修的学生也较少。参见何志鹏：《中国国际法学的双维主流化》，载《政法论坛》2018年第5期；阙占文：《新时代国际法教学的现实困境与改革思路》，载《法治论坛》2020年第3期。

〔11〕 参见谢石松：《国际私法的调整对象、范围及性质问题新论》，载《法学评论》2007年第4期。

〔12〕 从一国的视角看，涉外法治是国内法治对外的延伸和拓展，属于国内法治的一部分；从世界的视角看，涉外法治是国际法治从一国角度的表达和表现，也属于国际法治的一部分。显然，建设涉外法治的要求体现了国内法治与国际法治的互动。参见柳华文：《论习近平法治思想中的国际法要义》，载《比较法研究》2020年第6期。

言，现有涉外法治的学术研究及其法律实践无法有效促进国际法教学质量的提升，难以设置合乎逻辑的课程体系和制定具有独立性的培养方案。它使国际法内在的碎片化雪上加霜，从而成为削弱国际法专业知识之体系性的特洛伊木马，在国际法教学中无益于涉外法律人才的培养。在全球治理和国际法治的实践中，涉外法治推动了国家法治的发展，但涉外法治和国际法治之间的界限并不明确且外延有所重合，[13] 涉外法治有可能在实质渊源上导向国内法，在中美实力交替的背景下，它容易被外界"误读"为具有类似于美国外交关系法的行动理念，在国际关系中强化西方国家蛊惑性的"中国威胁论"，不利于中国负责任大国形象的构建。更为重要的是，部分学者过于强调涉外法治的程序性和技术性而忽视其实质内容和价值规范功能，从而削弱了国际法治的中国智慧、中国故事以及中国方案在政治理念和外交行动之间的协调性和互动性。学科建设和专业教育与日益复杂的现实需求的冲突和失衡，对国际法体系的整体性提出了挑战，[14] 进而阻碍了国际法规制功能的进一步强化。国际法学科设置和国际法人才培养所面临的种种困境在某种程度上根源于国际法教学和研究实践对国际法教义学的忽视。法教义学对于凝聚法律共识、树立法治权威而言是不可或缺的，[15] 这对国际法治建设提出了要求，即需要沿着法教义学的路径赋予国际法学术研究和人才培养以新的使命。就功能而言，法教义学可以促进法学体系的稳定性和封闭性，作为法学的一个二级学科，国际法学可以通过国际法教义学的构建增强自身的体系化和整体性。而发展国际法教义学、探析国际法研究方法则指明了国际法治人才的培养方向，在一定程度上有利于国际法学的发展和国际法治的建设。

---

〔13〕 参见何志鹏：《涉外法治：开放发展的规范导向》，载《政法论坛》2021 年第 5 期。

〔14〕 参见莫世健：《国际法碎片化和国际法体系的效力》，载《法学评论》2015 年第 4 期。

〔15〕 雷磊：《法教义学与法治：法教义学的治理意义》，载《法学研究》2018 年第 5 期。

二、国际法教义学及其体系的碎片化

任何学科都存在其基本教义，国际法教义学是法教义学在国际法学中的适用，这是国际法知识体系得以形成和传授的前提。国际公法与国际私法、国际经济法的概念及其内涵和外延的固有分歧，使国际法教学缺乏内在的知识体系，特别是国际私法和国际经济法与相关国内法之间的本质联系削弱了国际法学基本原理的体系性和普遍性，这便导致了国际法一般理论和法律渊源上的碎片化。国际法学的碎片化在实践中影响了实证国际法的规则创设及其体系化，从而也影响了国际法的规范性和实效性，不利于在理论和逻辑上建构具有科学性的国际法概念，也阻碍了国际法教义学与国际法渊源在实践中的良性互动。

（一）国际法教义学的法理逻辑与基本含义

国际法治的参与能力和发展水平，与国际法的创新研究和法治人才培养密切相关，而国际法教学和研究是以国际法教义学为基础的。国际法研究离不开系统的专业知识及其核心概念的理论坐标，国际法教义学则是确立这种体系和坐标的逻辑前提。同时，国际法教义学对于国际法的实践具有重要的理论指导作用。在理论和实践互动的原理支配下，任何法学二级学科的知识体系都包括其教义学框架下的现实法律体系和相应的基本原理体系，这也是任何学科界定应具有的两大映射性元素。

法教义学是由德国法学发展而来的一门法律学科，是围绕现行实在法进行解释、建构和体系化的活动。尽管法教义学存在概念泛化的趋势，其本质也难以准确地界定，但就中国学者普遍援引的法教义学定义来看，法教义学是运用法律自身的原理，按照逻辑的要求，通过概念、原则、制度等范畴对本国的实在法秩序进行体系强化与规范解释的知识体系和法学方法。[16] 法教义学自形成以来，经过一系列的演变与发展，逐渐具备较为完整的概念体系，因而被引入了各个部门法的研究之中。其中，由于民法、刑法等部门法学科的专业封闭性较强，更加依赖法教义学对其学科的系统化归纳和接受，因此在相关的学术研究中对于法教义学的反思与分析俯拾皆是。但基于国际社会中平权的国际关系和多元的世界文化，国际法具有较强的开放性，鲜有在国际法学科视角下涉及法教义学的讨论，在国际法的实践中也较少适用法教义学。

然而，任何法学二级学科的“学科”属性是以其知识最低限度的专业性和体系性为前提的。换言之，国际法学科之事实存在决定了国际法教义学在其专业知识体系中的逻辑建构功能及其方法论意义。就其实体内容而言，国际法教义学在知识体系上包括国际法基础理论和具体的国际法律规则体系，前者是以国际法的概念及其内涵和外延两大要素为坐标的，后者主要是规制各种国际关系的法律规范，例如国际海洋法和国际人权法。国际法的内涵决定了国际法的基本特征，进而决定了其弱法特性以及国内法和国际法的辩证关系。国际法的外延决定了其行为规范的理论分类，它对应着实践层面的国际法渊源，这种关联性在内涵和外延辩证关系的基础上使基础理论和具体法律部门具有映射性和互动性。因此，国际法基础理论平面坐标的圆点是国际法的定义，两大坐标轴分别是国际法概念的内涵和外延，国际法基础理论的所有基本问题都是沿着理论到实践以及抽象到具体的路径进一步阐释和论证国际法的概念及其本质特征。当然，法教义学在法学不同层级的学科中具有其相对的意义，例如，国际海洋法在逻辑上也有可能存在这种国际法方向或部门法的基础理论，因而有可能形成内部的法教义学，这种次级学科

---

〔16〕 关于法教义学的概念，可参见王利明：《法学方法论》，中国人民大学出版社 2012 年版，第 43—45 页；白斌：《宪法教义学》，北京大学出版社 2014 年版，第 20 页；王泽鉴：《人格权法：法释义学、比较法、案例研究》，北京大学出版社 2013 年版，第 11 页。

或专业方向的法教义学是上级学科与本级学科或方向相互融通的“传导体”。这也说明，当特定的专业方向向上设置为一个学科时，它必须具有相对独立且与其法律体系相契合的“法理学”。

（二）“三国演义”与国际法学科的冲突性和体系性

以国际法教学为语境，“三国演义”是指国际公法、国际私法和国际经济法之间在基本特征、法律渊源以及一般原则等实质内容和形式逻辑上都存在不确定性和冲突性。此类冲突既包括积极的冲突，也包括消极的冲突，后者也源于三国法的开放性。三国法在概念上的不确定性和相互交叉导致了这种混乱状态。国际法学界甚至主要的国际法教材中对于三国法之间的内涵与外延一直没有一个明确、统一的认识，三者的法律主体、调整对象、基本原则和体系归属都存在错综复杂的关系，〔17〕例如，WTO法究竟是国际公法还是国际经济法的争论问题。〔18〕在国际私法学界和国际经济法学界，对于国际私法和国际经济法的具体外延，以及国际私法学和国际经济法学的研究范围问题，从未停止过争论。〔19〕由于三国法各自的内涵和外延没有明确的界分，三者在种属逻辑上无法构建出学科视

〔17〕学界主流观点认为，国际法是在国际交往中形成的，用以调整国际关系（主要是国家间关系）的，有法律约束力的各种原则、规则和制度的总称。为与国际私法在名称上相对应，国际法又被称为国际公法。国际私法是指以直接规范和间接规范相结合，调整平等主体之间的涉外民商事法律关系，并解决涉外民商事法律冲突的法律部门；但作为国际私法的主要渊源，国际条约显然具有国际公法性质。广义的国际经济法是指调整从事跨国经济交往的个人、法人、国家及国际组织间经济关系的法律规范；而狭义的国际经济法则被认为是国际公法的一个部门。参见曾令良：《国际法》（第3版），武汉大学出版社2011年版，第3—4页；韩德培：《国际私法新论》，武汉大学出版社2003年版，第16页；余劲松：《国际经济法学》，高等教育出版社1994年版，第1页。

〔18〕以施瓦曾伯格和布朗利等人为代表的传统学派认为，国际经济法属于国际公法体系中的一个分支，其研究对象和范围，都只局限于国家和国际组织所参与的经济关系，以及相关的国际法规范，是“经济的国际法”。而以哈姆斯和卡茨等人为代表的新兴学派则认为，国际经济法是包括国际法和国内法两种规范所形成的独立法律分支，是调整一切跨境的经济活动和经济规范的总称。这种学说分野使得WTO法的归属问题不甚明确。参见姚梅镇编：《国际经济法概论》，武汉大学出版社2002年版，第1—12页。

〔19〕参见谢石松：《论国际私法与国际经济法的关系》，载《政法论坛》2001年第2期。

角下的国际法概念。[20] 一些学者甚至认为国际法的渊源应当泛化，这从根本上动摇了国际社会的法治基础，使得整个国际法学处于混乱的状态之中。彼得斯曼教授认为，国际法已经从传统的“共存国际法”发展到了以联合国为代表的现代“合作国际法”。[21] 国际法的发展与变化也使得国际法的内在体系发生了紊乱，这不仅要从国际法的法律渊源去理解，还应当基于国际法规范的特性来认识。国际法教学的“三国演义”和国际法渊源的碎片化使诸多矛盾隐藏在国际法的分支之间，三者存在的交错、重叠的适用关系作用于国际法的司法运行，并进一步影响国际法教义学的发展，削弱了国际法学科体系、知识体系和课程体系的完整性、逻辑性和一致性，这使得国际法学缺乏学科概念应有的知识系统及其内在逻辑。

冷战的结束使市场经济成为世界各国经济发展的主流模式，全球化客观上促进了国际法的发展。国际自由贸易有利于消极和平的实现，经济全球化促进了商品、服务、资本和自然人的四大自由流动。市场经济是法治经济，[22] 全球化长期是西方主导的单向度全球化或经济全球化，[23] 以 WTO 为核心的国际经济法律制度整体上提高了国际法的实效。以经济建设为中心的国家政策推动了民商事关系的现代化和法治化，而跨国的四大自由流动则促进了国际民商

[20] 定义是用精练的语言、简明的方式将概念的内涵揭示出来的一种逻辑方法。而一般下定义的方法是属加种差的方法，即：被定义概念（项）= 种差+被定义概念较临近的属概念。定义的规则之一是被定义概念与定义概念外延必须相等，即二者是全同关系的两个概念。参见许占君：《关于概念的内涵》，载《内蒙古大学学报（人文社会科学版）》1998 年第 2 期。

[21] Ernst-Ulrich Petersmann, “*Dispute Settlement in International Economy Law—Lessons for Strengthening International Dispute SettlementinNon-EconomicAreas*”, 2 *Journal of International Economy Law* (1999).

[22] 市场经济本质上是法治经济，商品的确权、市场经济参与主体的法律地位以及交易行为的制度安排，都以法律的保障为前提。参见刘伟：《市场经济秩序与法律制度和法治精神》，载《经济研究》2015 年第 1 期。

[23] 全球化是指跨国商品与服务交易及国际资本流动规模和形式的增加，以及技术的广泛迅速传播使世界各国经济的相互依赖性增强。因此，全球化本质上是经济全球化。参见国际货币基金组织编：《世界经济展望》，中国金融出版社 1997 年版，第 45 页。

事法律关系的迅速拓展。在此背景下，西方语境下的国际贸易法、国际商法和冲突法成为国际法体系的核心内容，这在中国语境下意味着国际经济法和国际私法的兴起。此外，在民商事领域，私法、商法和贸易法在量和质上的不可界分性也使两者在法律本体上纠缠不清。由此，“三国演义”便阻碍了国际法教义学的体系建构。

随着经济全球化的负外部性、国际发展问题以及现代科技所造成的全球安全风险日益凸显，建立在西方自由主义之上的“国际法治”面临着多重挑战，大国政治和国际法治互动下的全球治理成为国际社会的必然选择。全球治理的主体多元化和客体多样化为国际法的发展确立了新的社会基础。而中国的和平崛起在某种程度上改变了支配其国际法实践的国家利益谱系及其构成要素的优先性。中美之间相对实力的变化和外交政策的本质区别，使中国通过负责任的大国政治来积极推动多向度的全球化，从而使全球治理进程中的大国政治和国际法治实现良性的互动。在这种背景下，私法意义的国际和国内两种维度的民商事法律关系将在一定程度上受到公法意义下的社会秩序和公共利益的规制。换言之，国家主权原则支配的传统国际法将有所复兴，大国政治和小国政治以及作为两者互动结果的国际法治将主导国际法教义学的体系建构及其社会实践。

（三）国际法教义学与国际法专业的课程设置

国际法体系的构建，不仅要反思研究方法和发展法教义学，还要对国际法的教学模式和法治人才培养格局进行改革。法教义学以现行有效的实在法律规范为研究对象，以探求法秩序的内容为核心，[24] 是对形式法治的确认，其所具有的确定性和稳定性可以使法律体系更具安定性。由于国际法固有的碎片化和多样化特征，相较于国内法，其规范性和体系性较弱，而法教义学之于国际法具有

〔24〕 雷磊：《法教义学的基本立场》，载《中外法学》2015 年第 1 期。

不可或缺的范式和方法论价值。[25] 法教义学应当是国际法研究的基础，尽管其对具有权威性“教义”的追求，难以在缺乏中央立法权威的国际社会中获得满足，[26] 但不同于国内法，国际法存在独特的合法性基础。将法教义学作为国际法知识体系的建构逻辑，一方面可以提供一套确定的国际法体系，另一方面可以避免将系统外的价值过分地引入法律体系并干预法律运行。沿着国际法的形式渊源和实质渊源以及两者的互动，建构以法律适用、法律解释为核心内容的国际法教义学，有利于完善国际法学的体系性和专业性。

国际法学体系的改革有赖于国际法教义学的建构，最重要的是通过国际法概念的内涵和外延以及法教义学的内在逻辑来确立国际法教学的知识体系和课程体系。不同层级的法学学科、专业及其方向在内容构成和形式逻辑上都对应特定的法教义学，而每个层级的法教义学都由基础理论和具体的法律制度构成，两者往往被视为总论和分论，前者既是对后者进行规范性分析和解释的法理基础，也为后者的开放性提供了价值渊源和发展路径，是社科法学和法教义学互动的内在机制。当然，由于主要法学派对法律的概念界定存在分歧，[27] 广义的法律体系可以表述为法律价值、法律原则和具体规则构成的同心圆，因此法教义学的总论和分论之间的界定具有相对性，下一级的总论特别是基本原则在归纳逻辑下有可能成为上一级的分论内容。这种金字塔型的逻辑关系与凯尔森的不同等级的

---

〔25〕 参见刘学文：《国际法教学中法教义学的范式倡导与方法论之维》，载《法学教育研究》2018 年第 3 期。

〔26〕 参见汤岩：《国际法教义学：方法界定、历史梳理和价值反思》，载《法律方法》（第 30 卷），研究出版社 2020 年版，第 315—316 页。

〔27〕 奥斯汀认为“准确意义上的法，是主权者的命令。”参见［英］约翰·奥斯汀：《法理学的范围》，刘星译，中国法制出版社 2002 年版，第 19 页。卢梭认为自然法完全出自人的理性，是人民的公意和普遍正义。参见［法］卢梭：《社会契约论》，何兆武译，商务印书馆 2003 年版，第 33—36 页。庞德认为某种意义上，法律是发达政治组织化社会里高度专门化的社会控制形式——即通过有系统地适用这种社会的暴力而达到的社会控制。Roscoe Pound, *My Philosophy of Law*, West Publishing Co., 1941, p. 249.

“基础规范”在法律体系中发挥着类似的建构功能。[28] 国际法教义学的等级体系决定了不同层级法学专业教育的课程设置及其教材建设。

在大类招生的法学本科教育阶段，法科生的专业知识体系是由法学一级学科对应的法教义学建构的。随着法学教育层次的提高，法教义学逐渐应用于法学二级学科。在国内法语境下，法学理论构成其内在的总论部分，而宪法作为最高法律，一方面根源于政治行为，另一方面也构成其他法律的合法性基础，这种政治性使宪法的知识体系具有较强的开放性。专业性和封闭性较强的民法和刑法则是法教义学较为发达的法学二级学科。[29] 沿着国际法概念的基本内涵和主要外延，国际法教义学或国际法教材的知识体系决定了其基础理论的主要对象和部门法的基本法律制度，这就决定了国际法专业培养方案的课程设置，例如《国际法基础理论》、《条约法》和《国际组织法》。当法学教育层次延伸到博士阶段时，国际法教义学的知识建构就深入到国际法专业的各个具体方向，甚至更为深入的专业领域。当然，从本科到硕士再到博士，国际法教义学的地位是不断削弱的，因为法学人才的培养目标逐渐从学科知识体系过渡到学术创新能力，但这并非忽视国际法教义学的重要性，因为它事实上已经内化为学术创新的形式逻辑和价值规范。概而言之，国际法教义学及其概念逻辑支配了高校国际法教育的培养方案及其课程设置。

---

〔28〕 基础规范是凯尔森理论的核心。凯尔森认为基础规范对于法律知识建构是不可或缺的，它既是构建理论体系的逻辑起点，也是实在法体系的效力终点。参见［奥］凯尔森：《法与国家的一般理论》，沈宗灵译，中国大百科全书出版社 1996 年版，第 124—126 页，第 141—152 页。

〔29〕 由于民法和刑法学科的专业性和封闭性，其司法化程度更高并且较少涉及国家权力和个人自由的问题，法教义学的适用范围较广。因此相较于宪法、行政法等，民法教义学和刑法教义学发展较早较快，学界存在很多对于基础理论以及司法实践的研究。

三、涉外法治的法理意涵与国际法教义学的形式化

2014年，党的十八届四中全会通过了《中共中央关于全面推进依法治国若干重大问题的决定》，要求“加强涉外法律工作”；2020年，习近平总书记在中央全面依法治国工作会议上提出“坚持统筹推进国内法治和涉外法治”。中国国际法学界针对涉外法治这一概念进行了不同程度的界定和解读，有学者认为含有涉外因素的法律关系都涉及涉外法治，[30] 具体包括与我国相关的国际法问题、涉外因素的国内法问题以及可能关涉我国国家利益、公共利益、私人利益并需要我国通过法律机制予以回应的外国法问题。[31] 就其所界定的法律主体、法律本体和行为对象而言，涉外法治在外延上包括国内法治和国际法治，这种泛主体和泛客体的概念界定实际上没有明确涉外法治的具体内涵和外延，抑即没有界定它与国内法治和国际法治的界限。事实上，明确涉外法治的法理意涵以及其与国内法治、国际法治的辩证关系，对中国有效参与全球治理发挥着重要的理论指导作用。涉外法治的话语权体现了国际法教学的形式化和程序化：对内，它通过国内法的涉外因素使其实体规则延伸至国际法专业的知识体系；对外，它也使中国的国际法实践依附于西方的历史经验和价值理念，因而不利于国际法教义学的知识体系构建。

（一）涉外法治的法理解读：比较法的视角

大国政治及其实力均衡构成了国际法运行的社会基础。[32] 因

---

〔30〕 参见莫纪宏：《加强涉外法治体系建设是重大的法学理论命题》，载《探索与争鸣》2020年第12期，第34页。

〔31〕 参见马怀德：《迈向“规划”时代的法治中国建设》，载《中国法学》2021年第3期，第33页。

〔32〕 See L. Oppenheim, *International Law*, Vol. 1, 2nd ed. Longmans, Green and Co., 1912, pp. 80-81.

为外交政策的本质区别，中国的负责任大国政治有别于美国的大国政治。涉外法治在国际法实践中的主导地位容易使部分国家特别是小国将其误读为美国霸权式的“外交关系法”。在美国，外交关系法被视为关于外交关系的国际法原则和规则的总和，它主要涉及：外交代表机关（使馆、特别使团等）、人员以及派遣程序；外交代表机关、人员的职务；外交代表机关及其人员的特权和豁免；外交礼仪。这些规范文件有多种形式，包括宪法（成文或不成文）、制定法、行政规章及司法裁决。[33] 而中国的涉外法治及其所推动的国际法治是以国际法为基础的国际秩序，是推动国际关系民主化、法治化、合理化以及促进世界和平与发展的基石。中国法律的域外适用是目前涉外法治工作的重要环节，对中国完善对外贸易、投资等领域的规则具有重要意义，如何区别“涉外法治”和“长臂管辖”，是在法律实践过程中需要注意的关键问题。相比较而言，美国的“外交关系法”的本质就是其国内法，[34] 在国际争端解决实践中，其提出的礼让原则给政治操作留下了很多的空间，[35] 是美国霸权操纵“国际法治”的体现。而中国提出的涉外法治，是在国际法治发展水平有待提升的情况下，对国内法治与国际法治之间互动的促进和优化，体现了对国际法精神的尊重以及对公平正义之国际法治的追求。

基于人类命运共同体理念和“一带一路”倡议的外交实践，“涉外法治”旨在保护国内外企业、本国公民及国外公民的合法权益，构建一种与美国霸权式国际法实践不同的中国国际法话语。涉

---

〔33〕 Curtis A. Bradley, *What Is Foreign Relations Law?*, *The Oxford Handbook of Comparative Foreign Relations Law*, Oxford University Press, 2019, p. 4.

〔34〕 Curtis A. Bradley, *What Is Foreign Relations Law?*, *The Oxford Handbook of Comparative Foreign Relations Law*, Oxford University Press, 2019, p. 4.

〔35〕 根据美国《对外关系法重述（第三次）》规定，除了属地原则（指美国有权对位于其领土内的人、财产和行为行使管辖权）、属人原则（管辖其在领域外的国民），美国还有权对在其域外的、（意图）对美国产生重大影响的行为行使管辖权（即效果原则，参见“美国铝业公司案”）和对美国域外的对国家利益构成损害的行为行使管辖权（即保护原则）。

外法治的实践体现了中国对现有的美国霸权政治的批判和检视，而首次明确提出的“中国法域外适用”概念，则将中国法的域内适用与域外适用有机统一地结合起来，与美国的“外交关系法”存在本质上的不同。具体而言，它是在现有的国际法碎片化、国际法教义学缺失以及西方主导国际法话语权的背景下，中国为建立公正合理的国际政治经济秩序，构建一种更加包容、公正的国际法体系做出的努力。所以在对涉外法治进行阐释时，应该明确涉外法治作为沟通国内法治和国际法治桥梁的重要意涵，认识到其既是构成国际法发展的关联性因素，也是为国际社会提供中国方案、中国智慧的重要途径。另外，应该避免过度强调国内法治在涉外法治建设中的作用，这与人类命运共同体理念不符，也与建设涉外法治的精神相违背。

涉外法治有利于正确地处理国内法、国际法及涉外法律法规之间的关系，解决涉外法律纠纷中的实践问题，构成了国际法发展的关联性因素，但是它无法构建体系性的国际法教义学。涉外法治在国际法实践中的主导作用事实上突出了国际私法意义上的冲突法规则和国际公法意义上的国际合作原则，两者都强化了涉外法治的程序化和形式性特征。就其主体立场和行动目标而言，涉外法治更多地聚焦于国际私法和国际经济法的社会场域，其语境主要为国内司法机构的涉外案件和国内法的域外适用。尽管加强涉外法治工作有利于推进国际法治，但程序性的涉外法治无法有效地构建以实体法为基础的知识体系。真正推动国内法治与国际法治互动的涉外法治，必然在实体法上也关注国际法治，从而沿着国际法的双重法理建构国际法的基础理论，并为其部门法的体系化确立形式逻辑与合法性基础。涉外法治的目标并不是取代国际法治，而是通过负责任的大国政治促进国际法治。伴随着国际法教义学的发展和国际法体系的完善，涉外法治的地位就应该回归到促进国内法治与国际法治良性互动的程序规则上来。

任何社会科学的学科体系、学术体系和话语体系在内容和形式上都是一脉相承的，它们的共时关系体现在理论和实践以及归纳和演绎的对立统一，其学科名称所界定的内涵和外延也是历时螺旋式发展的结果。涉外法治和对外关系法主观上建构或事实上体现的学术体系或话语体系整体上是国内法二级学科之教义学在国际关系中的延伸，例如从民法到具有涉外因素的民法，从国内刑法到具有涉外因素的刑法，从国内诉讼法到国际司法协助制度。换言之，涉外法治是社科法学在国际法学术体系和话语体系中占有主导地位的体现。就学科建构或设置的目标而言，法教义学的方法论或形式逻辑应该发挥主导作用，而社科法学是一种客观的事实的关联论，它体现了法学及其所有二级学科对于社会科学甚至是人文学科和自然科学的开放性，因为法学的知识不是哲学意义上的终极真理，也就是说，任何法学学科都存在其客观的社会基础。基于国际法概念和国际法渊源的开放性，社科法学有利于国际法关联论和发展论的研究，但主流教材中国际法的本体内容应依赖于国际法教义学的逻辑建构。就二级学科的话语体系而言，国际法三个方向应具有相同的理论基础，就一级学科的设置目标而言，当这些并列的方向发展为二级学科时，它们之间就必须归纳和抽象出其共同的法理学，否则在逻辑上无法建构国际法一级学科，也违背了理论和实践之间以及学科、专业、方向不同层次之教义学的互动原理。

（二）国际法教义学的话语垄断和形式化

就其本义而言，法教义学渊源于德国法中的“Herrschende Meinung”，字面意思是“支配性意见”，指针对现行法律体系中某一具体法律适用问题，学术界和司法界人士经过法律商讨而逐渐形成的，由多数法律人持有的关于法规范解释和适用的法律意见。[36]因此法教义学关注的重点对象是立法意义上的本体论和司法意义上的运行论，而《国际法院规约》（以下简称《规约》）第38条对于国际法渊源的权威界定及其法律适用功能，有利于揭示国际法教义学的话语建构路径和体系开放的发展方向。《规约》第38条第4款将“司法判例及各国权威最高之公法学家学说”，作为确定法律规则的辅助渊源（原文为“手段”），[37]它在一定程度上揭示了国际法教义学的发展路径。该条款中的“公法学家”（publicists）、“学说”（teachings）、“法律规则”（rules of law）等用语的法理解读及其实质联系有效地揭示了国际法教义学得以形成的实践路径。第38条前三款事实上界定了国际法的“教义”，而第4款确定的复数形式的“法律规则”相当于前三款规则的明确化或有效解释，这体现了国际法教义学的主要对象。“司法判例”（judicial decisions）的辅助性既反映了法教义学的司法中心主义，也要求国际法教义学关注司法案例的规范性研究，而这也是目前中国国际法教学以及教材建设和课程设置的薄弱环节。当然，就其辅助渊源而言，这里的判例主要是指实体性规范。“学说”反映了国际法教义学本身在国际法规则解释中的重要作用，而其所有格定语（of publicist）则使国际法教义学的建构依赖于公法学家，而不是私法学家。此外，条款中的公法学家并没有“国际”的限定语，在国际法史中，许多知名的国际法学家同时也是国内法意义上的知名公法学家，例如格劳

[36] 参见黄卉：《论法学通说》，载《北大法律评论》第12卷第2辑，北京大学出版社2011年版，第334—335页。

[37] Article 38, paragraph 4, of the Statute of the International Court of Justice: subject to the provisions of Article 59, judicial decisions and the teachings of the most highly qualified publicists of the various nations, as subsidiary means for the determination of rules of law.

秀斯和凯尔森。[38] 但事实上，中国的大多数公法学家在国内法和国际法上分野明显，研究领域互不交叉。除了实证的法律解释研究，中国的国际法学说更多地受到了社科法学中现实因素的影响，这在某种程度上削弱了国际法应有的学科性和体系性。因此，第 4 款意义上的公法学家之学说更多地由西方学者塑造。

涉外法治话语的形式化和程序化困境不利于沿着《规约》第 38 条的路径建构中国特色的国际法教义学。国际司法判例在国际法教学和研究中被忽视，不但使国际法知识体系缺乏专业性和实证性，而且无益于中国培养的国际法治人才有效地参与国际司法实践，内在的中国智慧难以通过外在的、普遍接受的法治话语予以表达。精通国内法和国际法之公法学家的缺乏和国际公法的边缘化，对外削弱了中国国际软法的建构能力和国际硬法的创设及解释能力，对内不利于通过国际法教义学来完善国际法学科的知识体系。《规约》第 38 条第 4 款的司法判例和公法学家之学说的开放性和软法特征，可以通过法教义学的解释和论证转化为法律话语，[39] 为社科法学和国际法教义学的互动提供可能性，人类命运共同体理念只有沿着这种路径才能导向国际法治的中国方案。国际法渊源于欧洲国家，国际法教义学也是在西方文明中孕育和发展的，西方法学界建构的国际法教义学造成了其对现代国际法的话语垄断和价值塑造。[40] 自近代国际法形成以来，许多国际法规则都由西方大国单

---

〔38〕 格劳秀斯的代表作《战争与和平法》在较大的篇幅上研究了国内法的物权问题。参见［荷］格劳秀斯：《战争与和平法》，［美］A. C. 坎贝尔英译，何勤华等译，上海人民出版社 2005 年版，第 38—88 页；凯尔森的“基础规范”有效地论证了一元论的国际法优先说及其体系逻辑的自洽性，但这种理论源自其国内法名著《法与国家的一般原理》。参见［奥］汉斯·凯尔森：《法与国家的一般理论》，沈宗灵译，中国大百科全书出版社 2003 年版，第 503—533 页。

〔39〕 宋旭光：《面对社科法学挑战的法教义学——西方经验与中国问题》，载《环球法律评论》2015 年第 6 期。

〔40〕 参见汤岩：《国际法教义学：方法界定、历史梳理和价值反思》，载《法律方法》（第 30 卷），研究出版社 2020 年版，第 327 页。

向输出，例如国际贸易中的关税制度。这不仅阻碍了中国国际话语权的构建，使人类命运共同体理念的主体性建构作用和价值引导作用难以发挥，也使得其他非西方国家的价值理念被边缘化。国际法教义学的形式化加剧了中国国际法研究和国际法治人才培养困境，这进一步阻碍了中国有效推动国际法治和参与全球治理。作为国内法治和国际法治间的桥梁纽带，涉外法治不仅旨在推进国家治理体系和治理能力现代化，[41] 更应结合国际法的双重法理促进国内法治和国际法治的良性互动，进而消解国际法教义学的形式化困境，建构起具有中国特色的国际法教义学体系。

四、国际法的概念界定与国际法教义学的体系建构

面对百年未有之大变局，中国应积极参与全球治理、体现负责任的大国担当，这要求中国在加强自身国际影响力的同时，又要避免“中国威胁论”。为此，国际法教义学的知识体系建构和国际法治人才的培养，是中国在全球治理中实现大国政治和国际政治互动的前提。构建国际法教义学是将法教义学的知识论运用到国际法学科的体系建构中，使得国际法和国内法在理论逻辑和社会实践中得以互动，从而为国际社会提供一套边界相对清晰、逻辑较为严谨的国际法规范体系。确定国际法的概念以及与国内法的关系，可以增强国际法治的话语权，有利于明确建构国际法教义学的理论坐标。而大国政治和国际法治的互动、国内法和国际法的互动，一定程度上缓解了国际法教义学体系的碎片化和形式化困境，有利于国际法教义学的系统建构。

（一）国际法的内涵与外延

国际法教义学的体系性依赖于国际法概念内涵和外延之间的科

---

〔41〕 参见黄惠康：《统筹推进国内法治和涉外法治》，载《学习时报》2021 年 1 月 27 日，第 2 版。

学互动关系。在哲学逻辑上，内涵是人类大脑内部反思客观世界的理性归纳或抽象化，它在主观上可进一步阐释界定对象的主要特征；外延更多地是人类大脑所感知的外部世界之客观存在，它在实践上可进一步对应于现实中界定对象的基本分类；而经验的主观性和实践性之双重属性则促进了内涵与外延的历时和共时互动。在任何二级学科中，概念内涵和外延的互动关系必然要求其法教义学由理论的法理和实践的法律体系两大要素构成。就国际法而言，其教义学应由国际法基础理论和法律渊源意义下的各种具体法律制度或部门法构成，这两者之间应体现理论和实践以及国际法内涵和外延的互动关系，同时也应符合归纳和演绎互动的科学论证逻辑。

国际法的词源可追溯到古罗马的“万民法”，经英国法学家边沁改用“国际法”后一直沿用至今。各国学者对国际法的定义各有侧重，但其内涵主要有以下三个方面：一是以主权国家为主要主体；二是以国际关系为调整对象；三是由有约束力的各种原则、规则和制度组成。〔42〕国际法的产生和发展，都有其特定的社会基础。〔43〕对国际法基本特征和主要外延的深入理解，必须以国际法的历史发展为基础。国际法的演进和发展大致可以分为三个时期：古代及中世纪国际习惯和原始规则的出现构成了国际法的萌芽；民族国家体系和近代国际社会的形成，特别是《威斯特伐利亚和约》的缔结，标志着近代国际法的形成；历经两次世界大战以及国际联盟和联合国的相继成立，现代国际法得以形成和不断发展。经济全球化使和平与发展成为国际社会的主流，维护国际和平与安全成为国际法的基本价值。全球化的复合相互依赖促进了国际关系的民主化，大国政治与国际法治在全球治理中的互动为国际法教义学的建

〔42〕参见曾令良：《国际法》（第3版），武汉大学出版社2011年版，第3页；王铁崖：《国际法引论》，北京大学出版社1998年版，第17—25页。

〔43〕参见梁西：《国际法的社会基础与法律性质》，载《武汉大学学报（社会科学版）》1992年第4期。

构奠定了双重的法理基础。

国际法的主要内涵决定了其本质属性和基本特征。国际法的本质属性可以归结为国际法是法，但它是一种特殊的法，即国内法语境下的弱法。[44] 任何法律的发展史实质上都是其法律主体的发展史，国际法内涵所揭示的主体性特征深刻地影响了国际法的本体论、价值论和运行论特征。主权国家是国际关系和国际法的天赋主体，它曾经是唯一的主体，尽管后来出现了派生性主体国际组织和特定情况下的个人主体，主权国家仍然是国际法的首要主体。国家主权的权力和权利属性决定了国际社会的平权结构,[45] 国家主权原则也成为国际法大厦的支柱。国际法概念内涵所界定的主体属性决定了国际法的基本特征，其中主要包括国际造法的分散性、法律实施的补充性和间接性以及法律本体的碎片化。由于国际法在基础理论上难以准确界定其外延，在立法和司法维度下，国际社会不存在国际宪法，国际法的外延在司法实践中体现为《规约》第 38 条所确立的渊源体系。概念是社会科学研究领域的“圈地运动”,[46] 法教义学在形式逻辑上的建构依赖于各部门法中金字塔式的基本范畴所形成的概念法学，其中的“基础范畴”为部门法学，例如国际法学和宪法学。在这些种属概念之下，法教义学建构了不同层次的

---

〔44〕 See Robert Jennings and Arthur Watts (eds.), *Oppenheim's International Law*, Vol. 1, 9th ed., Longman, 1996, pp. 8-11.

〔45〕 国家主权自始就享有对内与对外的特性。对内属性即在其领土范围内对国民而言是最高权力，对外属性即独立者之间是平等的，平等者之间无管辖权。参见江河：《国家主权的双重属性和大国海权的强化》，载《政法论坛》2017 年第 1 期。

〔46〕 概念所反映的事物的特有属性是概念的内涵，具有概念所反映的特有属性的事物为概念的外延，概念的内涵与外延存在着对应和互动的关系。内涵的界定依赖于人脑的认识水平，即归纳和抽象能力，而外延与人类不断拓展的可以感知的客观事物相一致。在这种认识论的主客体关系中，外延和内涵处于不断完善的互动之中，两者共同组成概念的纵横坐标。因此，在哲学的语境下，概念体现了理论和实践的辩证关系。在社会科学领域，任何主题词相关的学术研究都奠基于前人相关的权威概念，此类概念的引用是后续所有研究逻辑建构的前提，而引用率便决定了学者在该领域的知名度和学术资本。在这种意义下，基本范畴的概念界定实质上是学术界的“圈地运动”。

具有相对意义的基础理论和具体法律制度。因此，国际法的概念是构建国际法教义学的逻辑起点。在内容构成上，概念的内涵为基础理论的发展确立了认识论的前提，而概念的外延则对应着国际法的现实渊源，即具体的法律本体。国际法主体及其社会性的历史演进决定了国际法的开放性，它沿着社科法学的路径促进了国际法基础理论的完善，并为国际法规则的体系建构和规范分析奠定了民主性和合法性基础。

国际法概念所揭示的基本特征使国际法本体的开放性和封闭性及其辩证关系成为国际法基础理论的核心内容，开放性渊源于主权国家之间的无政府状态；封闭性既是国际法专业性的体现，也是国际法学科的体系性要求。沿着这种逻辑，唯有公法主体在其法定行为能力上贯穿了国际社会和国内社会的双重法律关系，私法主体都是经过民主程序来间接通过公法实现其涉外权益。因此，三国法的划分实质上使国内法和国际法相互渗透，难以界定国际法的内在学科体系。除了与公法相关的规范以外，国际私法和国际经济法的所有规范实质上都是国内法中民商事法律规范的对外延伸，或者是其调整对象为具有涉外因素的法律关系，这种外延的界定有利于明确三国法的划分逻辑，构建更为科学合理的国际法教义学。

（二）大国政治和国际法治的互动与国际法教义学建构的社会基础

国际政治学和国际法学等社会科学的共同客体为社会关系，两者的发展及其互动都以一定的社会基础为前提。第二次世界大战后，民族解放运动的兴起使许多发展中国家在政治上摆脱西方的殖民统治而获得独立。在国家主权原则的支配下，小国政治逐渐使大国政治的霸权倾向和强权政治受到国际关系民主化的制约，但是冷战的两极格局掩盖和抑制了大国政治与小国政治的外交博弈。在冷战结束后的全球化时代，西方的新自由主义及其推动的国际自由贸易塑造了国家之间的复合相互依赖，有效地维护了国际社会的消极和平和传统安全。全球化时代也是市场经济和国际组织的时代，市场经济是法治经济，国际组织是主权国家国际合作的制度化和常态化，两者使国际法治的趋势不可逆转。然而，单向度的全球化引起了气候变化、恐怖主义和发展问题等国际性挑战，这一方面在逆全球化浪潮中促使国际民粹主义兴起，大国政治和小国政治之间的外交博弈日益激烈，国际关系中的强权因素有所强化；另一方面，非传统安全造成的全球公共安全危机以及人类共同利益的形成迫使各国在多边合作中追求国际法治。在新的时代背景下，国际行为主体的多元化和行为客体的多样化使全球治理成为各国共同应对人类生存威胁的必然选择，而大国政治和国际法治则成为全球治理的两大要素，〔47〕两者的互动构成了国际法教义学建构的社会基础。

大国政治并非必然构成国际法治的对立面，它在国际关系中通常体现为霸权主义和大国均衡两种实践倾向。与大国政治相对应，小国政治在外交中往往追求国际法治，或者与大国结盟“搭便车”。在一定的历史时期，均衡性的大国政治和小国政治结合会导向国际法治。同时，霸权之外的大国和小国地位在国际关系中是动态交替的。〔48〕因为人类文明的进步和国内法治的对外辐射，使国际法治成为不可逆转的发展趋势。就法律体系的演变而言，国内法和国际法的发展史都是其天赋主体之法律地位的发展过程，尽管自然人都是天赋的法律主体，但是其法治目标下的天赋权利是通过“主权者的命令”来实现的。在寡头政治、精英政治到公民政治的历史发展路径下，国内法语境的立法者或主权者显然在逐步向天赋主体之大多数代表转变。在国际法语境下，国家是天赋的法律人格者，同

---

〔47〕 江河：《从大国政治到国际法治：以国际软法为视角》，载《政法论坛》2020年第1期。

〔48〕 See Arthur Watts, The International Rule of Law, 36 *German Yearbook of International Law* (1993), pp. 15–45.

理，实证国际法将经历霸权政治、均衡性的大国政治以及大多数国家意志协调的历史演变。因此，小国政治和大国均衡必然使大国政治最终促进国际法治。此外，现代政治和国际法的基本主体都是民族国家，民族的内涵[49]使大国外交体现了其文化传统和国民性，从而使不同国家的大国政治具有不同的意识形态、外交理念和法理内涵。

全球治理通过主体论为国际法的发展提供了社会基础和政治动力。相对于国际法治而言，尽管全球治理在某种意义上是向实证主义和大国政治的回归，但是其行为主体的多元化给大国政治带来了社会和民主压力。同时，法律调整和社会治理的对象都是抽象的客体，即社会关系，作为社会网络上的结点，主体的多元化和社会分工的精细化必将共同导致全球治理和国际法治客体的复杂化。人天生是政治而不是法律的动物，在国家前的国内社会和无政府的国际社会中，政治对法律具有先导性，或者说法律的主体是对政治的主体开放的。在这种语境下，全球治理主体的多元化将在某种意义上为国际法治创造历史条件，尽管国际社会在特定的情况下有向“自然状态”倒退的倾向。在 20 世纪早期沿着土耳其的文化和地理特征，国际法的主体从基督教国家拓展到非基督教国家，从欧洲国家发展到亚洲国家；两次世界大战和国际社会的组织化使国际组织发展为国际法的主体；在 21 世纪，全球治理则使所有的跨国行为体参与了国际政治，这将为国际法奠定民主的社会基础。此外，非政府组织的兴起、人类共同利益的形成以及全球公共安全危机的威胁，也为人类主体性的协调与整合提供了现实动力。

（三）从消极和平到积极和平与国际法教义学的价值规范功能

尽管法教义学以司法为出发点，但是它在内容构成上包括实证

〔49〕 经典的民族四要素理论认为，民族须具有共同地域、共同经济生活、共同语言和共同文化。参见欧潮泉：《基础民族学》，民族出版社 2007 年版，第 267—273 页。

的规则体系、规则的规范性解释以及基本价值和一般原则所支配的法学基础理论。对于国内法学而言，归纳和演绎推理实现了法理学和部门法或法教义学总论和分论之间的逻辑自洽性。在国际社会，因缺乏等级体系的立法机构和普遍管辖的司法机构，国际法在本体上的碎片化造成了基础理论和部门法之间的逻辑断裂。换言之，国际法只存在外在的法哲学，而无内在的法理学。价值是主体对于客体主观需求的体现，因此在主客体关系的视域下，法律的价值论是主体论的延伸。国际法哲学使国际法的主体向国际关系的主体开放，使国际法的价值体系及其优先性不同于国内法。沿着社科法学和社会契约论的进路，国际法价值的逻辑起点为国际和平与安全，而不是民族国家之同质文化下的社会正义。然而，类似于国内法的价值演变，避免"所有国家对所有国家之战争"的自然状态首先成为国际法最重要的价值，这在《联合国宪章》（以下简称《宪章》）第1条第1款中得到充分的体现，它为联合国及其会员国确立了首要宗旨。国际法教义学中的主体论和价值论及其两者所支配的本体论和运行论决定了国际法基础理论的开放性，这种开放性与国际法本体的碎片化和国际司法机构的多样化相呼应，而法哲学视域下国际法价值的规范功能在这种映射关系中促进了国际法教义学内部总论和分论之间的原始互动。

联合国的集体安全制度和西方新自由主义为经济全球化编织的复合相互依赖，都有效地预防和制止了大规模战争，整体上保障了国际社会的和平与安全。然而，西方主导的全球化是单向度的经济全球化，它沿着"中心—外围"理论使大多数发展中国家在国际经济秩序中日益边缘化,[50] 这种现状在政治上与支配国际法的国家主权平等原则相违背，西方政治制度和意识形态的强制性输出也与多元的世界文化格格不入。因为资本主义的逐利本性，西方主导的经济全球化导致了全球气候变化和海洋环境污染等全球公地悲剧，跨国经济活动的负外部性难以得到国际法的有效规制。在这种背景下，国际法维护的只是国家间无战争的消极和平，但相对于传统安全而言，单向度全球化及其发展问题导致的非传统安全却威胁到人类的共同生存。非传统安全问题在本质上根源于消极和平或国际秩序的非正义性。从消极和平到积极和平，从传统安全到普遍安全，体现了国际秩序沿着安全内涵的历史拓展从经济强制和形式平等发展到经济互利和实质平等的规律。因此，以单向度的全球化到多向度互动的全球化为历史脉络，揭示国际法价值从形式正义到实质正义的演进趋势，并以此来建构国际法的规则体系以及通过法律解释来实现其规范功能，是国际法教义学内在的互动性和体系性得以增强的基础。

《宪章》是国际社会最重要的造法性公约，具有类似于国内宪法的政治性和主导性，《宪章》第 1 条为联合国及其会员国规定的三大实质性宗旨，不仅共时地揭示了国际法的基本价值及其优先性，而且也预示了国际法价值从消极和平向积极和平迈进的历史路径。其第 1 款集体安全制度下的国际和平与安全、第 2 款国家间的友好平等关系以及第 3 款国际人权视域下的个人平等，静态地说明了国际法的首要价值是国际和平与安全，而不是以国家实质平等为保障的体现社会正义的自然人之平等，这 3 款的排序实质上体现了

---

〔50〕 中心—外围理论（Core and Periphery Theory）由阿根廷经济学家劳尔·普雷比施提出。该理论认为，依据工业革命后资本主义世界经济体系的国际分工，占统治地位的发达国家占据“中心”地位，而发展中国家则居于“外围”，两者在经济结构上的巨大差异是构成它们之间经济不平等的主要因素。See Raúl Prebisch, “Commercial Policy in the Underdeveloped Countries”, 2 (2) *American Economic Review* (1959), pp. 251-273.

不同国际法价值之间的优先性。同时，第 1 款的宗旨决定了整个《宪章》的内在结构和联合国主要机构之间的权力从属关系，安理会无疑在联合国体系中特别是在维护国际和平与安全领域中发挥了绝对的主导作用。在动态的历时角度下，《宪章》第 1 条前三款依次预示了国际法价值未来发展的方向，即从消极和平到国家之间的实质平等和自然人之间的平等正义，而后者实质上意味着积极和平与普遍安全，即儒家文化的和谐状态。单向度的全球化使 WTO 游离于联合国的专门机构之外，非歧视待遇原则所保护的“相同和类似商品之间的平等”既有违《宪章》第 1 条所预示的国际法价值的历史进路，也与其内部旨在解决发展问题的普惠制相冲突，这实质上是导致 WTO 上诉机构瘫痪的深层原因之一。因此，《宪章》第 1 条为国际法教义学之基础理论在法律价值上的规范功能提供了共时的解释逻辑和历时的建构功能，同时，这也与《宪章》的造法性、主导性和政治性相适应。

五、结论

儒家文化的和谐价值观和中国人民的国民性决定了中国的和平崛起，和平共处五项原则是其在外交上的实践。在人类命运共同体理念的指导下，中国提出的新安全观和“一带一路”倡议促成了和平与发展的良性互动。随着人类文明的进步和全球化的深入发展，公平合理的国际经济新秩序以及积极和平与普遍安全必将成为国际社会的共同利益和发展目标，国际法治代表着人类社会发展的必然方向。中国负责任的大国政治与以发展中国家为核心的小国政治的良性互动有利于利益共同体、安全共同体和责任共同体的形成。以此为时代背景，中国应推动大国政治与国际法治互动，积极践行“人类命运共同体”理念，为国际法治贡献中国智慧，从而为建构中国特色的国际法教义学提供价值观和法理基础。从消极和平到积极和平，从传统安全到普遍安全，从形式平等到实质平等，体现了国际安全价值的正义化趋势。在和平共处五项原则的基础上，作为负责任大国，中国提出的人类命运共同体理念及“一带一路”倡议，推动了各国在经济上互利共赢、在政治上倡导多边主义和国际合作、在文化上崇尚相互包容和民心相通，从而使全球化实现了经济、政治和文化等多向度的互动。因此，儒家文化的和谐观通过实证法的秩序与自然法的正义的互动有效地促进国际法安全价值的时代变革，它有利于沿着《宪章》第 1 条三大实质宗旨的动态发展逻辑实现国际法教义学的价值规范功能。人类命运共同体的主体性及其实质正义的外交实践有利于避免涉外法治话语的形式化和程序化困境，从而构建理论意义上的国际法学体系和实践意义上的国际法渊源体系，这两大体系的互动体现了国际法治的中国智慧、中国方案和中国表达。

域外法音

国际法学教育的批判性方法：来自非洲的观察*

[南非] 巴巴通德·法戈巴易博**著　严沁雪***译

非洲的国际法研究，尤其是当它转化为教学法的时候，仍然固守着欧洲中心主义的世界观。非洲大陆的许多大学仍然使用以欧洲中心主义的准则和理念作为国际法理论与实践核心的教科书和教辅材料，[1] 即使是非洲学者编写的教科书也并不一定能够取代这种模式。其结果便是非洲的教学大纲完全不具备批判性，以至于学习者所学习的国际法脱离了严酷的现实，既不符合他们所处的环境，也不能为他们存在的问题提供任何有意义的解决方案。虽然这种教学大纲将国际法视为一种解决全球性问题的中立机制，但是却很少甚至没有提及西方国家是如何通过持续性地操

---

* 本文原载《第三世界国际法方法评论》（*The Third World Approaches to International Law Review*，TWAILR）官网（https://twailr.com/a-critical-approach-to-international-legal-education-in-africa-some-pivotal-considerations/，2019-11-28）。感谢该刊编辑部与作者本人的慷慨授权翻译。

** 巴巴通德·法戈巴易博（Babatunde Fagbayibo），南非大学法学院国际法学教授。

*** 严沁雪，厦门大学法学院法律硕士研究生。

〔1〕 See e.g. Babatunde Fagbayibo, "Some Thoughts on Centring Pan-African Epistemic in the Teaching of Public International Law in African Universities", 21（2）*International Community Law Review* 170（2019）, pp. 179-182.

纵国际法以实现其狭隘的霸权目的的。

自20世纪60年代以来，非洲学者一直致力于打破国际法专属于欧洲文明社会性和规范性产物的“单一叙事”。尽管这些学者属于不同的思想和意识形态流派，[2] 但他们有着一个共同的理念，即强调多元化以及语境化的学科视角。他们有力地阐述了前殖民时期非洲的外交互动历史，或者强烈地批判了全球政治经济结构性失衡，以及来自北半球的霸权势力为了自身利益而继续扭曲国际法规则而采取的明显和（或）隐晦的行为。然而，这些努力大部分都是在非洲国际法教育环境之外进行的。因此，这篇反思性文章所讨论的核心方法问题便是：国际法学科内外的批判学者的学术研究应该如何影响非洲的国际法教学？

一、批判的必要性

如果一个教学大纲仅仅以欧洲中心主义的准则和理念作为单一视野，而忽视了非洲学生的社会文化、政治和经济现实，那便是错误的、脱离实际的且无法经受考验的。这种学科的孤立也会产生一系列更为具体且相互作用的负面效应。

首先，学科孤立使得非洲的学生无法了解到其先辈们对国际法实践所做出的贡献，也无法理解其先辈们行为背后的知识体系，无法察觉这些知识在当代社会文化、政治和经济互动的各种模式中的表现，更无法将这些知识与当前现实联系起来。除此之外，由于缺

---

〔2〕 詹姆斯·加蒂希（James Gathii）将非洲学者有效地分为贡献论者和批判传统主义者。贡献论者提供了前殖民时期非洲对国际性做出的贡献这一历史视角；而批判传统主义者则揭露了全球现实政治中的不平等结构关系，并呼吁对国际体系进行彻底改革。其中著名学者包括塔斯利姆·奥拉瓦勒·埃利亚斯（Taslim Olawale Elias）、詹姆斯·加蒂希、马考·瓦·穆图阿（Makau wa Mutua）、伊比朗克·奥杜莫苏·阿亚努（Ibironke Odumosu-Ayanu）、奥比奥拉·奥卡福（Obiora Okafor）和奥吉·乌莫祖里克（Oji Umozurike）。See James Thuo Gathii, “Africa”, in Bardo Fassbender and Anne Peters (eds.), *The Oxford Handbook of the History of International Law*, Oxford University Press, 2012, p. 407.

乏对诸如国际法第三世界方法（TWAIL）等批判性学术的接触，非洲学生也无法全面了解到全球政治经济的结构失衡是如何直接和间接地持续塑造着非洲在学科上的边缘地位的。例如，“五大国”在联合国行使的一票否决权，美国和欧洲分别领导世界银行和国际货币基金组织，援助和贷款的操作和运用，非洲的非法资金流动，以及对发展中国家事务的干预，这些都是需要在教学环境中进行研究和批判的事项。若完全忽略掉这些问题，学习者和他们的授课老师就会失去不可或缺的批判意识。保罗·弗雷尔（Paulo Freire）认为，具有批判意识的特点在于“对问题的阐释要具有深度，并且将偶然原则代入完美的解释；对自己的‘研究成果’进行检验以及虚心接受他人的指正（对自己成果的结果修正抱持一种开放式态度）；在看待问题时尽量保持客观，在分析问题时尽量避免先入为主的观念；不推诿责任，不被动；合理论证自己的观点；以及在实践中友好交流而非相互驳斥。与此同时，也不能只因为事物新奇便选择接受，不能因为事物陈旧而拒绝——而是要理智地在无论新旧的事物之中选择有价值的事物”。[3] 本质上，这种批判性意识为问题的评估提供了一个全面视角，是一种确定适当且切合实际的解决方案的手段。

其次，欧洲中心主义方法的延续强化了欧洲标准至高无上而非欧洲理念低人一等的观念。非洲的学生们被灌输了一种自卑情结，于是他们便对这种欧洲的优越感不断地进行思维反刍，并且无意识地接受了自己的文明和批判性作品无法为国际法做出贡献的观念，更不用说要破除将欧洲中心主义视同于一般准则的主张了。

最后，学科的孤立使得非洲的学生们要想成为变革者角色变得不切实际，而要成为变革的推动者也无能为力。因此，不加批判地以欧洲中心主义作为教学大纲，只会让非洲学生丧失其正面应对非

〔3〕 Paulo Freire, *Education for Critical Consciousness* (Continuum, 1998) 18.

洲大陆所面临的发展和理念挑战的能力。这是一种错误的教育行为，也不符合打破欧洲中心主义的目的。那么，要想解决这一问题，就需要非洲调整其国际法律教育的方向和视野。这种重新调整主要针对以下两个方面。其一，国际法学教育应被视为一个任重而道远的过程，除了向学生传授必要的知识，还要教授他们能够超出狭隘的理论范围进行质疑、挑战和思考，以便更好地理解知识并对其加以应用。其二，学生应该认识到继续将南半球置于全球体系边缘的行为和影响之间的联系，从而提高自身的能力而成为解决这些问题的重要角色。总而言之，批判性的方法是将学生和教师置于一个非等级化和多元化的国际法理解体系中，这样才更加有助于学生有效且高效地利用其所学知识造福于社会。

二、拯救非洲国际法教学方法的障碍

批判性教学方法的主要障碍之一是非洲国际法学教育的保守环境，然而这种障碍是殖民主义遗留下来的问题。[4] 因为一代又一代的学者接受了渗透着欧洲中心主义模式的法学教育，他们自己也成了传递和保存这些知识的渠道。由于保守的欧洲中心主义教育使得法学教育在一种学科孤立的情况下进行，因此学习者们很少能够接触到多学科的视角，于是便形成了一种虚假的非政治学科立场。[5]几十年来，这种情形已成为非洲大陆许多法学院根深蒂固的文化，他们很少甚至根本不去尝试接纳全新的声音以及（或者）接受为改变现状提供的真正的去殖民化框架。

除此之外，非洲对以欧洲为中心的学术研究评估和评价认知标准的承认，进一步证实了拉莫斯（Ramose）所说的“朝向北半球

〔4〕 See e. g. Fagbayibo (2019) 182.

〔5〕 See e. g. Muna Ndulo, "Legal Education in an Era of Globalisation and the Challenge of Development", 1 (1) *Journal of Comparative Law in Africa* 1 (2014), p. 17.

的凝视”（northbound gaze）。[6]非洲学者被制度化地要求在“主流的国际期刊”上发表文章，而这些期刊往往是位于北半球（Global North），如果他们希望自己的文章发表，就隐含着要契合欧洲中心主义准则的期望。即使在需要来自北半球机构的拨款和资金的情况下，驯服任何偏离表面上普遍的欧洲中心主义知识标准的批判性观点也往往是一种不成文的“智慧”。

最后，非洲的许多大学都处于长期缺乏研究和发展资金的状态。[7] 讲师工资过低，工作强度过大，几乎没有时间进行高质量的研究。因此，要想教师采取一种有意义的批判性方法来进行国际法教学，就必须采取具有持续性且审慎的政策方针，为批判性方法的研究和发展举措提供必要的教育资金。另外，资金不足还会影响到知识获取以及成果分享的平等机会。许多的学术成果（包括那些能够促进批判性学术的成果）通常发表于北半球出版的昂贵的期刊和书籍上。绕过这一限制的方法是鼓励在博客、在线期刊、在线研究库中公开发表批评性作品，并对在这些平台上发表的作品进行引证。这也应该包括在非洲大陆和整个南半球的有经验的和新兴的学者之间进行真正的、强有力的合作研究。除发表科研文章外，还应鼓励在现有的批判性作品的基础上进行进一步研究，并规划未来的发展道路。总之，这些免费的平台，比如学术界（Academia）、科研之门（ResearchGate）、非洲社会科学研究发展委员会（CODESRIA）以及比勒陀利亚大学法律出版社（PULP）等平台，都为书籍、文章和思想提供了能够被开放获取的出版选择，这无疑扩大了南半球学术研究的知名度和科研途径。

---

〔6〕 Mogobe Ramose, “‘African Renaissance’: A Northbound Gaze”, 19 (3) *Politeia* 47 (2000), pp. 47-61.

〔7〕 Fagbayibo (2019) 183.

三、以一些关键性的建议来替代结论

对于非洲的国际法学教育采取批判性方法作为前进道路的规划，本文将提供三个关键性建议。但在此之前必须强调，这些建议绝不是一成不变的。相反，它们的目的是为了促进南半球（特别是非洲）进一步的学术交流。

第一个建议是批判论者各方之间必须就前进的道路进行持续且有意义的交流，其中应包括国际法学院之间的交流、跨学科之间的交流以及学生之间的交流。

第一类交流是将国家和地区两级的国际法教师及其从业人员聚集在一起制定一个议程，规定如何确保查明批判焦点以及积极参与。该研讨可能会涉及法学院、专业机构、民间社会组织以及法律教师学术协会在国家、地区和洲际各级采取的多种举措。因此，要实现该目标就要重新调整非洲联盟国际法委员会（AUCIL）组织的“非洲大学国际法研讨会”的议程，将目前主流的欧洲中心主义国际法道路方针转向强调解殖民化道路的方针。当然，国际法第三世界方法（TWAIL）的学术成果以及其他批判论资料也属于这类研讨的主要内容。除此之外，非盟委员会还应鼓励在整个非洲大陆上建立国际法教师的国家和地区分会，作为查明影响其培训和教学议程的问题、观点的一种手段。与此同时，整个非洲大陆的法学院、教师和学生也可以分别建立联盟和协会，围绕这一重要学科持续分享知识和信息。迄今为止，两年一度的“非洲法律与社会”已召开了两次会议，这是一个用于辩论以及制定相关国际法批判性方法的重要互动平台。

第二类交流是与文学、社会学、历史学、人类学、哲学、伦理学、国际关系和政治等领域学者之间的交流。此种研讨会的理念是将国际法学与这些学科整合起来一起进行学术研究，比如前殖民地非洲国际性的历史、强调这类历史的社会因素、影响全球失衡的意识形态问题、女权主义方法和批评研究方法等问题，都是此类研讨的讨论焦点。这种交流也可以促进南半球学者之间的广泛互动以及扩展学术网络。

当然，第三种类型的交流至关重要，因为它将学习者置于教学设计的核心，并增强了他们未来研究成果的合法性和所有权。然而，这种交流是一个持续性的过程，教师和学习者都需要不断地检测、评估和改进教学方法。

第二个关键建议在于非洲国际法的研究和教学应该使用多方面的素材，包括文学、诗歌、音乐、电影、纪录片、手工艺品等素材，尤其是本土知识，这样一来，才能以历史和客观视角来探索国际法。[8] 诸如钦努阿·阿契贝（Chinua Achebe）、恩古齐·瓦·提安哥（Ngugi wa Thiong'o）、沃莱·索因卡（Wole Soyinka）、赛亚凡加·瓦奈纳（Binyavanga Wainaina）、奇玛曼达·恩戈齐·阿迪奇埃（Chimamanda Adichie）等作家的文学作品，都为棘手的全球问题提供了宝贵的细致描述。而费拉·阿尼库拉波·库提（Fela Anikulapo-Kuti）、鲍勃·马利（Bob Marley）和其他具有社会意识的音乐家的作品也是能够感知全球失衡的重要渠道，是了解国际法第三世界方法学者作品的重要途径。然而，这些教材的使用需要教师秉持着开放的态度和创新精神。例如，在教授人权、民主的宣传和保护以及联合国改革等国际法方面的知识时，学生可以先听相关的歌曲，阅读关于这个主题的批判性材料，然后讨论和（或）写一篇关于他们对这一评价的解释文章，特别是解释一下这一主题是如何与他们现存问题相关联的。这样一来，即使这些概念最初可能是技

［8］ Bhupinder Chimni, "Third World Approaches to International Law: A Manifesto", 8 (1) *International Community Law Review* 3 (2006), p. 22.

术性的，与学习国际法的非洲学生的现实情况相脱节的，但学生通过这种方法提高了他们与现实之间的相关性，便能够更加容易理解这些概念。

第三个建议便是要确保国际法中欧洲中心主义的认知框架被取代也是一种伦理上的进步。从这个意义上说，该课题的真正核心应该是解决全球权力矩阵中被边缘化群体以及没有发言权群体的问题，其中包括两性的平等和赋权、性少数群体（女同性恋、男同性恋、双性恋、跨性别、间性人等）群体平等、难民和境内流离失所者、将民族知识体系和实践纳入国际法实践的主流以及重要的扶贫战略等问题。因为忽视最弱势群体的痛苦，本质上就是用另一个看似反压迫实则同样压迫的制度来取代另一个压迫制度。而正是批判性的方法使我们有义务摆脱我们的盲点，在我们共同的世界上以人道和体贴的方式对待他人。

国际法的批判性教学：来自南亚的体认*

［印度］斯里尼瓦斯·伯拉**著　褚家玮***译

一、导言

在课堂上，对国际法采用批判视角，为教师提供了与学生在经济、政治、社会和历史层面讨论国际法及其适用的契机。采用批判视角有助于探索国际法的解放潜力和局限性。本文是为了解决开展国际法的批判性教学过程中可能遇到的某些挑战。本文也源自笔者过去九年在印度南亚大学讲授国际法的部分经验，而且笔者所教授的硕士研究生大都来自南亚地区。〔1〕也因此，本文特别关注“第三世界课堂”上的国际法的批判

---

* 本文原载《第三世界国际法方法评论》（*The Third World Approaches to International Law Review*, TWAILR）官网（https：//twailr. com/teaching - critical - international - law - reflections - from-the-periphery/, 2021-3-12）。感谢该刊编辑部与作者本人的慷慨授权翻译。

** 斯里尼瓦斯·伯拉（Srinivas Burra），印度新德里南亚大学（South Asian University）法律研究院助理教授。

*** 褚家玮，清华大学法学院2020级国际法学博士研究生。

〔1〕 南亚大学在某些方面是独一无二的，它是一所由八个南亚国家建立和资助的政府间大学，所招收的学生大都也来自于这些国家。

性教学。这里使用的“第三世界课堂”与“全球北营（Global North）课堂”相对，同时承认“第三世界”的课堂之间性质的差异。强调第三世界的地理位置是为了表示其特殊性，但不排除与其他地区存在某些相似之处。本文将首先简单介绍什么是国际法中的“主流”与“批判”；随后，将讨论国际法的批判性教学中一些重要问题，包括实证主义的虚假必然性，对批判的可分配性的争论，生活和认知经验，以及知识的地理；最后，将用简要的文字概括本文的结论。

二、主流与批判

确定“主流”的构成以及“批判”的潜在特征，对分析它们如何相互作用至关重要。因此，即使“准确阐明‘主流’的国际法理论的内容并不容易”，也有必要确定“主流”的基本构成原则。〔2〕国际法的主流理论通常认为，规则（rules）具有自愿、中立和自治的特征。规则的规范性（normativity）是规则具有法律约束力的成因。规则的规范性独立于经济、政治、社会、道德和历史等法外因素。〔3〕这些主流理论突出地反映了法律实证主义的观点。〔4〕实证主义占据了当代国际法的中心，也通常被称为国际法的主流理论。因此，人们很容易注意到“正如可提出证据加以证明的那样，实证主义是当今国际法主流理论的基础”，但同时“法律

〔2〕 Andrea Bianchi, *International Law Theories: An Inquiry into Different Ways of Thinking*, Oxford University Press, 2016, p. 21.

〔3〕 Ibid., pp. 26-27. Also see Bruno Simma and Andreas L. Paulus, “The Responsibility of Individuals for Human Rights Abuses in Internal Conflicts: A Positivist View”, 93 (2) *American Journal of International Law* (1999), p. 302.

〔4〕 See Joerg Kammerhofer, “International Legal Positivism”, in Anne Orford and Florian Hoffmann (eds.), The *Oxford Handbook of the Theory of International Law*, Oxford University Press, 2016, p. 407; Simma and Paulus (1999).

实证主义的不同传统或流派之间存在巨大差异”。[5] 按照笔者的观点，实证主义理论被理解为国际法的“主流”，指向自治和中立的规则体系，能够独立地应对社会现实，而不受其他领域的影响。[6]

本文论及的批判观点包括基于第三世界、阶级、性别、种族、宗教和其他地区特定身份（如种姓）的分析范畴及它们之间相互作用的方法。[7] 对国际法采用批判的立场预示着拆解国际法主流理论的神话，以及其主要特征（合意、中立和自治）的限制。

三、实证主义虚假的必然性

国际法学术文献通常将实证主义放在其他批判理论之前。例如，安德烈·比安奇（Andrea Bianchi）在他的“传统方法”这一章首先论述了实证主义理论。[8] 比安奇表示，“‘传统方法’这一章的撰写是经过深思熟虑的，因为大多数国际法之‘鱼’游于‘传统方法’之‘水’。”[9] 这一比喻点出了实证主义在国际法领域的重要角色。同时，比安奇警告说，“秩序（order）意味着没有任何排序或价值判断。”[10] 1999 年《美国国际法杂志》国际法方法论研讨会也将实证主义列为第一种方法，随后才是其他方法。该杂志的编辑解释说，这种排序是“根据我们最初的理解，按时间顺

---

〔5〕 Monica Garcia-Salmones Rovira, *The Project of Positivism in International Law*, Oxford University Press, 2013, p. 1.

〔6〕 相关的且可以说是重叠的想法是形式主义（formalism）。对于实证主义和形式主义的相关讨论，同注 4。

〔7〕 本次研讨会的论文征集提及以下批判视角：“第三世界国际法方法”、女权主义、交叉和批判种族研究、解构、马克思主义、原住民法律学术研究、非殖民主义、后殖民主义、新唯物主义和后人道主义。

〔8〕 Andrea Bianchi, *International Law Theories: An Inquiry into Different Ways of Thinking*, Oxford University Press, 2016, pp. 21-43.

〔9〕 Ibid., p. 14.

〔10〕 Ibid., p. 15.

序排列的（确定某种国际法研究方法的日期并不比确定习惯法形成的日期容易）”。[11]

值得注意的是，《牛津国际法理论手册》并没有沿着这一顺序编写。该《手册》的编辑在介绍中认可实证主义的重要性，同时指出“实证主义、自然法和现实主义是公认的、大的法学流派，但只是历史的碎片，以更复杂且不同的叙述方式为解答国际法是什么以及如何运作的问题，提供了起点和突破口”。[12] 这似乎成为编辑们的一种谨慎的解读，即实证主义不过是众多理论中的一个。尽管《手册》没有像其他文本那样把实证主义放在开头，但编辑们似乎也认可，当谈及实证主义公认的地位时，它仍然处于显要位置。

即使著者和编辑给出了不同的解释，但粗略地浏览一下国际法的学术文本，就可以发现实证主义在国际法中的重要地位。实证主义这一主流理论也将自身视为国际法理论的默认框架。实证主义将其视为一种必然，毫无理由地占据了中心位置。然而，从批判的角度讲授国际法，有必要揭穿这种虚假的必然性。“虚假的必然性”（false necessity）这一概念是由罗伯托·昂格尔（Roberto Unger）提出。[13] 之所以引用这一概念，是为了说明主流理论的不可或缺性是如何体现在法律之中的，并不是为了提出“虚假的偶然性”的对立面。[14] 笔者的目的是为了呈现能够说明主流理论中心地位的背

---

〔11〕 Steven R. Ratner and Anne Marie Slaughter, “Appraising the Methods of International Law: A Prospectus for Readers”, 93 (2) *American Journal of International law* 291 (1999), pp. 301-302.

〔12〕 Anne Orford and Florian Hoffmann, “Introduction: Theorizing International Law”, in Anne Orford and Florian Hoffmann (eds.), *The Oxford Handbook of the Theory of International Law*, Oxford University Press, 2016, p. 13.

〔13〕 关于虚假的必然性、虚假的偶然性和决定论的讨论，可以参考苏珊·马克斯的著作。See Susan Marks, “False Contingency”, 62 (1) *Current Legal Problems* (2009), pp. 1-21. 苏珊·马克斯还在《虚假的必然性》这部著作中讨论过罗伯托·昂格尔的作品。See Susan Marks, *False Necessity: Anti-Necessitarian Social Theory in the Service of Radical Democracy*, Verso, 1st edn., 2001.

〔14〕 Ibid.

景及偶然因素。需要指出的是，主流理论的中心地位不是必然的，而是取决于各种偶然因素，比如，自由市场经济、正式的民主选举和法治。此外，实证主义还发挥着意识形态作用，为现有的政治力量和经济力量服务，决定和主宰国际法和国际关系中的统治结构。这种意识形态作用的发挥是在规则自治及伸张正义的幌子下成功进行的，并没有法外因素的考量。国际性司法机构也支持这一论断。因此，在课堂上，国际法的批判性教学必须厘清当代国际法的特征。这是一项困难但并非不可能完成的任务。

笔者的个人经验表明，在国际法教学中进行历史或系统分析时，实证主义虚假的必然性就会暴露出来。对国际法在殖民主义中的构成角色（constitutive role）的历史分析受到了学生们的欢迎。在“第三世界课堂”上，这相对容易些，因为学生们可以与他们本国的殖民历史联系起来。同样，对霸权国际法和组织的系统分析，可以通过论证联合国安全理事会成员的不均衡而被突出强调。然而，在具体背景下审查国际法规则的运作时，如同意国际条约义务的必要性、主权平等和集体安全，实证主义具有直觉上的合理性。换言之，实证主义的缺陷在历史分析和系统分析之中会暴露无遗，但在具体规则的运作中便会显现出它的力量。因此，在教学中，嵌入历史分析和系统分析将有可能揭露实证主义虚假的必然性。

四、批判的可分配性

与主流理论虚假的必然性密切相关的是批判的可分配性。当我们提及对国际法的批判视角或批判参与时，通常被视为对国际法的一种“不同思维方式”。〔15〕虽然这些理论表现为不同的框架，但传

---

〔15〕该词借鉴于上述安德烈·比安奇著作的书名。See Andrea Bianchi, *International Law Theories: An Inquiry into Different Ways of Thinking*, Oxford University Press, 2016.

达了一个隐含的意思，即批判理论通常被视为主流思想的替代物。主流理论被放在一个基座上。表面上，特别是从学生的角度来看，学习主流理论是一个学术目标，也是保持学科相关性的一种方法。批判法学派的国际法律人似乎也意识到了这一现实。[16] 讲授批判观点的教学过程常常被视为一种不同的学术观点的表达，主流理论总是占据核心位置。因此，我们始终有必要让主流理论偏离正轨。

持有批判理论的老师可能愿意承担这种偏离中心的任务，但仅仅将主流理论与不同的批判理论等同起来，并且认为这均是众多学术观点中的一个，是不会成功完成这项任务的。这需要分两个阶段进行。在第一阶段，应该进行战术性的教学干预，主张学术界各种理论观点的对等。此种干预应该着重强调，包括主流理论在内的所有理论方法是平等的且具有认识论上的有效性。战术性的教学干预还应当克服批准教学大纲和阅读材料的学术官僚主义的阻碍，以谋求学术空间。[17]

在第二阶段，批判性干预应当承认主流理论在国际法中的中心地位这一事实。这包括承认主流理论的中心地位，并强调其对特定全球秩序的依赖。换言之，在降低主流理论的地位之前，有必要接受主流理论的中心地位。这要求进一步研究将主流理论置于中心地位的各种因素。比如，着眼于个人价值和自由的自由市场经济，掩盖了结构性的不平等，实质性参与治理的正式的民主选举并未发生；第二次世界大战后，基于人权和主权平等理念的国际法的渐进式叙事，掩盖了殖民国际法的暴力历史。

上述不言而喻的假设也有助于打破规则自治的神话，而这正是

---

〔16〕 See Antony Anghie, “Critical Pedagogy Symposium: Critical Thinking and Teaching as Common Sense—Random Reflections”, *Opinio Juris* (31 August 2020), http://opiniojuris.org/2020/08/31/critical-pedagogy-symposium-critical-thinking-and-teaching-as-common-sense-random-reflections/ (accessed 30 October 2020).

〔17〕 在印度一些大学，教师准备的教学大纲需要得到由外部专家参与的机构的批准。

主流理论的支柱之一。作为教师，我们需要承认主流理论对国际法的基本范畴保持着复杂的理论垄断，如国家地位、主权、使用武力和国家责任。批判理论需要发展一个全面的概念装置，重新构建国家、自卫、主权平等概念的内涵。目前，主流理论主导地位的替代方案大多处于研究进展阶段，其中大部分是批判观点。[18] 根据笔者的经验，将批判理论作为抽象意义上的方法用于教学要比结合国际法的具体原则和规则开展教学更有说服力。

五、生活和认知经验

"全球南营"（Global South）的教学和研究拥有许多批判性的敏锐观察。[19] 这些观察恰如其分地指出了"第三世界"资源有限和信息获取受阻的结构性挑战。此外，主流理论框架总体上主导着国际法的教学和研究。"第三世界"的学术机构也不例外。然而，在某些问题上，将学生和所教内容之间建立关系，讲授批判理论可能会更加容易一些。毕竟，一些批判理论的实质与学生自身的生活经历直接相关。将"第三世界""殖民主义""阶级""种族""第三世界女权主义"等批判性分析类别与"全球南营"的历史以及如今的现实联系起来加以概念化，这似乎是可能的。因为"在第三世界，更确切地说（或根据经验讲），人们对国际法加剧不平等的

〔18〕 B. S. 奇姆尼教授试图从马克思主义理论出发，提供一些法律概念的替代表述。B. S. Chimni, "An Outline of a Marxist Course on Public International Law", 17 (1) *Leiden Journal of International Law* 1 (2004). 蒂娜·祖瓦拉（Ntina Tzouvala）从"第三世界国际法方法"的视角，反思"不能够或不愿意"的学说和挑战。Ntina Tzouvala, "TWAIL and the 'Unwilling or Unable' Doctrine: Continuities and Ruptures", 109 *AJIL Unbound* 266 (2015).

〔19〕 For example see B. S. Chimni, "Teaching, Research and Promotion of International Law in India: Past, Present and Future", 5 *Singapore Journal of International & Comparative Law* 368 (2001); B. S. Chimni, "Teaching and Research of International Law in Asia: Some Reflections on the Way Forward", https://cil.nus.edu.sg/wp-content/uploads/2018/07/CHIMNI-TEACHING-AND-RESEARCH-OF-INTERNATIONAL-LAW-IN-ASIA-23-MAY-2018.pdf (accessed 17 May 2020).

全球权力关系的作用非常敏感"。[20] 然而，学生与批判性知识系统之间的这种经验联系，可能并不一直导致批判理论凌驾于实证主义之上。

学习不是在真空中进行的，这是发生在已知和研究未知之间的一种交互过程。因此，学习和忘却总以复杂的方式发生。在这个复杂的过程中，学生获得知识的优先事项主导着他们对国际法的认知。如上文所述，主流理论认为其自身主导着全球国际法学界。在国际法学习过程中，正因为主流理论的核心地位，学生（甚至被迫）倾向于获得主流理论的专门知识，这样才会使得他们与本学科保持相关性；并且，该学科能与就业保有相关性。"第三世界"的国际法教师也有一种倾向，认为在批判政府"第三世界"的同时，某些改革措施会促使国际法对"第三世界"人民更为有利。[21] "第三世界课堂"经历了学生的生活经验和认知愿景之间的两分化。从个人经验来看，笔者不认为在生活经验和认知抱负之间保持有机的联系存在着更多裨益。在主流理论主导的领域，学生可能会走上不确定的职业道路。这种犹豫源于这样一个现实：一名非实证主义者很难在国际法领域成功立业。[22]

六、知识的地理

法律知识通常以普遍和中立的形式呈现。然而，除了其他因素之外，地理位置的特殊性在界定特定背景下的知识构成方面扮演着

---

〔20〕 Mohsen al Attar and Vernon Tava, "TWAIL Pedagogy - Legal Education for Emancipation", 15 (7) *The Palestine Yearbook of International Law* 7 (2009), pp. 8-9.

〔21〕 Chimni (2018), pp. 3-4.

〔22〕 Jan Klabbers, "Book Review, Antonio Cassese, Five Masters of International Law: Conversations with R-J Dupuy, E. Jimenez de Arechaga, R. Jennings, L. Henkin and O. Schachter. Oxford: Hart Publishing, 2011", 22 (4) *European Journal of International Law* 1175 (2011), p. 1176.

构成角色。这并不是说，同一组知识会在两个不同的地方产生互斥或矛盾。相反，我想强调的是，地理位置有可能促使作者对特定问题产生特定的观点。地理位置之于国际法而言，发挥着重要作用，这至少体现在两个方面，即知识在哪里产生，以及知识在哪里被接受。诸如“第一世界”与“第三世界”“全球北营”与“全球南营”这样的地缘政治类别的划分，是理解“全球”元类别内部动态的重要分析工具。类似的地理空间化也会影响知识生产过程中的偏见、偏好、认知和现实。

B. S. 奇姆尼（Chimni）认为，“作者的地理位置对如何接受和评价不同的国际法理论和世界秩序具有重要影响。”〔23〕所产生的知识被接收的位置会告诉我们那里的知识系统的性质，同时也将帮助我们理解知识的产生位置对其接收位置的影响。安西娅·罗伯茨（Anthea Roberts）详细地阐述了国际法如何在不同国家呈现出不同的版本。在讲授和学习国际法方面，“第三世界”国家似乎普遍沿用他们的前殖民者编写的图书资料。安西娅·罗伯茨指出，“教科书通常从核心国家流向半边缘和边缘国家，伴随着语言和前殖民路线。因此，边缘和半边缘国家的学生最终使用从他们的殖民者那里进口的书籍来学习国际法。”〔24〕正如罗伯茨所指出的那样，这意味着，“使用进口教科书的学生获得的其本国与国际法体系互动的信息比使用本土教科书的学生要少很多”。〔25〕

从国际法的批判视角看，这种情况似乎也没有太大不同。像“第三世界国际法方法”这样专门将“第三世界”理论化的学术研究，主要出自“全球北营”的学者之手，尽管其中一些学者之前扎

---

〔23〕 B. S. Chimni, *International Law and World Order: A Critique of Contemporary Approaches*, Cambridge University Press, 2nd edn., 2017, p. xi.

〔24〕 Anthea Roberts, *Is International Law International?* Oxford University Press, 2017, p. 152.

〔25〕 Ibid.

根在“全球南营”。虽然“第三世界国际法方法”受到 R. P. 阿南德（Anand）等个别学者的影响，但他们的方法论主要产生于“第一世界”的机构之中。正如詹姆斯·加蒂希（James Gathii）所观察到的那样：“‘第三世界国际法方法’干预了北美、欧洲和澳大利亚的知识生产。在过去的几年里，它已经开始进军‘第三世界’，尤其是亚洲，但在非洲和拉丁美洲的影响要小得多。”〔26〕例如，“第一世界”已经组织了几次“第三世界国际法方法”会议，最近才在埃及开罗（2015 年）和新加坡（2018 年）举办了两次会议。〔27〕总之，从事批判性学术研究的学者要么在“全球北营”接受过教育，要么在那里工作。因此，主流理论和批判理论的共同点是，两种流派的主导思想主要产生于“第一世界”，只存在少数例外。〔28〕

这种情况反映了知识生产的不均衡，但它不一定会对在“全球南营”开展的批判性教学造成挑战。不过，“全球北营”的批判性学术研究并没有对发展中国家所关心的问题给予充分的关注，比如，印度邦在区域一级的霸权作用，对克什米尔人民的权利和抱负的削减，种姓歧视，对低种姓妇女和第三世界女权主义的歧视，以及多数主义（majoritarianism）。批判性学术研究需要在克什米尔和巴勒斯坦、达利特人的生命问题和“黑人的命也是命”运动、达利特女权主义和黑人女权主义，以及拉姆詹玛布胡米/巴布里清真寺和圣索菲亚大教堂等问题之间建立联系。绘制此种联系，能够使批

〔26〕 James Thuo Gathii, “The Agenda of Third World Approaches to International Law (TWAIL)”, in Jeffrey Dunoff and Mark Pollack (eds.), *International Legal Theory, Foundations and Frontiers*, Cambridge University Press, 2019, https://ssrn.com/abstract=3304767 (accessed 17 May 2020).

〔27〕 Usha Natarajan, John Reynolds, Amar Bhatia & Sujith Xavier, “Introduction: TWAIL-on praxis and the intellectual”, 37 (11) *Third World Quarterly* 1946 (2016), pp. 1946-1947.

〔28〕 虽然笔者对“第三世界国际法方法”的学者在全球层面的背景信息了解得并不全面，但除了奇姆尼之外，笔者在南亚并没有找到更多这样的学者，比如，他们在“全球南营”接受教育或工作，并且在过去几十年中对批判性学术研究做出了实质性的贡献。

判性学术研究真正关注到“第三世界”的现实和斗争，也能够在“第三世界课堂”上成为更有机的存在。

安东尼·安吉（Antony Anghie）建议，为了解决欧洲中心主义问题，在特定国家或地区教学中，应当关注当地的历史及其与国际法的关系。〔29〕可以开展与国际法相关的，且针对不同地区的学术研究。分散的知识生产具有这样的潜能：能更好地暴露全球等级制度和压迫在当地的表现形式。需要指出的是，笔者在此处提及地理位置，主要是为了强调进行学术研究的物质条件的重要性。人们需要警惕对知识的地理盲目迷恋。

七、结论

总之，国际法的批判性教学面临若干挑战。因为实证主义在当代国际法中占据中心地位，批判理论总是被视为教学中可以省略的选项。除其他外，职业和出版机会主要围绕国际法的主流理论，这也是影响学生选择的不可抗拒的因素。主流理论的一个显著优势是其关于国家、主权和使用武力等国际法的重要构成要素的复杂的教义机制。这使得国际法自视为一个自给自足的解释性体系。即使批判理论保持了其复杂性，但它针对特定问题的反驳大多仍在行进之中。

知识生产及其被接受的地理位置对国际法的批判性教学也有着显著影响。虽然每一个理论观点都是某些社会进程的产物。然而，“实证主义的规范性适用于现代资本主义的条件和哲学基础”是有语境的。〔30〕相似地，“批判性的法律学术研究往往取决于时代的倾

〔29〕 Anghie (2020).

〔30〕 Rovira (2013), p. 1.

向”。[31] 这些结构性因素决定了学术研究和教学，课堂仍以有限的方式，并通过立竿见影的创造性干预为人类能动性提供相对的自主。我们可以利用这一相对空间来明确国际法需要批判性视角，并通过将理论创造性地融入“主流”的规则的规范性世界，克服一切困难，而得以实现。

〔31〕 B. S. Chimni, “The World of TWAIL: Introduction to the Special Issue”, 3 (1) *Trade Law & Development* 14 (2011), p. 15.

拉丁美洲国际法学教育之反思*

[哥伦比亚] 劳拉·贝坦库尔-雷斯特雷波**等著

辛超煌***译

成为一名学者，既需具备批判精神，也应具备责任意识。在绝大多数情况下，那些选择投身于学术研究和课堂教学的学者们都抱持这样一种信念：教育因其变革力量和解放能力而在社会中扮演着重要的角色。尽管如此，这一信念的背后却夹杂着疑惑与问题，而为教育和学术研究设立参数的市场需求，以及如何在日益复杂且严苛的环境中培养出具有竞争力的职业人员，则进一步加剧了此等疑惑与问题。

以下内容源自几名学者在“拉丁美洲国际法教育的反思”（*Repensando la Educación en Derecho*

---

* 本文原载《第三世界国际法方法评论》（*The Third World Approaches to International Law Review*，TWAILR）官网（https：//twailr. com/rethinking-international-legal-education-in-latin-america-reflections-toward-a-global-dialogue/，2019-8-30）。感谢该刊编辑部与作者本人的慷慨授权翻译。

** 劳拉·贝坦库尔-雷斯特雷波（Laura Betancur-Restrepo），哥伦比亚安第斯大学法学院副教授，《第三世界国际法方法评论》编委会成员。本文系以劳拉副教授为首的学术团队共同讨论的集体成果，其他成员包括保拉·安德里亚·阿科斯塔·阿尔瓦拉多（Paola Andrea Acosta Alvarado）、阿玛亚·阿尔维斯·马林（Amaya Álvez Marín）、法比亚·维索索（Fabia Veçoso）以及丹尼尔·里瓦斯-哈米雷斯（Daniel Rivas-Hamírez）。

*** 辛超煌，厦门大学法学院法律硕士研究生。

Internacional en América Latina, REDIAL）计划框架内的思考。促使我们产生兴趣的问题涉及拉丁美洲具体的学术环境，以及更为广泛的来自全球学术界的挑战。REDIAL 计划始于 2014 年，提出了诸如下列指导性的问题：当下拉丁美洲教授什么样的国际法？它是如何被教授的？其中是否具有共同的拉美元素？我们可以从哪些方面进行反思以改进区域化的教学实践？

我们的出发点之一是观察国际法在拉丁美洲学术界的认知、传播和接受方式。国际法在拉丁美洲是如何被确定和影响的？拉丁美洲被认为是一个传统知识创造中心的“边缘”地区，从这些中心出来的法律经常被认为是中立和独一无二的。此种看法重现并强化了以欧洲和美国为中心的国际法观念。当下，拉丁美洲地区的国际法教育和研究实践未能与其丰富的思想传统相结合。很遗憾，无论是与现代化理论相关的更为传统的拉丁美洲视角，还是依附理论和解殖民主义学派更具批判性的方法，今天都还游离于这个地区的国际法领域之外。[1] 在该区域内缺乏与具有全球影响力的拉美对现代性观念质疑的对话，凸显了拉丁美洲国际法实践的非语境化和非政治化的特点，似乎法律并不涉足社会改革或转型的计划之中。[2] 由此而言，法律所扮演的角色仍然缺位：作为促进和维持全球化模式的催化剂，服务于新自由主义的掠夺型经济（neoliberal extractive

〔1〕 关于近期拉丁美洲谱系学现代性研究的详尽分析，可参见 Sérgio Costa，“The Research on Modernity in Latin America：Lineages and Dilemmas”，*Current Sociology*（2018）.

〔2〕 值得一提的是，情况并非总是如此。在 1959 年至 1974 年间，拉丁美洲的法学家们于区域会议上讨论法律在该地区的政治转型计划中所扮演的角色。在这些论争中，国际法作为能够阐明拉丁美洲特有问题的知识领域，占据了一个值得关注的位置。参见 Fabia Veçoso，“História e Crítica em direito internacional na América Latina：revisitando discussões pretéritas sobre ensino jurídico na região”，39 *Revista Derecho del Estado* 91（2017）.

economy)，磨灭了拉美地区的个性与特质。[3]

REDIAL 计划是一个促进对话的网络和平台，我们在此分享作为“边缘”学者的经验。借助该平台，我们得以进行经验和项目的交流，与此同时，这也使拉丁美洲及南半球其他地区关于国际法教育的讨论得以衔接。

REDIAL 的初步努力是由其成员和其他同行的经验所推动，我们与他们在国家、区域和国际活动中分享空间，寻求建立联系点并拉近距离。REDIAL 也因其成员所写的文章而得到推动，这些文章扩展了与感兴趣的同行们的对话。[4] 下面我们特别提出一些初步的关注点和调查结论，即我们专注以下议题：其一，拉丁美洲国际法教学的认识论项目；其二，国际法培训面临的挑战；其三，拉丁美洲国际法教育和研究面临的障碍。

一、拉丁美洲国际法的认识性教学计划

对我们用以讲授的教学大纲的关注是至关重要的。为什么我们

---

〔3〕 关于玻利维亚和厄瓜多尔的榨取主义和近期国家转型经验的讨论，可参见 Roger Merino, “Reimagining the Nation-State: Indigenous Peoples and the Making of Plurinationalism in Latin America”, 31 (4) *Leiden Journal of International Law* 773 (2018); Roger Merino & Arelí Valencia, *Descolonizar el Derecho: Pueblos Indígenas, derechos humanos y Estado Plurinacional* (Palestra Editores, 2018).

〔4〕 Paola Andrea Acosta Alvarado, “REDIAL e Imperialismo y Derecho Internacional”, 39 *Revista Derecho del Estado* 3 (2017); Amaya Álvez Marín & Arnulf Becker Lorca, “Los pueblos originarios y la práctica del derecho internacional en Chile: nuevos horizontes ante el debilitamiento de los legados del autoritarismo”, 39 *Revista Derecho del Estado* 21 (2017); Laura Betancur Restrepo & Enrique Prieto-Ríos, “Educación del derecho internacional en Bogotá: un primer diagnóstico a partir de los programas de clase y su relación con las epistemologías del no conocimiento”, 39 *Revista Derecho del Estado* 53 (2017); Adriane Sanctis de Brito & Salem Hikmat Nasser, “Ensinar direito internacional no Brasil: panorama de una práctica e seus desafios”, 39 *Revista Derecho del Estado* 119 (2017); Veçoso (2017) 91; Jimena Sierra-Camgo, “La importancia de decolonizar la enseñanza del derecho internacional de los derechos humanos: el caso de la consulta previa en Colombia”, 39 *Revista Derecho del Estado* 137 (2017).

认为特定的主题和材料是既定的，而不是其他？哪些参考资料和问题我们要保留，哪些要排除？这些决定是否与我们的培训目标一致？我们试图在课堂上推广哪些做法？我们是捍卫某些内容——更新和补充它们——还是完全摒弃它们，取决于每个教师和机构所追求的语境和目标。我们并非追求提出一个理想的方案，或去评判某个教学方案的优劣。相反，我们认为问题的关键在于，教学大纲中的每一个组成部分均是根据上述元素有意识地作出的决定，从而使学生意识到存在着比传统上受到特殊优待的主流所暗示的更为复杂的全景。

作为国际法教学案例研究的一部分，在哥伦比亚波哥大的本科生培训期间进行的一项诊断工作发现，在与当地问题关系有限的情况下，存在着欧洲中心主义式的传统的教学倾向。[5] 这种倾向随着时间的推移，会造成学科盲点的产生。这些盲点限制了学生的批评潜力，使他们偏离了富有前景的道路。例如，这些盲点排除了理解国际法与殖民主义、帝国主义规划之间的起源和关系的可能性，并对继续为拉丁美洲精英的某些政治项目提供特权的国际法给予承认。换言之，拉丁美洲地区的国际法教学通常脱离了该地区存在的严重不平等的社会背景。

这不禁促使我们反思：我们试图教授什么样的国际法？国际法教育强调多元化视角的国际法教师与教学实践的重要性，希望借此拓宽学生们对国际法的认识。但是，这并不意味着它拒斥规范式教学或欧洲中心主义的立场。相反，这意味着质疑它们的认识论假定，将其与更具批判性的国际法方法、国际法第三世界方法（TWAIL）、原住民方法，以及注重性别、种族和阶级的视角进行比较和对话，并鼓励学生质疑关于国际法的设定。这意味着促进包括

〔5〕 关于哥伦比亚波哥大国际法教育的更为全面的分析，可参见 Betancur-Restrepo & Prieto-Ríos (2017).

地方、区域和其他“边缘”需求的讨论和阅读，推动多样化的学术参考，并强调维持学科盲点所具有的历史和政治意涵。

尽管如此，我们并非主张理论和方法论上的多元主义。此处的多元主义，意即所有观点都被平等地纳入其中，目的则是能够“自由”地选择最为合适的方法，仿佛学生和教师从超市的货架上挑选商品一般。〔6〕我们需要一种批判的态度。这种态度使我们能够探索国际法的不同观点，同时考虑到每个观点所带来的包容和排斥。在这种情况下，教授哪种国际法的问题要求教师有意识地自我反思政治，以及在决定纳入或排除某些主题或理论观点时必然做出的选择。我们提请注意这种选择，正是为了确保这种选择是有意识地做出的，并且是针对拉丁美洲的情况适当地做出的。

二、国际法培训面临的挑战

我们开展国际法教育的目的为何？法律教育工作者最为直观的答案通常是：“我们必须培养合格的法律人。”但是，我们所说的“合格的法律人”究竟指什么？无论是作为诉讼代理人、法律顾问，还是作为公职人员，只要知悉该学科的规则和用语以及如何在专业实践中使用它们，便可以被称为合格的法律人？这一目标是否与允许人们质疑现状并对国际法的传统用途提出替代方案的教育相符？一名合格的国际法律人在日常工作中是否知道如何在规范和政治之间游走？律师和法学家之间、法律技术员和法学思想家之间是否存在区别？当法科学生接触国际法时，将会有什么样的期待？我们的教学内容是否应当迎合学生的期待？

一名合格的法律人不仅应知道如何使用法律，还应了解不同法

〔6〕 Martti Koskenniemi，“Letter to the Editors of the Symposium”，93（2）*American Journal of International Law* 351（1999）.

律体系之间不同的意识形态功能，并能够将其问题化。这对于在拉丁美洲接受培训的国际法律人来说特别重要，因为他们不可避免地要与来自其他地方构建的所谓“普适法”（universal law）的意识形态功能和问题产生联系。迄今为止，拉美地区盛行的是一种貌似具有普遍性的欧洲国际法。这种国际法继续为某些人和项目提供特权，而牺牲了大多数拉丁美洲人的利益。这是一类有助于维持排斥和暴力的法律，即使面对原住民和非裔人、妇女和性少数群体运动（LGBTQI）有时采取的通过对国际法语言的批判性承诺来促进社会转型的战略行动，也同样如此。

因此，如果我们致力于培养优秀的法律人，我们就不能仅仅满足于为他们提供游戏规则的知识。我们必须给他们提供工具，使他们能够阐明法律体系的不同方法，以便他们能够质疑并参与这些规则的变革。我们研究的大多数项目都显示出一种复制知识的倾向，而不是理解其起源和质疑其结果。[7] 这些项目没有密切关注法律产生和应用的背景、它所追求的目标及其政治意涵。它们也没有为批判或变革的可能性提供很多空间。其优先考虑的是确保学生使用既定的“游戏规则”参与到这个体系中，而不是开发工具来批评或颠覆这个体系加剧不平等的运作方式。

三、教授国际法面临的障碍

长期以来，法律学者的作用通常体现于探讨法学作为科学的品质及“法学方法论”等诸如此类的问题。[8] 如果不反复审视这些论争，法律学者除了法律的体系化工作和知识复制之外，还有从事

〔7〕 Betancur-Restrepo & Prieto-Ríos (2017).

〔8〕 André Lipp Pinto Basto Lupi, “Contra los métodos en el Derecho Internacional: una crítica a partir de su contribución para la realización de la función social de la dogmática jurídica”, 3 *Anuario Colombiano de Derecho Internacional* 11 (2010).

哪些学术工作的可能性？格莱德·埃尔南德斯（Gleider Hernández）指出还有另一种看待学术动态的方法，即法学教授扮演一个积极的角色，去解释法律应当是什么，在此不仅包括法律的有效性面向，还应包括特定的正当性标准。[9] 这源自于对纯粹范式之不可能性的理解，[10] 并期待学术界和学者们在建立更好的法律制度和社会实践方面发挥其基本作用。就此而言，重点并非使学术工作受到过度的主观主义的约束。相反，它所强调的是关注不同的法律方法及其变革潜力。以此为出发点，我们可以将诸如学说、经验、理论和道德等维度纳入考量范围，以作为建设课程方案和研究计划的基础。

我们除了培养从事法律实践的律师之外，一部分学生本身也有成为学者的可能性。培训应当为那些有志于从事学术研究的人提供他们所需要的工具，以参与到一个日益复杂和要求苛刻的职业中。与此同时，此种教育方法也是当下我们眼中的那些优秀学者所笃定的。如果我们在发表学术作品时以大多数认证机构所依赖的官方标准为出发点，必须先做好这些作品要么出版要么灭亡的准备。不仅仅是出版，而是在由外在于它们自身环境的背景、语言和需求所决定的特定情况下出版。因此，无论是在我们的同行中创造对话机会和获得认同，还是影响公共政策，或者创造、改革或挑战法律规范，我们常常忽略了我们的受众和目的。我们不再专注于学术思想，而是致力于成为一名商人，这种趋势被描述为智识或认知上的知识榨取主义（extractivism）。[11] 我们努力让国外的大型出版商接

---

〔9〕 Gleider Hernández, "The Activist Academic in International Legal Scholarship", 2 (11) *ESIL Reflections* (2013).

〔10〕 意即国际法的理论方法保持绝对中立。Pablo Martín, *Los paradigmas del derecho internacional*, Universidad de Granada, 2009.

〔11〕 See Ramón Grosfoguel, "Del《extractivismo económico》al《extractivismo epistémico》y《extractivismo ontológico》: una forma destructiva de conocer, ser y estar en el mundo", 24 *Tabula Rasa* 123 (2016).

受我们的作品，并致力于出版他们感兴趣的问题，以取代我们自己的问题。我们使用别人创造的概念性语言，吸收和利用他们的分析。我们说他们的语言，而不是我们自己的语言；我们谈论他们的问题，而不是我们自己的问题；我们向他们的受众提供自己的学术，而不是我们自己的受众。所谓“我们的”，意即那些与拉丁美洲的法律体系以及塑造该体系的政治、经济、文化、社会背景有关的元素。

国际排名靠前的出版社主要以英语出版，但拉丁美洲人主要讲西班牙语、葡萄牙语和各种本土语言。国际法学者被迫用英语进行研究，而我们的听众却无法阅读，甚至无法获得这些研究，这是因为对出版物设置了经济障碍，并因该地区严重的不平等而加深。〔12〕鉴于此，我们是否应该教授我们的学生如何在这个世界上生存？我们是否应该赞成并复制这些标准？或者我们应该抵制这些标准——尽管涉及的成本很高，而且拉丁美洲的学术界经常处于不利的境地？

通过参与全球北方的学术网络，我们体验到边缘地区的认识论观点是如何被忽视或被强行边缘化，直至消失的。学术活动和出版物让我们参与到殖民化的工作中，而不是教育或反思，更不是颠覆。那么，我们要放弃这些交流空间，回到我们自己的街区吗？我们是否继续为我们在主导系统中的位置而奋斗，且试图以我们自己的方式参与其中并取得成就？从这些变量——出版物、学术网络和学术研讨会——的角度来衡量一名“优秀的”学者，提出了这样一个更为宏观的问题：我们不再从科学知识生产的角度思考，而是从市场的角度思考。

〔12〕 关于出版市场介入学术界的更为详尽的分析，参见 Paola Andrea Acosta Alvarado, Amaya Álvez Marín, Laura Betancur-Restrepo, Enrique Prieto-Ríos, Fabia Veçoso & Daniel Rivas-Ramírez, “Rethinking International Legal Education in Latin America: Exploring Some Obstacles of a Hegemonic Colonial Academic Model in Chile and Colombia”, 2019.

其中一些关切超出了学者个人的决策能力。一些机构政策限制了学者的学术自由，也限制了学者被其所处的认识论共同体评价和重视的方式。例如，对许多拉丁美洲国家来说，公共研究基金的授予取决于被引用的出版物。[13] 通过优先考虑全球北方的参数和机构，往往会失去对地方和区域问题——极端不平等、暴力、贫困、结构性歧视——采取批判性方法的机会。遵循学术市场的指令及其知识榨取主义，加剧了学术界与拉丁美洲语境之间的脱节。我们失去了以原创性和情景化的方式进行反思和理论研究的机会，而成为主流知识和知识生产场所的复制者。

由拉丁美洲的大学所提倡的社会与发展模式同样也是问题的一部分，它涉及知识生产模式的核心、科学知识的性质，以及它在社会生活中的地位。为了拥抱学术界和法律的变革力量，学者们必须了解他们对待国际法的方法或范式。最重要的是，他们必须继续以融贯和负责任的方式批判性地意识到各种方法或范式之间的相互作用。在 REDIAL 计划对《国际法第三世界方法评论》(TWAILR) 所做的第一份贡献中，我们并不是提供答案，而是分享我们的关切，并邀请不仅来自拉丁美洲的同事，还有可能与我们有同样关切的其他地区的同事，参与这个对话，重新思考我们理解、教授和实践国际法的方式，并确定我们从哪里开始前进。

〔13〕 关于2019年智利国家科学技术委员会（CONICYT）公共研究竞赛中法律学者的评价标准，参见 https：//www. conicyt. cl/fondecyt/grupos-de-estudios/ciencias-juridicas-ypoliticas/criterios-de-evaluacion-curricular-ncurso-regular-2019-ciencias-juridicas-y-politicas/，访问日期：2019年3月5日。

三类国际法方法的教学体验：来自美国的报告*

[美] 马克·法蒂·马苏德**著　黄　炎***译

本文回顾了笔者运用跨学科方法讲授国际法的历程。十多年来，笔者在美国和加拿大为本科生和法学专业学生讲授国际法，教学方法之核心是鼓励学生探索不同的理论方法和路径。

此类课程的基本问题是：国际法在多大程度上影响国家的行为和弱者的生活？例如，《联合国宪章》第2条第4款呼吁各国运用非武力方式解决争端，该条款是否真的能阻止各国相互入侵?〔1〕又如，人权项目对于难民生存有何助益?〔2〕上述问题需要综合教育、社会、经济、政治等种种因素进行考量。基于此，笔者选择的

---

* 本文原载《第三世界国际法方法评论》(*The Third World Approaches to International Law Review*, TWAILR) 官网 (https://twailr.com/teaching-three-canons-of-international-law/, 2021-03-12)。感谢该刊编辑部与作者本人的慷慨授权翻译。

** 马克·法蒂·马苏德 (Mark Fathi Massoud)，美国加利福尼亚大学圣克鲁兹分校政治学与法学研究教授。

*** 黄炎，法学博士，华东政法大学国际法学院讲师。

〔1〕 Joel Westra, *International Law and the Use of Armed Force: The UN Charter and the Major Powers*, Routledge, 2007.

〔2〕 Mark Fathi Massoud, "Do Victims of War Need International Law? Human Rights Education Programs in Authoritarian Sudan", 45 (1) *Law & Society Review* 12 (2011).

课程读物涵盖法律、政治、人类学、历史、经济学等多个学科以及社会法理论和批判理论。

迄今为止，笔者以跨学科方式向一千余名学生讲授国际法，目标是用知识赋予他们力量。笔者的教学生涯基本是在加州大学圣克鲁斯分校度过的，该校是美国政府设立的为少数族裔服务的教育机构，其校训为“信仰权威的方式是质疑权威”。著名社会活动家安吉拉·戴维斯曾在这里执教；50 年前，该校开设了世界上最早的女权研究机构之一；30 多年前，该校一位教授创造“同性恋理论”一词。[3] 还有很多像笔者这样的移民来到圣克鲁斯，成为家族中接受大学教育的第一代。

一直以来，笔者致力于引导学生发现：国际法领域并没有主导性的法则。各类理论方法均为国际法学习提供独特的视角，它们时而重叠，时而冲突。笔者将这些方法分为三类：形式主义、现实主义和批判主义。

一、走近国际法

笔者第一次接触国际法是在 21 世纪初，当时笔者还是一名法律系学生。十年后，笔者成为一名初登讲台的教师，翻阅读书时的课堂笔记使笔者意识到，曾经的老师将现实主义和理性选择理论置于首要位置，其局限性自然无法为学生所知。作为新教师，笔者认为自己应当做出改变。

理性选择理论植根于政治考量，意在寻求利益最大化，而不论

〔3〕 David M. Halperin, “The Normalization of Queer Theory”, 45 (2-4) *Journal of Homosexuality* 3393 (2003).

究竟何为利益。[4] 按照该理论，人之所以会对他人表达善意，是因为利他行为能够释放暖流。以此推及国际法——国家具有法律上的人格——将描绘出一幅严峻的国际关系图景：美国出于理性选择，只对有利于美国反恐、禁毒、贸易等政策的国家提供对外援助。借用入侵美罗斯岛的雅典将军那句古老的名言："强者无所不能，弱者无所不受。"[5]

笔者决定让学生们接触第三世界、女权主义等其他方法，希望他们能够从多元角度理解国际法。笔者在前文中归纳的三个类别——形式主义、现实主义和批判主义——是宽泛的、重叠的和非详尽的概念，其本身也存在瑕疵和争议，但这是一个起点，能让学生看到国际法领域中的不同观点。

笔者采用独立的方式教授上述三类方法，以帮助学生更好地理解和评估每种方法的优点，进而应用于真实事件和假想场景。例如，如何解释1997年《京都议定书》（38个工业化国家设定了温室气体排放限制）的失败和2015年《巴黎协定》（近200个国家作出减排承诺）背后的外交策略？

就教学方式而言，笔者从新闻报道中收集引文，要求学生进行线上和线下的辩论。例如，运用现实主义方法对于南苏丹事件发表看法，从女权主义角度看待叙利亚难民危机，从后殖民主义角度分析北约对利比亚的军事干预，等等。下面，笔者将进一步解释如何理解和讲授形式主义、现实主义和批判主义方法。

---

〔4〕 国际法中的理性选择理论或现实主义著述较为丰富，包括 Eric Posner and Jack Goldsmith, *The Limits of International Law*, Oxford University Press, 2005; and Andrew T. Guzman, *How International Law Works: A Rational Choice Theory*, Oxford University Press, 2008.

〔5〕 Thucydides, *History of the Peloponnesian War*, Book V, Chapter 17.

二、形式主义方法

形式主义方法主要关注正式的国际法律文书和国家的法律义务。法律专业学生掌握形式主义方法的目标是在实践中适用国际法规则。在此框架下，法律是一套狭义的制度、文本和解释规则，从而限制国家权力，保障国际法治。[6]

诸多政治和法律因素促使国家遵守国际法。正如路易斯·亨金所言："国家在绝大部分情形下是遵守国际法规则的。"[7] 国际法规则源于自然法（如伦理、规范及人类的基本理念）或实在法（如国际条约和习惯国际法），或二者之融合。[8] 当笔者告诉学生，国际法的主体是国家行为体（民族国家和政府间组织，如欧盟、阿拉伯联盟、联合国教科文组织、国际法院）时，就是在教授形式主义方法。该方法通常认定非国家行为体在规范性权威方面次于国家。非国家行为体通常是指拥有国籍和公民权的人，或者无国籍（无任何公民权）和流离失所的人，也包括全球和地方的非政府组织。

三、现实主义方法

现实主义方法侧重于权力。与形式主义方法一样，该方法也认

〔6〕 形式主义方法的著述一般包括权威的案例书、教科书，例如 Sean D. Murphy, *Principles of InternationalLaw*, West, 2018; Malcolm N. Shaw, *International Law*, Cambridge University Press, 2017; John P. Grant, *International Law Essentials*, Edinburgh University Press, 2010; Antonio Cassese, *International Law*, Oxford University Press, 2005; and Lori Fisler Damrosch, Louis Henkin, Oscar Schachter, and Hans Smit, *International Law: Cases and Materials*, West, 2001.

〔7〕 Louis Henkin, *How Nations Behave: Law and Foreign Policy*, Columbia University Press, 1979. See also Harold Hongju Koh, "Why Do Nations Obey International Law?", 106 *Yale Law Journal* 2599 (1996-1997).

〔8〕 Murphy (2018) 11-15.

为，国际法的存在主要是为了限制国家的行为，但其通常认为——有时直接主张——国家可以违反规则以实现利益。〔9〕现实主义方法植根于国际关系中的理性选择。〔10〕它关注的是国际法中的政治，而非规则。

现实主义学者一般认为，国家做出的决定是自我利益最大化的体现；极端情况下，国家不应遵守规则，甚至不受法律边界以外之道德义务的约束。〔11〕现实主义者谴责形式主义学派对于规则和程序的过度关注。形式主义方法解释国际法如何限制国家行为，而现实主义方法则讨论国际法是否限制了国家行为；换言之，当国家在全球范围内寻求符合其自身利益的政策时，国际法才会出现。对于信仰理想的学生来说，现实主义方法可使他们更为清醒。毕竟，诸多政治家、中间派总理、奉行民粹主义的总统以及独裁者似乎都将国家利益或个人利益至于全球秩序之上。

四、批判方法

批判方法关注权力对于人类生活的影响。美国的国际法批判方法部分借鉴了批判法律研究运动，该运动将法律与社会斗争联系起来，希望创造一个更加人道、平等和民主的社会。〔12〕

批判法律研究运动关注到边缘群体，但也未能真正为其发声。更进一步的批判方法包括批判种族、女权主义、后殖民和同性恋研

〔9〕 Goldsmith and Posner (2005).

〔10〕 Hedley Bull, *The Anarchical Society: A Study of Order in World Politics*, Macmillan, 1977.

〔11〕 Guzman (2008) 运用理性选择方法来论证国际法塑造了国家的偏好。

〔12〕 Duncan Kennedy and Karl E. Klare, "A Bibliography of Critical Legal Studies", 94 (2) *Yale Law Journal* 4610 (1984), p. 461.

究,[13] 以及国际法新方法（New Approaches to International Law, NAIL）[14] 和第三世界国际法方法（Third World Approaches to International Law, TWAIL）[15]。

与现实主义方法相似的是，批判方法也打破了国际法的学术"传统"。[16] 不同的是，后者关注的是次世代的人、思想和历史。[17] 一些批判主义学者认为，国际法植根于西方的种族资本主义，即白人长期从其他种族那里榨取经济价值。[18] 例如，第三世界国际法学派认为，国际法的发展是以殖民地和土著社区的牺牲为代价的，但它们对国际法的抵制反过来影响了国际法的发展。[19] 批判方法的研究揭示了这段历史，证明了国际法的精英主义或帝国主义。[20] 笔者鼓励学生去理解权利被剥夺者塑造国际法的方式，例如，曾在缅甸国家政治中毫无身影的性别少数群体是如何抵制社会规范并推进社会运动的。[21]

通过讲授女权主义和同性恋理论，笔者补充了对于形式主义、现实主义和第三世界国际法方法的批判话语。女权主义者认为，国

---

[13] Kimberlé Williams Crenshaw, "Twenty Years of Critical Race Theory: Looking Back to Move Forward", *Connecticut Law Review* 117 (2011).

[14] Ntina Tzouvala, "New Approaches to International Law: The History of a Project", 27 (1) *European Journal of International Law* 2153 (2016); see also José María Beneyto and David Kennedy (eds.), Justo Corti Varela and John Haskell (assistant eds.) *New Approaches to International Law: The European and the American Experiences*, TMC Asser Press, 2012.

[15] Makau W. Mutua, "What is TWAIL?", *ASIL Proceedings* 318 (2000).

[16] Antony Anghie, "The Evolution of International Law: Colonial and Postcolonial Realities", 27 (5) *Third World Quarterly* 7393 (2006), p. 739.

[17] B. S. Chimni, "The World of TWAIL: Introduction to the Special Issue", 3 (1) *Trade, Law and Development* 159 (2011).

[18] Nancy Leong, "Racial Capitalism", 126 (8) *Harvard Law Review* 21516 (2013), p. 2151.

[19] Antony Anghie, *Imperialism, Sovereignty and the Making of International Law*, Cambridge University Press, 2004.

[20] Antony Anghie, "LatCrit and TWAIL", 42 (2) *California Western International Law Journal* 3110 (2012).

[21] Lynette Chua, "The Vernacular Mobilization of Human Rights in Myanmar's Sexual Orientation and Gender Identity Movement", 49 (2) *Law & Society Review* 2992 (2015).

际法的结构和内容均使得男性享有特权，忽视对女性的关切和其遭受的暴力问题。[22] 同性恋理论则认为，暴力和主体性构成“正常”事物，在国际法的基本构成中，“异性恋秩序被认为是理所当然的”。[23] 讨论国际法的规则、权力和实践，以及次生主义和激进主义的观点，同时确保课堂占比之平衡，对笔者而言是一个挑战。因此，笔者鼓励学生仔细研究并将每种理论付诸实践。

五、将方法付诸实践

跨学科的方法能够引导学生接触多种理论方法，增强国际法的可塑性，阐述不同的人如何利用国际法——通过确认或否认其权威的方式——实现政治目标。作为一种法律秩序，国际法发挥多重职能：一方面，在日益全球化的世界，国际法为国家行为体服务，同时限制其权力；另一方面，它是被压迫者的政治辞令，为其提供反抗行动的法律基础。

笔者鼓励学生在书面作业、公开论坛和课堂活动中将上述理论应用于现实案例或虚拟事件。例如，根据不同的国际法方法解释首个保护环境人权的《埃斯卡苏条约》之生效以及《禁止核武器条约》之相关问题。我们讨论不同学派的专家会如何解释这些事件，他们将在何种层面达成一致，又会在哪些领域各执一词。

在一项写作任务中，笔者要求学生将自己模拟为某个政府间组织中的一员，如联合国开发计划署的实习生。他们需要起草一份国际法问题的法律文书（例如，是否主张人道主义干预，从而拯救因战争而流离失所的人）。学生需要向其所在的组织解释，现实主义、

---

〔22〕 代表性论文包括：Hilary Charlesworth, Christine Chinkin, and Shelley Wright, “Feminist Approaches to International Law”, 85（4）*American Journal of International Law* 6135（1991）.

〔23〕 Dianne Otto, “Introduction: Embracing Queer Curiosity”, in Dianne Otto（ed.）, *Queering International Law: Possibilities, Alliances, Complicities, Risks*, Routledge, 2017, p. 2.

形式主义以及第三世界国际法方法或女权主义方法的可能回应。对于学生而言，说服性的法律文书是一种新颖的写作形式。[24] 他们发现，此种训练对于他们日后的工作颇有助益。

六、国际法的原则性

笔者的教学理念是从原则的角度理解国际法，将国际法提炼成多种法则，而非单一的规则。采用这种方式意在提醒学生，每个问题都有多个答案，说服力比规则本身更重要，尤其是在面对权力之时，这有助于学生的未来职业和生活。

当然，多样化的方法也会让学生感到不安。他们私下向笔者询问，希望笔者能告知他们属于哪个阵营，即一种方法是正确的，而其他方法则是错误的。每当这时，笔者都会请他们自主思考并记录各类方法的利弊。

为了让学生得出自己的结论，笔者不会直言自己的想法，而是鼓励他们参与课堂讨论。有些学生在结课时认为国际法规则本身非常重要；有些学生则认为国际法并不重要，是否在联合国安理会拥有否决权才是关键；还有学生认为，实现社会正义需要引入批判方法，如第三世界、女权主义和同性恋理论。

国际法的价值观涌现于不同的理论和方法。但若有学生先入为主，将国际法纳入其预设的政治理念中，这会让笔者感到失望和纠结。如果他们把自己禁闭在孤岛上，将不同于本人的观点视为一种冒犯，则会错失欣赏多元世界的机会。

在十多年的教学历程中，笔者一直鼓励学生自主地学习甚至塑造国际法。尽管有学者、律师和官员奉行单一的法则，但也有人在

---

〔24〕 正如笔者指导学生以新的体裁写作，一些学者已经颠覆了以往的法律写作形式。例如，女权主义者从女权视角重写法律判决。See Loveday Hodson and Troy Lavers (eds.), *Feminist Judgements in International Law*, Hart, 2019.

法则之间灵活转换。任何一种方法都不完美，也非不可改变。国际法是活的法律，笔者鼓励学生尝试整合各类方法，在此过程中，他们能够理解缘何某种方法为一些人所奉行，而为另一些人所摒弃。笔者很欣慰，他们能够尝试笔者当年没能接触到的学习方法，进而理解国际法的丰富内涵。

民国时期中国国际法的能力建设与外交实践

谢笠天[*]著　冯　硕[**]译

一、引言

1912年中国结束了两千多年的封建专制统治，建立了亚洲第一个共和国——中华民国。在1949年中华人民共和国成立前，中华民国的外交历程为20世纪东亚的国际立法提供了一个有价值的研究案例。

本文在两个方面丰富了现有的国际法文献。首先，在晚近关于国际法史的学术研究中，清末"欧洲公法"的普遍化至关重要，但却在很大程

* 谢笠天，新加坡管理大学（SMU）法学院副教授暨副院长。美国宾夕法尼亚大学法律博士、比利时布鲁塞尔自由大学政治学博士、台湾政治大学法学学士。感谢在诺丁汉大学举行的第二届国际法青年教师论坛、在中国台北举行的ILA-ASIL亚太研究论坛以及在剑桥大学、清华大学和厦门大学举行的会议与会者对本文初稿的评论。同时感谢台湾政治大学丘宏达国际法学图书馆提供的支持，以及刘芃原同学的协助。

** 冯硕，华东政法大学国际法学院博士研究生。译稿针对原稿部分有更新及修改之处。

度被学术研究所忽视。[1] 对清朝和中华人民共和国的研究未能彻底解释现代中国的“国际法转型时刻”（Grotian moment），以及它对国际法律秩序的影响。[2] 因此，本文以一手解密的外交档案以及对两岸学者和有关官员的访谈为基础，通过两年的调查填补了这一空白。其次，本文首次对中国第一代国际法律人的培养及其在国际法实践中的参与进行了系统分析。这些杰出的法学家曾担任外交官和国际法院法官，在中华民国的条约修订以及国际联盟（以下简称“国联”）和联合国的创建中发挥了重要作用。[3]

本文认为，国家主义、实用主义和理想主义的“民国特色”体现了中华民国国际法学科的主要特征。[4] 其将万国公法转变为普遍有效的规范性要求，并促使现代中国在思想上向“文明国家”观念靠拢，国际法的这些发展对当前的全球治理至关重要。本文分为三个部分：除作为第一部分的“引言”外，第二部分对清末接受万国公法后中华民国时期国际法学科的专业化发展进行考察，并对国际法教育的发展及其对中国第一代国际法律人的影响进行了深入探讨。此外，该部分还分析了这些国际法精英是如何跟随中华民国政府外交部、国际法学会和上海会审公廨的演进而成长的。第三部分

〔1〕 关于国际法历史方面的最新文献，参见 *The Oxford Handbook of the History of International Law*（bardo Fasssbender & Anne Peters Eds.，2012）；Hatsue Shinohara，*US International Lawyers in the Interwar Years：A Forgotten Crusade*（2012）；Arnulf Becker Lorca，“Universal International Law：Nineteenth－century Histories of Imposition and Appropriation”，51 *Harv. J. Int'l L.j.* 475（2010）. 关于作为国际法基础的“欧洲公法”的细节，参见 Alexander Orakhelashvili，“The Idea of European International Law”，17 *Eur. J. Int'l L.* 315，336－38（2006）.

〔2〕 Bing Bing Jia，“A Synthesis of the Notion of Sovereignty and the Ideal of the Rule of Law：Reflections on the Contemporary Chinese Approach to International Law”，53 *Ger. Y.B. Int'l L.* 11（2013）and Xue Hanqin，*Chinese Contemporary Perspectives on International Law：History，Culture and International Law*（2012）.

〔3〕 常设国际法院的王宠惠（1921－1939）和郑天锡（1939－1946），国际法院的徐谟（1946－1957）和顾维钧（1957－1967），以及远东国际军事法庭（东京战争罪行法庭）的梅汝璈（1946－1948）。

〔4〕 “民国特色”有别于现今周知的“中国特色”，后者指的是中国的新儒家思想，侧重于威斯特伐利亚的绝对主权和政府控制概念。

探讨国际法在民国时期外交活动中的运用。案例研究显示了中华民国主张的法律主义，体现在重新谈判不平等条约时的情势变迁，以及中国参与国联和常设国际法院。民国时期对国际法的理想主义，在联合国和国际法院的创建中达到顶峰，国际法律人的知识也对台湾地区处理两岸及国际关系有所帮助。

二、国际法在民国时期的专业化发展

尽管胡果·格劳秀斯的《战争与和平法》（*De Jure Belli ac Pacis*）于1625年出版，但中国与西方早期的接触并没有反映出现代国际法对中国的影响。中国人普遍认为，我们签订的第一个国际条约是1689年关于中俄边界争端的《尼布楚条约》。[5] 事实上，1662年作为明朝遗部的郑成功与荷兰总督缔结的和平条约，就拉开了中国缔结国际条约的历史大幕。[6] 该条约为荷兰军队的撤离铺平了道路，并促使荷兰结束了对台湾地区近四十年的统治。[7] 由于这些条约在很大程度上是对等的，它们并没有激发中国人对国际法的兴趣。从1842年清政府签订第一个不平等条约《南京条约》开始，了解并学习国际法才成为国家的需要。[8] 通过国家主义的教育方式，中华民国加速了国际法的专业化发展。新培养的国际法律人从大学、政府和上海会审公廨获得经验，他们对国际法的实用主义立场促进了该学科的发展和中华民国时期外交的法律主义倾向。

---

〔5〕 Wang Tieya, "International Law in China: Historical and Contemporary Perspectives", *Recueil Des Cours*, vol. 221, p. 227 (1990-II).

〔6〕 Hungdah Chiu, "The Reception of Modern International Law in China", 9 *Chengchi L. Rev.* 189, 192 (1973).

〔7〕 1624年至1662年，台湾地区在荷兰的统治下。和约由荷兰文和中文版本组成，分别包括18条和16条规定。

〔8〕 Immanuel C. Y. Hsu, *The Rise of Modern China* (2000), pp. 189-90.

（一）国际法教育的演进

国家主义的国际法教育模式起源于清末。1864年，美国长老会传教士丁韪良（W. A. P. Martin）翻译了亨利·惠顿（Henry Wheaton）的《国际法原理》（*Elements of International Law*），[9] 其中译本《万国公法》对东亚的国际法学产生了深远影响。[10] 1873年，丁韪良成为中国第一位国际法教授，开始在京师同文馆讲授"万国公法"，[11] 京师同文馆也成为第一个开设国际法课程的国家机构。但从课程普及度看，在102名学生中只有9人选修此课，这表明彼时国际法仍被视为一门边缘学科。[12] 随着京师同文馆被北京大学的前身——京师大学堂取代，丁韪良也被任命为这所新大学的校长。而在法律系课程中，国际公法和国际私法被统称为"交涉法"。[13]

关于清政府对国际法的接受，笔者提出以下观点：其一，西方的主权概念带给国人思想上的冲击。《万国公法》阐明"主权是任何国家进行治理的最高权力"，一个国家应该"独立于域外权力"而运作。[14] 该书使中国官员了解到，治外法权和外国军舰在国内水域的自由航行，实际上侵犯了中国的主权。其二，"交涉法"的

---

〔9〕 Lydia H. Liu, *The Clash of Empires: The Invention of China in Modern World Making*, 113-15 (2004).

〔10〕 *Id.*; Han Sang-hee, "The Circulation of International Legal Terms in East Asia", *ASLI Working Paper*, No. 014, July 2010, pp. 3-25.

〔11〕 Lin Xuezhong, Cong Wan Guo Gong Fa Dao Gong Fa Wai Jiao: Wan Qing Guo Ji Fa De Chuan Ru, Quan Shi Yu Ying Yong [From Law of Nations to Public Law Diplomacy: The Introduction, Interpretation and Application of International Law in Late Qing] 126-27, 153 (2009). 丁韪良的课程是基于伍尔西（Theodore D. Woolsey）最新的教科书——《公法便览》（*Introduction to the Study of International Law*）。Shin Kawashima, China, in *The Oxford Handbook of the History of International Law*, *supra* note 1, p. 463.

〔12〕 Lin Xuezhong, *supra* note 11, p. 130.

〔13〕 *Id.*, at 153; Sun Huei-min, Cong Dong Jing, Beijing Dao Shanghai: Ri Xi Fa Xue Jiao Yu Yu Zhong Guo Lv Shi De Yang Cheng (1902-1914) [From Tokyo, Beijing to Shanghai: Japanese Legal Education and the Development of Chinese Lawyers (1902-1914)], 3 *Fa Zhi Shi Yan Jiu* [J. of Legal History Studies] 157, 176 (2002).

〔14〕 See Peter Zarrow, After Empire 91 (2012)（讨论惠顿对主权的解释）。

课程名称表明，国际法通常被视为一种交涉工具，而不具有普遍价值。例如，在第一次鸦片战争前，林则徐对鸦片贸易的禁令是基于1758年瓦特尔（Emerich Vattel）所著《国际法》（*Law of Nations*）一书中关于禁运和封锁的论述。[15] 他在给维多利亚女王的信中质疑了英国在鸦片问题上的双重标准，并敦促英国人像外国人在英国遵守英国法律一样遵守中国法律。[16] 林则徐并不相信国际法是普遍真理，他只是想用“西方”的论据来说服英国人，[17] 以此得出19世纪中国士大夫们在接受国际法方面是实用主义者的结论还为时过早。[18] 其三，瓦特尔的普世主义和惠顿对国际法的狭义理解（仅限于基督教文明）之间的差异，并没有阻碍中国人对国际法的接受。[19] 彼时中国对国际法学的认识很少考虑到国际法应用的不同流派。同时，由于实用主义的影响，作为国际法基础的自然法概念也不受重视。

在接受国际法的第一波浪潮中，来自欧洲和美国的学术译著对中国进入国际舞台至关重要。国际法文献中经常忽略的重要论著包括查尔斯·马顿斯（Charles de Martens）的《外交指南》（*Le Guide Diplomatique*）。[20] 自1877年清政府向伦敦的中国公使馆派驻外交官起，这本书便不断地帮助早期的中国外交官了解外交惯例和规

---

〔15〕 Liu, *supra* note 9, p. 119; Chi-Hua Tang, China-Europe, in *The Oxford Handbook of the History of International Law*, *supra* note 1, pp. 704-05.

〔16〕 See, e. g., Appendix: Lin Zexu's Communication to Queen Victoria, reprinted in LIU, *supra* note 9, pp. 235-37.

〔17〕 See Liu, *supra* note 9, p. 119（“林则徐并不把国际法当作普遍真理，而是当作一种说服方式”）。

〔18〕 Cf. Lorca, *supra* note 1, pp. 486-90, pp. 534-35.

〔19〕 Odd Arne Westad, *Restless Empire: China and the World Since 1750*, 81-82 (2012).

〔20〕 *Id.* Charles De Martens, Le Guide diplomatique précis des droits et des fonctions des agents diplomatiques et consulaires, suivi d'un traité des actes et offices divers qui sont du ressort de la diplomatie, accompagné de pièces et documents proposés comme exemples (M. F. H. Geffcken, Leipzig, and Paris eds., 5th ed. 1866). 中译本名为《星轺指掌》，是根据此书翻译的。

则。[21] 此外，罗伯特·约瑟夫·菲利莫尔（Robert Joseph Phillimore）的《各国交涉公法论》（*Commentaries upon International Law*）的译本也成为中国第一本关于国际私法的专著。[22] 19 世纪末，中国第二波国际法学习浪潮转向了日本这一中华文明的传统朝贡国家。虽然日本对国际法的接触始于万国公法，但明治维新使日本在法律改革和法律资料翻译方面超过了中国。日本在 1899 年完全废除治外法权，并因在 1905 年日俄战争中取胜而成为亚洲第一个所谓“文明国家”。[23] 因此，清政府开始“向东”寻找国际法导师。从 1905 年到 1908 年，岩井尊闻（Iwai Takafumi）在京师法律学堂担任特邀国际法教授。[24] 这些重大事件的影响，加之语言上的接近和移民要求的宽松，鼓励了中国学生赴日本进行法律研究。从日本学校毕业的中国学生，后来也影响了民国时期中国国际法学科的发展。

直到 1920 年代，中国的大部分国际法教科书都是由在中国的日本教授或在日本的中国学生从日文翻译过来，[25] 这些翻译巩固了中国人对国际法下的国家和主权的理解。[26] 日本对中国国际法学科的另一个重要影响在于对国际法术语的翻译上。例如“国际法”这一由杰里米·边沁（Jeremy Bentham）在 1789 年首次提出的

---

〔21〕 See Immanuel C. Y. Hsu, China's Entrance into the Family of Nations: The Diplomatic Phase 1858–1880, 167–84 (1960)（讨论清朝向欧洲国家派驻使节的情况）。

〔22〕 中译本名为《各国交涉公法论》，依据：4 Robert Phillimore. Commentaries Upon International Law: Private International Law or Comity (1861).

〔23〕 1900 年，美国最高法院将日本描述为“最后一个被允许进入文明国家行列的国家”。The Paquete Habana, 175 US 677, 700 (1900).

〔24〕 Yuan-sheng Huang, Fa Lv Ji Shou Yu Jin Dai Zhong Guo Fa [The Reception of Law and Modern Chinese Law] 64 (2007).

〔25〕 日文译本清单，参见 Rune Svarverud, *International Law as World Order in Late Imperial China: Translation, Reception and Discourse, 1847–1911*, 269–302 (2007).

〔26〕 Zarrow, *supra* note 14, pp. 98–100.

名词，[27] 它的中译词便是从日本学者箕作麟祥（Mitsukuri Rinsho）的译述中移植而来，使其逐渐取代了“万国公法”或“公法”这种中国本土翻译。[28] 此外，由于许多留日学生加入了革命阵营并担任中华民国政府官员，使得他们对国际法的理解影响了民国早期的外交政策。通过确认清政府签订的不平等条约的有效性，尊重“条约必须信守”（*pacta sunt servanda*）原则，表明了他们对国际法的坚守。鉴于太平天国运动和短暂的“台湾民主国”（1895 年台湾军民为引起国际社会牵制日本统治而建立，并阐明当驱逐日本人后将回归清朝统治。——译注）之失败，中华民国的创建者们认识到，只有“文明”的做法才能获得西方的外交承认，从而保证新政府的合法性，以寻求被承认后获得法律能力，进而获得外国贷款，为军事和基础设施建设提供资金。尽管惠顿将“文明国家”的概念引入中国，但这个概念只在清朝官员参加两次海牙会议时才受到关注。[29] 在民国时期国际法归国精英的推动下，“文明国家”的标准才成为国家的最高指导原则。诚如孙中山先生所言，坚持这一原则将有助于中国“获得文明国家的权利”。[30]

基于该理念，中华民国政府强化了国际法教育中的国家主义倾向，为第三波国际法的继受奠定了基础。美国的影响和中国国际法律人的崭露头角是这一阶段的特点。1910 年代，国际法成为民国

---

〔27〕 杰里米·边沁在他的《道德与立法原理导论》一书中创造了“国际法”这一英语术语，“国际法”取代了旧的“万国公法”。Mark Weston Janis, *America and the Law of Nations 1776-1939*, 12-13 (2010).

〔28〕 Hungdah Chiu, “The Development of Chinese International Law Terms and the Problem of Their Translation into English”, 27 *J. Asian Studies* 485, 490 (1968).

〔29〕 Liu, *supra* note 9, p. 135; Lin, *supra* note 11, pp. 306-40 (2009).

〔30〕 See Proclamation of President Sun Yat-sen on the Establishment of the Republic of China on January 1, 1912 [1912 Proclamation], http://www.njmuseum.com/zh/book/cqgc_big5/zh-mg.htm (“临时政府成立以后，当尽文明国家应尽之义务，以期享文明国家应享之权利。”) 1907 年包括中国签署的《海牙公约》的序言首次提到了“文明国家”一词。

司法考试和外交官考试的必考科目,[31] 民国政府也将国际法作为大学必修课。北洋大学的国际法和比较法的课时量最大，包括国际公法（10 学分）和英国法（12 学分）。[32] 位于上海的东吴大学（Soochow University）法学院提供了第一门以英语授课的国际法课程。[33] 此外，许多清华学堂的毕业生赴美接受法律教育（清华学堂是由美国“庚款兴学”创办的）。[34] 从 1920 年代开始，海外留学的中国法律人开始回国，以提高中国的国际法学术水平。例如，毕业于巴黎大学的周鲠生和芝加哥大学的王化成分别回到了北京大学和清华大学任职。[35] 周鲠生于 1929 年出版的《国际法大纲》[36] 成为第一本由中国人撰写的国际法教科书。[37] 在抗日战争期间，中国的国际法教授们来到重庆，继续在中央政治学校和国立西南联

---

〔31〕 Li Qicheng, Xuan Tong Er Nian De Fa Guan Kao Shi [The 1910 Judicial Examination], 3 *Fa Zhi Shi Yan Jiu* [J. Legal History Studies] 197, 198–207 (2002); Li Zhaoxiang, Zhong Hua Ming Guo Zao Qi Wai Jiao De Xin Bian Hua: Yi Wai Jiao Li Fa Wei Zhong Xin [New Changes to Early Diplomacy of the ROC: Focusing on Diplomatic Legislation], in Bei Yang Shi Qi De Zhong Guo Wai Jiao [Chinese Diplomacy in the Beiyang Era] 91, 107–08 (2006).

〔32〕 北洋大学是天津大学的前身。Zhongguo Jindaijiaoyushi Ziliaohuibian [Compilation of Reference Materials related to China's History in Modern Education] 419 (2007). 北京大学法律系开设的国际法课程分为“和平时期的国际法”（平时国际法）和“国际战争法”（战时国际法）。*Id.*, p. 395. 山西大学开设了课时一年的条约法课程。*Id.*, p. 428.

〔33〕 正如 1930–1931 年的课程所示，东吴大学法学院用中英文开设了一门 4 学分的国际法课程。Alison W. Conner, “Training China's Early Modern Lawyers: Soochow University Law School”, 8: 1 *J. Chinese L.* 1, 11 (1994).

〔34〕 清华学堂作为中国学生在美国接受大学教育的预备学校，于 1912 年更名为清华学校，1928 年更名为国立清华大学。History of Tsinghua, http: //www. tsinghua. edu. cn/publish/newthuen/newthuen_ cnt/about-th/about-3. html (last visited October 19, 2014).

〔35〕 周鲠生于 1922 年进入北京大学政治学系；王化成曾是昆西·赖特（Quincy Wright）的学生，于 1928 年进入清华大学政治学系。He Qinhua, You Xue Ya Ou De Zhou Gengsheng: Zhong Guo Jin Dai Guo Ji Fa Zhi Fu, Jan. 5, 2010, http: //www. intellectual. com. cn/Returnee/StudentAbroadElite/ 201001/377041. html; Wang Hua Cheng Qi Ren Qi Shi [Introduction to Wang Hua Cheng], 99: 3 Zhuan Ji Wen Xue [Biographical Literature] 69, 71–77 (2011).

〔36〕 Guo Ji Fa Da Gang [Outline of International Law], http: //fashi. ecupl. edu. cn/ Article_ Print. asp? ArticleID = 217 (last visited Oct. 19, 2014). See also http: //sub. whu. edu. cn/dag/ wdxsh/xld/zhougengsheng. htm (in Chinese re Zhou).

〔37〕 Chen Tiqiang, “The People's Republic of China and Public International Law”, 8 *Dalhousie L. J.* 3, 11 (1984) (Can).

合大学授课。[38]

(二) 外交的改革

民国时期自上而下的教育模式将国际法从一门边缘学科转变为一门官方学科，并促成了现代中国国际法转型时刻的到来。国际法的发展服务于当时政府的务实需求，民国政府的外交部在促进国际法和培养第一代国际法律人方面的作用至关重要。中华民国外交部建立在清朝总理衙门的基础上，总理衙门是清政府在1861年设立的第一个中央国际事务机构。[39]《义和团事件议定书》规定，该机构应成为“地位高于其他六部的外务部”。[40] 改革外交机构的初衷，是为了满足外国对华交涉单一渠道的需求。

由于从科举考试中选拔出来的清朝官员都没有正式学习过法律，他们对国际法的成功执行只限于一些孤立的事件。例如，在普鲁士和丹麦的战争中，一艘普鲁士战舰于1864年在中国的渤海湾截获了三艘丹麦商船。[41] 对此，总理衙门根据《万国公法》认为该行为侵犯了中国的领海主权，故提出抗议。[42] 普鲁士随后释放了扣留船只并给予赔偿，这让清政府对国际法的“有用”感到惊讶。但在大多数谈判中，对国际法的运用超出了清朝外交官的能力，饱受批评的治外法权就体现了这一问题。有学者指出，授予西

---

〔38〕 See generally John Israel, *Lianda*: *A Chinese University in War and Revolution*, 178－83 (1998). 中央政治学校是台湾政治大学的前身；与北京大学、清华大学和南开大学合并的国立西南联合大学（联大）成立于1938年，国际法教授包括政治学系的崔书琴和法律系的燕树棠。

〔39〕 Imperial Decree to Establish the Tsung－li Ya－men (Office of Foreign Affairs), Bai Nian Chuan Cheng Zou Chu Huo Lu: Zhong Hua Min Guo Wai Jiao Shi Liao Te Zhan [A Century of Resilient Tradition: Exhibition of the Republic of China's Diplomatic Archives] 260 (2011).

〔40〕 Art. XII, Peace Agreement between the Great Powers and China (1901), available at http://www.deutsche-schutzgebiete.de/boxerprotocol.htm (last accessed June 14, 2015).

〔41〕 Chen, *supra* note 37, p. 7; Tang, *supra* note 15, p. 705. Li Zhaojie (James Li), "The Impact of International Law on the Transformation of China's Perception of the World: A Lesson from History", 27 *MD. J. Int'l L.* 128, 134 (2012).

〔42〕 Li, *supra* note 41, pp. 135-38. 清朝政府对领海主权的主张受到了《万国公法》中译本的影响。*Id.*, p. 136, 137 n. 44.

方列强的领事裁判权“起初并没有被认为贬损了中国的主权”,[43]相反，它是在“蛮夷”不应打扰中国法院而自己解决争端的假设下被允许。

民国时期国际法教育的成熟，将中国的第一代国际法律人推向了世界舞台。这些法学家在南京临时政府（1912 年）、北洋政府（1912—1928 年）、国民政府（1927—1949 年）外交圈中都占据主导地位。[44] 中国的第一代国际法律人有许多共同的特点：他们在一流的外国法学院接受国际教育，他们的学识使外交部成为一个精英部门；许多国际法律人曾担任重要职务，使他们能减少官僚主义的干扰而将国际法应用于外交谈判。

国际法律人对中国外交和国际法庭的影响较大。在林肯律师学院接受培训的伍廷芳，是中国的第一位国际法律师。他参与了将台湾割让给日本的《马关条约》的谈判，后来也进入了民国政府。[45] 曾担任常设国际法院法官的郑天锡和王宠惠则分别毕业于伦敦大学学院和耶鲁大学。[46] 王宠惠是第一位担任中华民国最高法院首席法官的国际法律人。[47] 徐谟和顾维钧则分别受教于乔治华盛顿大

---

〔43〕 Milton J. Helmick, “United States Court for China”, 14: 18 *Far E. Surv.* 252, 253 (1945).

〔44〕 See generally Hsu, The Rise of Modern China. 1917 年至 1927 年，广州军政府与北洋政府并存。

〔45〕《伍廷芳的外交生活》(*Wu Tingfang's Diplomatic Life*)，第 56—76 页；第 159—61 页。伍廷芳与中国首任驻英公使郭嵩焘相识，随后担任了清朝最受尊敬的政治家之一——李鸿章的法律顾问。

〔46〕 Ole Spiermann, “Judge Wang Chung-hui at the Permanent Court of International Justice”, 5 *Chinese J. Int'l L.* 115, 117 (2006). 在中华民国的国际法律人中，相当多为北洋大学的法学院毕业生（如王宠惠）。北洋大学的法学学士毕业生（如王宠惠和燕树棠）多在美国攻读 DCL 或 JSD 学位，而在美国攻读 J. D. 学位是东吴大学法学学士毕业生（如吴经熊和倪征燠）和清华学堂毕业生（如向哲浚和梅汝璈）的普遍选择。郑天锡毕业于伦敦大学学院；See List of University College London People, http://www.booksllc.net/sw2.cfm? q=List_ of_ University_ College_ London_ people (last visited Oct. 19. 2014). 王宠惠毕业于耶鲁大学；See Biographical Dictionary of Chinese Christianity, http://www.bdcconline.net/en/stories/w/wang-chonghui.php (last visited Oct. 19, 2014).

〔47〕 *Id.*, p. 117.

学和哥伦比亚大学，他们之后皆担任国际法院法官，而梅汝璈（芝加哥大学法学博士）则被任命为远东国际军事法庭的法官。[48] 吴经熊（密歇根大学法学博士）是中华民国第一部宪法的主要起草人，推动了“条约和联合国宪章”条款被纳入中华民国宪法。[49]

国际法律人推动了外交部的改革，改变了中国外交官的形象。第一个划定外交部权限的法律文件是1911年《中华民国临时政府组织大纲》。[50] 临时大总统孙中山任命王宠惠为中华民国政府的第一任外交部长。虽然南京临时政府不久便交权于袁世凯主导的北洋政府，但由于北洋军阀对外交不感兴趣且缺乏能力，袁世凯便承诺不对外交部进行干预，这让外交部长陆征祥为中华民国的外交体系的构建提供了契机。

基于陆征祥的改革，北洋政府的外交部成为最高级别的部门，外交部长在行政等级中的地位也愈发重要。[51] 1912年，北京国会通过了中国第一部《外交部组织法》，详细规定了外交部在宪法上的地位。[52] 由于管理条约事务是中国的优先事项，1912年外交部成立了条约研究委员会，后来演变为负责与国联相关条约事务的条约司，[53] 成为民国政府外交部最重要的部门。陆征祥的改革也加速了中国外交官的专业化，为避免裙带关系而导致外交官员的能力

---

〔48〕 Robin I. Mordfin, Seeking the Past: Early Chinese Scholars at the Law School, http://www.law.uchicago.edu/alumni/magazine/fall12/chinesescholars (last visited Oct. 19, 2014).

〔49〕 Li Xiuqing, translated by Nicholas Howson, “John C. H. Wu at the University of Michigan School of Law”, 58 *J. Legal Educ.* 545, 545 (2008). 因此，1946年的中华民国宪法通常被称为“吴氏宪草”。

〔50〕 Li, *supra* note 31, pp. 99-100 (2006).

〔51〕 外交部长由总理提名，由总统任命，如果现任总理辞职，外交部长将成为代理总理。

〔52〕 Li, *supra* note 31, pp. 99-100.

〔53〕 *Id.*, p. 101. 根据1984年《外交部组织法》第3条，条约司后来改名为“条约与法律事务司”。

不足，陆征祥挑选中国留学生加入政府，并引入了外交官考试。[54] 当时在哥伦比亚大学跟随约翰·贝瑟特·摩尔（John Bassett Moore）教授学习的顾维钧，被邀请担任袁世凯的英文秘书。[55] 徐谟在 1919 年通过外交官考试后，也加入了北洋政府。[56] 这些法律人才为陆征祥主导的外交部现代化改革提供了相当助力。

从 1928 年起，蒋介石的国民政府统一了中国并聘任了许多大学教授担任政府职务。1935 年的官方记录显示，在 86 名外交官中，分别有 25.6%和 30%的人是博士和律师。[57] 在第二次世界大战期间，中华民国的最高决策权属于国防最高委员会，王宠惠和王世杰等国际法律人也参与到该委员会和外交部的工作中。这些由国际法律人参与管理的机构，令中华民国的国际法运用带有强烈的国家主义色彩。尽管中华民国从未出现过类似于美国法律顾问办公室的机构，但作为高阶外交官的国际法律人强化了当时外交中的法律主义倾向。在今日的我国台湾地区，“学而优则仕”的传统仍然存在。国际法律人与高等教育的密切联系，也促进了国际法作为一门专业和学科的发展。

（三）国际法学会与会审公廨的经验

国际法教育和外交部改革加速了中华民国法律能力的现代化。

---

〔54〕 Li Yangfan, Guohen: Min Guo Wai Jiao Er Shi Ren [Laments for the Country: 20 People in ROC Diplomacy] 26-29 (2010). 中华民国的外交官考试是以 1912 年的《外交官及领事考试暂行规则》、1915 年的《外交官及领事考试条例》和 1919 年的《外交官及领事考试法》为基础的。Yue Qianhou, Min Guo Wai Jiao Guan Ren Shi Ji Zhi Yan Jiu [Study on the Human Resources Development Mechanism of ROC Diplomats] 25 (2004).

〔55〕 Jonathan Clements, Wellington Koo: China 31, 174 (2008). 约翰·贝瑟特·摩尔是哥伦比亚大学第一位国际法全职教授。*Id.*, p. 31.

〔56〕 Wang Dingxian, Guo Ji Fa Yuan Da Fa Guan Xu Mo Sheng Ping, Can Yu De Guo Ji Fa Yuan An Jian, Zhe Shu, Jian Ping [ICJ Judge Hsu Mo's Life, ICJ Cases, Publications and Comments], 9 *Zhong Guo Guo Ji Si Fa Yu Bi Jiao Fa Nian Kan* [Chinese Yearbook of Private International Law and Comparative Law] 504, 504-06 (2006). See also http://www.tju.edu.cn/tjupaper/every_lib/20111110/104504/201111/t20111111_115542.htm.

〔57〕 Yue, *Supra note* 54, pp. 159-66.

国际法学会和上海会审公廨的成立，进一步提高了公众对国际法在中国外交中重要性的认识。在此阶段，中国北方的国际法协会影响了中国法律人才的政治思维，南方的会审公廨则让中国的法官和律师接触到具有实质性涉外因素的案件，这都提升了中华民国国际法律人的法律素养。

中国第一次接触到西方的国际法协会概念，是清朝官员参加设在伦敦的国际法协会（ILA）。[58] 该协会成立于1873年，前身是改革国际法的法典编纂协会，至今仍是世界上最重要的国际法学术组织之一。[59] 清朝第一任驻英国公使郭嵩焘和日本公使上野景范（Ueno Kagenori）都应邀参加了1878年的国际法协会会议。[60] 郭嵩焘和他的继任者曾纪泽后来都被选为国际法协会的荣誉秘书。[61] 1898年，作为中国第一个国际法学会的公法学会和法律学会在湖南长沙成立，其成立目的主要在于提升修订不平等条约而所需的国际法知识。[62] 这些学会先于美国国际法学会（1906年）和荷兰国际法学会（1910年）成立。[63] 但因洋务运动的失败，导致这两个学会很快就停止了运作。

与教育和外交改革一样，自上而下的方式影响了中华民国国际法学会的形成。陆征祥作为参加前两次海牙和平会议的清朝特使，

---

〔58〕 Hsu, *China's Entrance into the Family of Nations*, pp. 199-207.

〔59〕 Cecil J. Olmstead, "The International Law Association: A World-Wide Organization for Development and Promotion of International Law", 43 *Nordic J. Int'l L.* 18, 18 (1973).

〔60〕 Hsu, *supra* note 21, pp. 206-07.

〔61〕 *Id.*, p. 207.

〔62〕 Lin, *supra* note 11, pp. 70-71.

〔63〕 Janis, *supra* note 27, p. 149; Nico J. Schrijver, "A Missionary Burden or Enlightened Selfinterest? InternationalLaw in Dutch Foreign Policy", 57: 2 *Neth. Int'l L. Rev.* 209, 210 (2010); http://www.asil.org/about/asil-history. 日本国际法协会成立于1897年，至今仍然存在。Yoshiro Matsui, "The Social Science of International Law: Its Evolution in Japan", No. 45, 2002 *Japanese Annul Int'l L.* 1, 1. Nico J. Schrijver, A Missionary Burden on Enlightened Self-Interest? International Law in Dutch Foreign Policy, NILR 2010, vol. 57: 2, 209, 210, available at http://www.asil.org/about/asil-history.

深知为解决国际争端的条约和战争法的重要性，故于 1913 年创立了国际法学会。英国和美国关于将治外法权排除出常设仲裁法院（PCA）管辖范围的建议，促使他敦促清政府加快法律改革。[64] 为了提高中国在常设仲裁法院的影响力，清政府提名了包括伍廷芳和前比利时国务大臣朱尔斯·范登赫维尔（Jules Van den Heuvel）在内的几位常设仲裁法院成员。[65] 在王宠惠的支持下，陆征祥成立了国际法学会。该会旨在为中华民国积极参加第三次海牙和平会议做准备，以巩固中华民国作为"文明国家"的地位。[66] 尽管第一次世界大战导致会议未能举行，但这是一个"文明国家"为了加入国际大家庭所做出的努力，促进了官方对国际法能力建设的支持。[67]

值得注意的是，根据当时美国驻华公使保罗·芮恩施（Paul S. Reinsch）的提议，陆征祥和顾维钧于 1915 年在北京成立了中国社会政治学会（CSPSA）。[68] 中国社会政治学会仿照美国政治学会的模式，成为中国第一个政治学学术团体。[69] 虽然中国社会政治学会本身不是一个国际法学会，但其大部分工作却涉及"国际法和外交"。[70] 国际法学会的衰落及其与中国社会政治学会的成员重叠，

---

〔64〕 关于常设仲裁法院（PCA）的背景，参见 David Caron, "War and International Adjudication: Reflections on the 1899 Peace Conference", 94 *Am. J. Int'l L.* 4, 15-17 (2000).

〔65〕 Chi-hua Tang, Qing Mo Min Chu Zhong Guo Dui Hai Ya Bao He Hui Zhi Can Yu (1899-1917) [A Study on China's Participation of the Hague Peace Conferences, 1899-1917], 23 *Guo Li Zheng Zhi Da Xue Li Shi Xue Bao* [*NCCU J. History*] 69-70 n. 151 (2005). 比利时是一个中立国，朱尔斯·范登赫维尔是一位著名的法学家，他是中国政府提名的唯一的外国国民，也是常设仲裁院的成员。

〔66〕 Tang, *supra* note 65, p. 73. 在袁世凯的支持下，陆征祥还组织了第三次海牙会议筹备会，该筹备会于 1912 年至 1915 年在外交部召开。*Id.*, pp. 73-74.

〔67〕 *Id.*, pp. 81-83.

〔68〕 See The Origin of the Association [Editorial Note], 1 *Chinese Soc. & Pol. Sci. Rev.* 1, 2 (1916)（描述的是 1915 年 12 月 5 日，65 名成员参加了在当时的外交部长陆征祥住所举行的第一次会议）。

〔69〕 *Id.*, p. 1.

〔70〕 *Id.*; James Brown Scott, "The Chinese Social and Political Science Association", 10: 2 *Am. J. Int'l L.* 375, 376 (1916).

使后者成为在中国推广国际法的最重要的学术团体。芮恩施的直接参与，以及普林斯顿大学的威洛比（W. F. Willoughby）教授和密歇根大学的亨利·亚当斯（Henry C. Adams）教授的影响，进一步增强了美国在中国外交圈的影响力。[71]

在北京的学术组织推动国际法研究的同时，上海会审公廨的建立使民国时期的法律人才能够熟悉西方的诉讼机制。以日本的《大律师法》为蓝本制定的1912年《律师暂行条例》规定了法律职业的资格和纪律。[72] 到1930年代，上海律师公会成为全国最大的律师协会。[73] 上海成为一个商业和法律中心，得益于在蓬勃发展的法律市场中大型外国律师事务所和高风险商业诉讼的激励。[74] 以英语授课的东吴大学法学院和以法语授课的震旦大学法学院，也令上海成为比较法的研究中心。[75]

从1860年代持续到1927年的会审公廨制度使上海的法律格局日益复杂。[76] 多重法院下的属地和属人管辖权，是对中国最具挑战性的法律试验。[77] 与法租界并存的上海公共租界形成了大片的

---

〔71〕 See Scott, *supra* note 70, p. 375, 377.

〔72〕 Xiaoqun Xu, *Chinese Professionals and the Republican State*: *The Rise of Professional Associations in Shanghai 1912–1937*, 108 (2001).

〔73〕 See Alison W. Conner, "Lawyers and the Legal Profession during the Republican Period", in *Civil Law in Qing and Republican China* 215, 229, 237 (Kathryn Bernhardt & Philip C. C. Huang eds., 1994) ("到1916年底，在公共租界会审公廨注册的122名律师中有58名是中国人")。

〔74〕 Hou, Xinyi Min Guo Shi Qi Lv Shi Ru He Jing Zheng De, http://www.rmlt.com.cn/2013/1022/168521.shtml (last visited October 22, 2013).

〔75〕 Alison W. Conner, "The Comparative Law School of China", in *Understanding China's Legal System*: *Essays in Honor of Jerome A. Cohen* (C. Stephen Hsu ed. 2003) 210, 222–25 (2003).

〔76〕 See Xu, *supra* note 72, p. 229; Thomas B. Stephens, *Order and Discipline in China*: *The Shanghai Mixed Court 1911–27*, vii–xi (1992).

〔77〕 Lee, Tahirih V., "Risky Business: Courts, Culture, and the Marketplace", 47 *U. Miami L. Rev.* 1335–414, 1362 (1993).

治外法权区,[78] 条约赋予外国人的领事裁判权使他们免受中国法院的管辖。例如，美国法院对在上海的法院，以及英国最高法院对在中国和日本的法院，都分别授予了对美国和英国公民的管辖权。[79] 与殖民地不同，在法律上，中国并未失去对上海国际租界的主权，所以中国政府继续对中国人和非条约规定的外国人（即没有获得治外法权的国家的国民）行使管辖权。因此，为了处理涉及来自中国和非条约外国被告人的案件，上海成立了会审公廨。[80] 该法院的“会审”由中国法官和作为陪审员的外国领事代表共同审理案件。[81] 在一个案件中出现不同国籍的外国法官和律师成为常态。

值得注意的是，会审公廨的建立是基于便利而非条约权利。实际上，没有任何一项条约赋予外国领事任命法院法官的权力。正如英国政府所承认的，该法院成立的唯一“法律”依据是 1913 年袁世凯的声明，即允许根据“既定惯例”对现有外国“特权和豁免权”的保留。[82] 但中华民国最高法院判定，会审公廨所裁决的案件由于缺乏法律基础而没有法律效力，故而难以得到中国法院的承认。[83]

尽管会审公廨受到了法律上的质疑且其现行判决不被承认，但其判例却对中国产生了深远影响。[84] 1925 年，北洋政府被要求对

---

〔78〕 See Stephens, *supra* note 76, p. xi（“1925 年，租界的人口有 3 万名外国人和 81 万名中国人”）; Manley O. Hudson, “The Rendition of the International Mixed Court at Shanghai”, 21: 3 *Am. J. Int'l L.* 451, 451 (1927)（介绍了上海公共租界和接壤的法租界的人口）。

〔79〕 Hudson, *supra* note 78, p. 454; see also Helmick, *supra* note 43, 252（“被指控犯罪的人在其国籍的法院受审”）。

〔80〕 法国会审公廨也是在法租界设立的，对法国国民有管辖权。See also Wang, *supra* note 5, pp. 255-57（解释了设在上海的外国法院的起源）。

〔81〕 See Hudson, *supra* note 78, p. 460.

〔82〕 Stephens, *supra* note 76, pp. 69-70.

〔83〕 Case Brought on Appeal from Kiangsi 16th Day 3rd Month, 6th Year of the Chinese Republic, cited in *id.* pp. 70-71.

〔84〕 *Id.*, pp. 93-94.

会审公廨关于销毁上海某些弹药的命令申请禁令。[85] 次年，会审公廨在处理荷兰提出的引渡一名在荷属爪哇犯罪的德国公民的请求中，[86] 以中荷条约限制了对荷兰公民的引渡为由拒绝了这一请求。[87] 这些复杂的案件使上海成为中国第一代国际法律人的实践基地，毕业于东吴大学和斯坦福大学的倪征燠就是典型代表。在被任命为远东国际军事法庭检察官小组首席顾问之前，他在上海作为一名商业律师和法官就已经积累了丰富的实践经验。[88]

三、国际法对民国时期外交的影响

本文探讨了民国时期的国际法学科的演进以及对国际法律人的培养。民国时期的国际法律人以“文明国家”理念为指导，秉持国际法实用主义的立场，并采用法律主义的方法来解决外交问题。除具有国家主义和实用主义的民国特色外，理想主义也发展成为中华民国外交的一个明显特征。中华民国的国际法律人对现代中国的转型时刻和 20 世纪东亚的国际法形塑都做出了贡献。中华民国坚定的法律主义做法，在修订不平等条约以及参与国际组织和国际法院的过程中得到了体现。通过对民国时期国际法律人对外交实践的考察，可证明他们的影响力和对全球秩序的形塑。

（一）条约修订运动

对不平等条约的修订是推动现代中国国际法专业化的主要动力。事实上，民国时期的国际法律人在解决不平等条约问题时所采

---

〔85〕 Hudson, *supra* note 78, p. 454.

〔86〕 Consul-General for the Netherlands v. Weidemann, Shanghai Mixed Court (1926). *Id.*, p. 96.

〔87〕 *Id.*

〔88〕 倪征燠被选为国际法院的第一位中国法官。Ling Yan, “In Memoriam: Ni Zhengyu”, 3 *Chinese J. Int’l L.* 693, 693-95 (2004). 其他国际法律人在上海的经历，见 Conner, *supra* note 73, at 234.

取的策略，是国家法律能力建设中的一个重要里程碑。不平等条约的概念并非源自西方，早期的西方译著并未提到这个概念。[89] “不平等条约”一词首先出现在1923年的国民党宣言中，该宣言谴责清政府缔结此类条约，并承诺“恢复中国的自由平等地位”。[90] 此后，这个词开始流行并强化了中国的民族主义，从而令“屈辱的世纪”成为中国共产党的革命口号。[91]

1. 不平等条约的概念

前面讨论过的与荷兰和俄国的和平条约均被认为是平等条约，而不平等条约的概念始于1842年清政府与英国签订的《南京条约》。不平等条约主要包括治外法权、租赁领土、驻扎军队和内陆水域航行等特权。[92] 这些特权因侵犯中国主权而被认为是“不平等的”。

终止不平等条约制度的尝试面临着巨大的法律障碍。因为该制度与最惠国待遇（MFN）紧密交织，导致中国进入了一个恶性循环。虽然最惠国待遇条款并非在传统意义上是不平等条约的一部分，但这一程序性要求比其他实质性条款更有害。根据1843年《虎门条约》第8条，清朝皇帝同意把给予其他国家的任何“额外特权或豁免权”授予英国。[93] 这拉开了后续条约中最惠国待遇条

---

〔89〕 Hungdah Chiu, “Comparison of the Nationalist and Communist Chinese Views of Unequal Treaties”, in China's Practice of International Law: Some Case Studies 239, 241–46 (Jerome A. Cohen ed. 1972).

〔90〕 *See id.* 245–46.（讨论中国国民党关于废除不平等条约的各种宣言）。

〔91〕 废除不平等条约也是国民政府政治纲领的主要特点。See How Humiliation Drove Modern ChineseHistory, http://www.theatlantic.com/china/archive/2013/10/how-humiliation-drove-modern-chines-history/280878/ (last accessed June 1, 2015).

〔92〕 See Wang, *supra* note 5, pp. 252–53（列出不平等条约下的权利和特权）。

〔93〕《虎门条约》是1842年《南京条约》的补充条约。

款均为单边条款而非对等条款的序幕,[94] 令不平等条约制度得以固化。基于最惠国待遇的要求，英国根据后来的美国条约扩大了其领事裁判权。此外，尽管没有这样的条约安排，墨西哥和瑞士仍然可以获得同样的治外法权。[95] 不平等条约的法律效力一直存在争议，因为不平等的性质可能是由于武力或各种胁迫造成的。[96] 中华民国的国际法律人所采用的实用主义方法，表现在他们不否认不平等条约的有效性，并寻求通过法律上的合法事由来修改或废除这些条约。[97]

2. 三种法律方法

在维护“文明国家”标准方面，中华民国没有直接挑战“条约必须信守”原则的规范价值。为了规避这一原则，中华民国的国际法律人采用了三种方法。他们对法律主义的应用最终起到了作用，从而结束了不平等条约制度。这不仅提升了中国的国际地位，也在此过程中彰显了国家主义和实用主义立场。

首先，根据外国法律顾问对北洋政府的建议，中华民国在“一

[94] 在现代贸易制度中，最惠国待遇要求给予对等的待遇。参见《关税与贸易总协定》(1947 年) 第 1 条。关于现代最惠国条款在国际争端中的应用的分析，See generally Locknie Hsu, “MFN and Dispute Settlement: When the Twain Meet”, 7 *J. World Investment & Trade* 25, 25-37 (2006).

[95] 例如，《中美望厦条约》第 25 条将领事裁判权从美国和中国公民之间的争端扩展到美国和非中国公民之间的争端。因此，中国法院对涉及美国人的案件失去了完全的管辖权。在最惠国待遇的基础上，英国公民也得到了同样的待遇。有 14 个国家根据其与中国签订的条约获得了“直接”治外法权，但其他国家根据其条约中的最惠国条款要求获得同样的待遇。See Albert H. Putney & Raymond L. Buell, “The Termination of Unequal Treaties”, 21 *Proc. Am. Society Int'l L. at Its Annual Meeting* 87, 96 (1927).

[96] 根据《维也纳条约法公约》(1969 年) 第 52 条，目前的观点是，如果一项条约是“违反国际法，以武力威胁或使用武力取得的”，则该条约无效。See Ian Brownlie, Principles of Public International Law 619 (7th ed. 2008)。然而，这一立场并没有使以前的不平等条约无效。此外，它并不制约在其他类型的压力下签署的条约的有效性。*Id.* See generally Matthew Craven, “What Happened to Unequal Treaties? The Continuities of Informal Empire”, 73 Nord 3, 335-82 (2005).

[97] Chiu, *supra* note. 89, p. 267.

战”期间向德国和奥匈帝国宣战。[98] 这种机会主义的宣战，是为了使中国与这些国家的条约失效。[99] 除了宣布双边条约无效，中华民国撤销了德国和奥匈帝国的治外法权，并接管了德国在天津和汉口的租界。[100] 中华民国还根据1899年的《陆战法规与惯例公约》（1899年7月29日海牙第二公约），解除了敌军武装，并将他们作为战俘处置。[101] 该公约是清政府在第一次海牙和平会议之后批准的，中华民国政府对该公约的遵守，表明了对“文明国家”标准的坚持。这些经验构成了中华民国在废除外国特权方面的第一次尝试，也是中华民国第一次在本土运用战争法。[102]

其次，中华民国参议院以未经国会批准为由，宣布1915年《中日友好条约》即“二十一条”无效。[103] 该条约迫使北洋政府承认日本在“一战”结束后“继承”德国对山东的权利。[104] 由于日本坚持条约有效，使得中华民国未能在巴黎和会上废除“二十一条”。[105] 中国代表团也因为《凡尔赛和约》第156条将德国在山东

---

〔98〕 中国于1917年对德国和奥匈帝国宣战。北洋政府的外国法律专家包括乔治·帕杜、让·埃斯卡拉和韦斯特尔·W. 威洛比。Lin-chun Wu，“1923 Nian Beijng Zheng Fu Fei Chu ‘Zhong Ri Min Si Tiao Yue’ Zhi FaLi Su Qiu”［Appealing to Legal Procedure：China's Endeavour to Abolish the Twenty-One Demands in1923］, 3 *Xin Shi Xue*［*New History*］157，175-76（2008）.

〔99〕 See generally Arnold Pronto，“The Effect of War on Law— What Happens to Their TreatiesWhen States Go to War”? 2：2 *Cam. J. Int'l & Comp. L.* 227，230（2013）（解释说，由于1928年的《凯洛格-白里安公约》，这种传统观点不再反映当前的国际法）。

〔100〕 Zhen-Feng Cai，“Zhong Guo Shou Guan De Ao Shi Guan Wei Dui Ji Jun Xie Zhi Yan Jiu（1917-1922）”［The Research of China's Takeover of German and Austro-Hungarian Embassy Guards and Weapons］, in *Guo Ji Fa Zai Zhong Guo De Quan Shi Yu Yfun Yong*［*The Interpretation and Application of International Law in China*］81，97-101（Hui Min Zhou ed.，2012）.

〔101〕 *Id.*，p. 86、98.

〔102〕 德国放弃了1921年与中华民国签订的和平条约中的权利和特权。

〔103〕 Madeleine Chi，*China Diplomacy*，1914-1918，88（1970）.

〔104〕 “一战”期间，日本对德国宣战，占领了山东半岛。战后，日本要求将德国在山东的租借地移交给日本。

〔105〕 Tang，*supra* note 15，p. 710；see also Stephen G. Craft，*V. K. Wellington Koo and the Emergence of Modern China* 51（2004）（解释了顾维钧要求直接归还青岛的理由，因为中国的宣战结束了德国的租约）。

的权利转让给日本而拒绝签字。[106] 1923年，中华民国参议院通过决议，宣布“二十一条”无效。[107] 参议院认为，该条约因未经国会批准故应为自始无效。[108] 该主张的依据是袁世凯无权单独缔结条约，标志着中国首次以国内宪法程序为由对条约的有效性发起挑战。但从国际法和宪法的角度看，该观点仍有待商榷。因为1912年《中华民国临时约法》第35条规定，国会同意是缔结条约的前提。但1912年的《中华民国临时约法》被1914年的《中华民国约法》取代，该宪法扩大了总统的缔约权力。[109] 1914年的《中华民国约法》赋予总统唯一的缔约权力，除非条约涉及“领土变更”或“增加国民负担”的情形，总统的缔约权才受到限制。[110] 但“二战”期间，国民政府于1941年的宣战终止了与日本的所有条约，也包括1915年的“二十一条”。[111]

最后，针对不平等条约重要主张之一，为周鲠生所提出的“情势变更”（*rebus sic stantibus*）（情况发生根本变化）。[112] 他认为没有得到完全的国会批准并不构成终止“二十一条”的充分依据。相反，“情势变更”将能使中国通过宣称缔约后情况发生了重大变化，以充分的理由废除这些条约。由于德国和俄国对东亚的威胁大大减少，日本延长对旅顺和大连的租借期是没有道理的。因自“二十一条”缔结以来所经历的政治变化，中国不再允许外国在其领土上进行租借。此外，“情势变更”原则被写入了《国际联盟盟约》（Covenant of the League of Nations）第19条，该原则的适用也让英

---

〔106〕 基于华盛顿的调停，日本在1922年的华盛顿海军会议上同意将山东归还中国。

〔107〕 Wu, *supra* note 98, p. 170.

〔108〕 *Id.*, p. 171.

〔109〕 *Id.*, p. 179.

〔110〕 *Id.*, p. 179.

〔111〕 马英九在“中日和平条约”生效60周年特展开幕式上的讲话，Taipai Representative Office in Greece, available at http://www.roc-taiwan.org/GR/fp.asp? xItem=319723&ctNode=8128&mp=527 (last accessed June 15, 2014).

〔112〕 See Tang, Supra note 15, p. 707. See Chiu, Supra note 89, p. 255 n. 64.

国在山东的殖民地威海卫于1930年回归中国。[113]

北洋政府和国民政府都以条约中的修订条款和“情势变更”原则作为重新谈判条约的依据，尤以中华民国终止1865年《中比条约》为代表。在中华民国政府单方面终止该条约后，比利时向国际常设法院（PCIJ）起诉中华民国。[114] 比利时认为，该条约第46条只赋予了比利时单方修改条约的权利，中国无权废除该条约。[115] 在国际常设法院的诉讼中，中国打算以“情势变更”作为其主要辩护理由。[116] 由于以英国为首的西方列强试图改善与蒋介石政府的关系，比利时最终勉强同意了中华民国的修约要求，并撤回了对中华民国的诉讼。[117] 而后在1928年与比利时重新谈判签署的《友好通商条约》，成了中国修约的先例。在“二战”中期，以与美国和英国签订的废除治外法权的新条约为标志，所有不平等条约在1943年均被废除。[118] 自1842年的《南京条约》以来，中国的国际法律人花费了一百年的时间才最终实现了修约目标。

（二）参与国际机构

中华民国对不平等条约的法律主义态度，表明了国际法律人对国际法的实用主义立场。随着中国对多边规则制定过程的参与，坚定的法律主义策略进一步升级。这些经验促进了国际法从欧洲中心

---

〔113〕 The Avalon Project, Documents in Law, History and Diplomacy,《国际联盟盟约》，第19条，http://avalon.law.yale.edu/20th_century/leagcov.asp#art19（last visited May 25, 2015）.

〔114〕 See Matthew Craven, “What Happed to Unequal Treaties? The Continuities of Informal Empire”, 74 *Nordic J. Int'l L.*, 368–69（2005）（讨论论证和法庭程序）。

〔115〕 Tang, *supra* note 15, p. 708.

〔116〕 *See id.* 四位外国法律专家瓦尔特·舒金（Walther Schücking），朱塞佩·莫塔（Giuseppe Motta），尼古拉斯·波利蒂斯（Nicholas Politis）以及罗伯特·蓝辛（Robert Lansing）建议北洋政府以情势变更为理由进行辩护。*Id.*

〔117〕 Denunciation of the Treaty of November 2nd, 1865, between China and Belgium（Belg. v. China）, 1929 P. C. I. J.（ser. A）No. 8（Order of May 25）.

〔118〕 Putney & Buell, *supra* note 95, pp. 97–98（列出了放弃在中国的治外法权的国家）。See *supra* note 39, p. 156.

主义向全球普遍规范的转变。此外，受美国总统托马斯·伍德罗·威尔逊十四点建议的影响，民国时期国际法学科中的理想主义促成了它的转型，这对当前的全球治理仍至关重要。[119]

1. 从国联到联合国

中华民国是国联的创始成员之一，该联盟的建立是巴黎和会的结果。[120] 顾维钧曾担任理事会主席，彼时中国是非常任理事国。[121] 与不平等条约不同，伪满洲国事件表明，中华民国最初的努力是将国际条约变成保护国家的盾牌。为了应对日本在东北的侵略和1930年代伪满洲国的建立，顾维钧建议民国政府根据《国际联盟盟约》第10条、第11条和第15条向国联提出申诉。[122] 为了争取美国（当时是国联的非成员方）的支持，中华民国宣称日本的侵略行为违反了1922年的《九国公约》和1928年的《巴黎非战公约》。[123] 这两个公约由日本、美国和中华民国签署，它们分别确保了中国的领土完整和禁止将战争作为外交政策的工具。[124] 《国际联盟盟约》以及这两个公约构成了中华民国对日本提出申诉的法律依据。

“二战”期间，中华民国外交政策的理想主义迅速发展。正是

---

〔119〕 第一点（公开的和平公约）和第十四点（政治独立和领土完整）对1915年的中日条约特别有意义。在巴黎和会上，中国代表团打算依靠威尔逊主义来解决山东问题。Craft, *supra* note 105, pp. 56–57.

〔120〕 Bart Gaens, Juha Jokela, and Eija Limnell, eds., *The Role of the European Union in Asia: China and India as Strategis Partners* 140 (2009).

〔121〕 Tang, *supra* note 15, p. 719.

〔122〕 Chronology 1932, League of Nations Photo Archive, http://www.indiana.edu/~league/1932.htm (last visited March 22, 2013); The Covenant of the League of Nations (1924), arts. X, XI, and XV.

〔123〕 Shinohara, *supra* note 1, p. 121; Stephen G. Craft, "Saving the League: V. K. Wellington Koo, the League of Nations and Sino-Japanese Conflict", 1931–39, 11: 3 *Diplomacy & Statecraft* 91, 95 (2000).

〔124〕 See Milestones: 1921–1936, http://history.state.gov/milestones/1921-1936/NavalConference (last visited August 1, 2013)（"华盛顿海军会议上达成的最后一项多边协议是《九国条约》，它标志着美国对华开放政策的国际化。"）由于该条约只要求在发生违约时进行协商，因此没有执行机制。

这一特点，使中国的第一代国际法律人比他们的西方同行更具有威尔逊主义色彩，并迎来中华民国的国际法转型时刻。中华民国驻维也纳领事馆向犹太人发放签证的事件就说明了这一点。[125] 因为有了这些“能够赖以存活的签证”，超过 2000 名犹太人逃离了纳粹控制的奥地利抵达上海寻求庇护。[126] 与 1938 年在埃维昂莱班会议上的 32 个国家拒绝接受犹太难民的立场相比，[127] 中华民国政府的这一决定是史无前例的。[128]

中华民国对朝鲜的政策也同样体现了理想主义。在二战期间，中华民国向大韩民国临时政府提供财政支持。该政府的总部设在上海，随后迁至重庆。中国在外交上对临时政府的承认也表明中华民国对被日本占领的朝鲜的支持。1943 年，富兰克林·罗斯福、蒋介石和温斯顿·丘吉尔在开罗会议上讨论了盟国对日本的共同立场。[129] 在会议上，英国主张，联合声明只需要说明朝鲜和中国的领土应该从日本的统治中分离出来，而不提及它们的最终所有权。[130] 蒋介石的法律顾问王宠惠强烈地反对了英国的提议。[131] 在中方的坚持下，《开罗宣言》的最终版本规定：“朝鲜应是自由和独立的”，而满洲和台湾“应归还给中华民国”。[132] 这些规定使《开罗宣言》成了维系亚洲战后秩序的基础。

---

〔125〕 *Zhong Hua Min Guo Yu Guo Ji Fa*: *Min Guo Bai Nian Zhong Yao Ji Shi* [*ROC and International Law*: *Important Issues of ROC Centenary*] 41 (C. V. Chen et al. eds., 2011).

〔126〕 *Id.* The ROC consul general, Feng Shan He, was named Righteous among the Nations by Israel for his humanitarian courage. Chinese Visas in Vienna: Feng-Shan Ho, China, http://www.yadvashem.org/yv/en/righteous/stories/ho.asp (last visited August 5, 2013).

〔127〕 *See Id.* (“各国代表表达对难民的同情，但大多数国家，包括美国和英国，都拒绝接纳更多难民”)。

〔128〕 The Evian Conference, http://www.ushmm.org/outreach/en/article.php? ModuleID = 10007698 (last visited August 3, 2013).

〔129〕 对于美国、英国、中华民国的立场，参见 The Cairo Conference, 1943, http://2001-2009.state.gov/r/pa/ho/time/wwii/107184.htm (last visited August 3, 2013).

〔130〕 *Id.*, p. 143.

〔131〕 Liang Ching-ch'un, Kai Luo Hui Yi [Cairo Declaration] 143-45, 143 (1973).

〔132〕 *Id.*, pp. 146-47.

中华民国的国际法律人也深刻地影响了战后的多边机构组建。一个初步但最重要的贡献便是赋予了中国与美、苏和英同样的战后地位。虽然王世杰反对这一主张，但王宠惠和顾维钧则认为，四巨头地位将提高中国的国际地位。[133] 在盟国中，英国和苏联反对中华民国的四巨头地位，因为他们认为中国是一个“次要的大国，更愿意优先考虑欧洲”。[134] 但他们不得不屈服于支持中国的罗斯福。正如《联合国宪章》第 23 条所规定的那样，中华民国作为联合国的创始国之一，成为安理会五个常任理事国之一。[135]

中华民国的理想主义，在创建联合国和国际法院的敦巴顿橡树园会议和旧金山会议上达到顶峰。相关会议上，中华民国提出应建立一支永久性国际警察部队，并赋予国际法院强制管辖权的建议。[136] 该观点遭到了许多国家的反对，甚至美国代表也认为中华民国“过于相信国际法”。[137] 中华民国的提案在某些方面对《联合国宪章》做出了独特的贡献。《联合国宪章》第 13 条规定，大会应促进“国际法之逐渐发展与编纂”，这是根据中国代表团的建议制定的。[138] 第 13 条促使了今天的国际法委员会的成立，该委员会由致力于执行法律事务的著名法学家组成。[139] 此外，中华民国的

---

〔133〕 Tang, *supra* note 15, p. 721.

〔134〕 Zi Zhongyun, “Big Power Assurance of Peace versus the Principle of Equality among All Nations”, in *The Dumbarton Oaks Conversations and the United Nations* 1944-1994 47, 55 (Ernest R. May & Angeliki E. Laiou eds. 1998).

〔135〕 U. N. Charter art. 23, para. 5.

〔136〕 *Id.*, pp. 174-76; *China and the United Nations*, Report of a Study Group set up by the China Institute of International Affairs (Published for the Carnegie Endowment for International Peace) (1959) [China and the Untied Nations], pp. 32-37.

〔137〕 Craft, *supra* note 105, p. 175.

〔138〕 可能是出于该原因，中华民国推荐的梁鋆立担任了联合国国际法发展与编纂司的第一任司长达 18 年。梁也是第一位受邀在海牙国际法学院讲学的中国学者。See generally Yuen-Li Liang, Le Développement et la Codification du Droit International, *Recueil Des Cours*, vol. 73: 2 (1948), pp. 407-33.

〔139〕 Yuen-Li Liang, “Roscoe Pound and the Science of International Law”, 22 *Tulane L. Rev.* 369, 374 (1948).

主要努力体现在托管制度。美国、英国和法国最初反对中华民国的立场，即托管的基本目标应该是独立而不仅是自治。[140] 在小国的支持下，第76条将“逐步发展为自治或独立”作为托管领土的首要目标。

2. 国际法院与外国法院

中华民国的战时政策和战后对国联和联合国的立场，构成了其国际法转型时刻的一个组成部分。中华民国法律能力的提升不仅体现在国家对多边组织的参与上，也体现在其对法庭诉讼的参与上。尽管清政府参加了创建第一个多边司法机构——常设仲裁法院——的第二次海牙和平会议，但清朝官员对西方主导的法院的公正性仍持怀疑态度。

1909年清政府拒绝了葡萄牙的建议，即通过诉诸常设仲裁院的程序来裁决中国与葡萄牙统治的澳门之间的领土争端。[141] 同样，在1963年，中华人民共和国拒绝了印度关于在常设仲裁法院解决边界冲突的建议。[142] 1972年，根据《国际法院规约》第36条的规定，中华人民共和国向联合国提交了拒绝承认中华民国接受国际法院的强制管辖权的声明。[143] 直到2009年，参加国际法院关于科

---

〔140〕 Tang, *supra* note 15, p. 721; *China and the United Nations*, *supra* note 136, pp. 58-60.

〔141〕 Jerome Alan Cohen & Hungdah Chiu, *People's China and International Law: A Documentary Study* 11 (1974).

〔142〕 *Zhong Guo Guo Ji Fa Shi Jian Yu An Li* [*International Law in China: Cases and Practice*] 371 (Duan Jielong ed., 2010).

〔143〕 Multilateral Treaties Deposited with the Secretary-General, Status as at 1 April 2009, p. 29 n. 1, U. N. Doc. ST/LEG/SER. E/26, U. N. Sales No. E. 09. V. 3 (2009).

索沃宣布独立的咨询程序，才是中华人民共和国首次在国际法院出庭。[144]

中华民国参与国际法院是基于对“文明国家”标准的追求，但中华民国的国际法律人的实用主义立场，使他们能够通过国际司法程序来解决主权争端。他们对司法程序的参与体现了民国时期中国国家主义、实用主义和理想主义的特点。中华民国第一次诉诸常设仲裁法院（PCA）的尝试与前述的对德宣战有关，这是作为撤销不平等条约的手段。在“一战”期间，德国寻求中立国荷兰的援助，以维系德国在中国的利益。[145] 中华民国政府和荷兰在德国的武器弹药是由中国还是荷兰大使馆接管的问题上存在分歧。[146] 1917 年，中华民国政府要求根据 1915 年中荷关于解决争端的条约，将此问题提交给常设仲裁法院。[147] 尽管由于荷兰的延迟应诉和战争的结束，导致该争端并未进入正式程序，但它凸显了中华民国对法律主义不断上升的自信。[148]

中华民国首次在常设仲裁法院应诉是在 1935 年“中国与美国无线电公司案”。[149] 争议的起因是中华民国与麦凯无线电与电报公

---

〔144〕 Jia, *supra* note 2, pp. 46–47. 关于中华人民共和国参与其他国际法院的信息，参见 Julian Ku, “China and the Future of International Adjudication”, 27 *MD. J. Int'l L.* 154, 160–71 (2012). 相比之下，中国在世界贸易组织（WTO）的贸易诉讼中更为积极。See generally Bryan Mercurio & Mitali Tyagi, “China's Evolving Role in WTO Dispute Settlement: Acceptance, Consolidation and Activation”, 3 *Eur. Y. B. Int'l Econ. L.* 89, 89–123 (2012); Henry Gao, “China's Participation in the WTO: A Lawyer's Perspective”, 11 *Sing. Y. B. Int'l L.* 41, 1–34 (2007). 对于中华人民共和国具有“中国特色”的法律争论，参见 Mary E. Footer & Andrew R. Forbes, “Changing Ideologies in Trade, Technology and Development: The Challenge of China for International Trade Law”, in 2 *The Law of the Future and the Future of Law* 309, 309–22 (Sam Muller et al. eds., 2012).

〔145〕 Cai, *supra* note 100, p. 81. 关于德国问题，荷兰部长贝拉斯（Jonkheer Frans Beelaerts）成为与中国政府的主要谈判者。*Id.*, p. 82.

〔146〕 *Id.*, pp. 97–110.

〔147〕 *Id.*

〔148〕 See Cai, *supra* note 100.

〔149〕 Radio Corporation of America v. The National Government of the Republic of China (1935).

司（Mackay Radio and Telegraph Company）签订了《无线电通信协议》和补充协议。[150] 而美国无线电公司（Radio Corporation of America）则认为，这些协议违反了中华民国与其签订的协议。[151] 仲裁庭认为，《无线电通信协议》的不具有“排他性”，并不构成抑制潜在竞争的“伙伴关系或合资企业”。[152] 此外，他们认可了中华民国的辩护，即无线电线路是“公共服务”，使国民能够使用其他设施是“中国政府的责任”。尽管仲裁员都是欧洲人，但他们还是作出了有利于中华民国的裁决。[153] 因此，该案也成为中国在国际舞台上第一个成功的诉讼。

中华民国自信的法律主义与在国际法院任职的中国法学家的出现同步发展。孙中山的第一任外交部长和蒋介石的法律顾问王宠惠被任命为首位中国籍的国际常设法院法官（PCIJ），[154] 之后则由郑天锡接任。[155] 比利时与中国就 1865 年《中比条约》提起的为期三年的诉讼，以比利时在 1929 年的撤诉而告终。[156] “二战”后，曾任中央政治学校法学教授的梅汝璈担任了远东国际军事法庭法官。[157] 11 名法官审判了 28 名日本高级战犯，审理了包括南京大屠

---

〔150〕 Award of the Tribunal, Radio Corp. of Am. v. The Nat'l Gov't of the Rep. of China, 3 *U.N. Reports of Int'l Arbitral Awards* 1621, 1623 (1935).

〔151〕 See *supra* note 149, pp. 1–3.

〔152〕 *Id.*, pp. 1626–29.

〔153〕 See *supra* note 149, at cover page.

〔154〕 See Spiermann, *supra* note 46, p. 119 (“［王］首次出席了 1923 年的第三次常会，常设法院在会上对“Wimbledon 案”作出了第五项判决，还发表了三项咨询意见……”).

〔155〕 League of Nations Photo Archive, Permanent Court of International Justice (PCIJ) Individual Judges in Alphabetical Order, http://www.indiana.edu/~league/pcijindjudges.htm.

〔156〕 Denunciation of the Treaty of November 2nd, 1865, between China and Belgium (Belg. v. China), *supra* note 117, pp. 6–7.

〔157〕 梅汝璈在 1946 年至 1948 年期间担任法庭法官。Legal Robe Worn by Mei Ju-ao in the Tokyo War Crimes Tribunal, Nat. Museum of China, http://en.chnmuseum.cn/tabID/549/Default.aspx?AntiqueLanguageID=4117 (last Visited August 9, 2013).

杀在内的相关暴行。[158] 梅汝璈对被告判处死刑的坚定立场与许多西方法官形成鲜明对比,[159] 尤其与印度法官拉达比诺德·帕尔(Radhabinod Pal)认定所有被告无罪的观点截然相反。[160] 梅汝璈和其他中华民国国际法律人在死刑问题上的共同立场表明，中国所坚持的理想主义与欧洲的意识形态是不同的。在梅汝璈之后，徐谟和顾维钧成为国际法院（ICJ）这一联合国的主要司法机构的法官,[161] 顾维钧是最后一位由国民政府提名的法官。[162] 中华民国政府在 1948 年和 1949 年参加了国际法院的两次咨询程序,[163] 相关材料表明了中华民国对一个国家加入联合国条件的立场，并详细说明了其对为联合国服务所受伤害的赔偿的看法。

除国际法院外，中华民国政府也参与了外国法院的司法程序。被称为“旧金山的中日战争”的“广源轮案”是“二战”期间在

---

〔158〕 See The Tokyo War Crimes Trials, CND. ORG, http://cnd.org/mirror/nanjing/NMTT.html [“七（7）人被判处绞刑，十六（16）人被判处无期徒刑，二（2）人被判处较轻刑罚。”]

〔159〕 He Qinhua, Dao Du: Mei Ru-ao Yu “Yuan Dong Guo Ji Jun Shi Fa Ting” [导言：梅汝璈与远东国际军事法庭], in Mei Ru-ao, Yuan Dong Guo Ji Jun Shi Fa Ting [远东国际军事法庭] 1, 6-7 (2005).

〔160〕 See Ushimura Kei, “Pal's ‘Dissentient Judgment’ Reconsidered: Some Notes on Postwar Japan's Responses to the Opinion”, 19 *Japan Rev.* 215, 217-18 (2007) (讨论拉达比诺德·帕尔的反对意见).

〔161〕 Robert Kolb, The Elgar Companion to the International Court of Justice, 105 (2014).

〔162〕 顾维钧的任期于 1967 年结束，中华人民共和国于 1971 年取代了中华民国在联合国的席位。

〔163〕 H. Hunghui Chang, Letter from the Chinese Ambassador at the Hague to the Registrar of the Court (19 January 1948), in Cour Internationale de Justice, Memoires, Plaidoiries et Documents, 1948 Conditions de L'admission d'UN Etat Comme Membre des Nations Unies (Article 4 de la Charte) (1948), p. 14; Henry Kunghui Chang, Letter from the Chinese Ambassador at the Hague to the Registrar of the International Court of Justice (26 January 1949), in Cour Internationale de Justice, Memoires, Plaidoiries et Documents, 1949 Reparation des Dommages Subis au Service des Nations Unies (1949), pp. 13-14.

美国法院进行的代表性诉讼案件。[164] 广源号是一艘原名为“艾娜克里相森”号的汽船，后被其美国船东卖给了中国的永源轮船公司。[165] 该公司与一家日本公司签订了一份租船合同，约定将 2100 吨废金属运往日本，[166] 这些废品将被用于生产针对中国军队的军事武器。为了阻止这次航行，中华民国政府在 1938 年征用了这艘船。[167] 废品的所有者——日本横滨正金银行立即要求旧金山的法院下令将该船运走以卸下货物。在没有质疑废品所有权的情况下，中华民国认为，在该船被征用后，法院对其没有管辖权。[168] 因此，法院以礼让和管辖豁免为由，拒绝了日方提出的指挥船舶航行和使用齿轮的请求，[169] 最终令废品无法被运往日本。这些案件都表明了中华民国坚定的法律主义立场对外交政策的影响。

（三）国际法律人的知识遗产

海牙和会上，清朝的官员们把“文明国家”概念引入中国，并逐渐发展成为中华民国的指导原则。在两次世界大战期间，中华民国不仅废除了不平等条约制度，也让中国开始摆脱半殖民统治。

在中国共产党领导下，中华人民共和国宣布废除民国时期的各种法律制度，并尝试废除治外法权。[170] 尽管法律制度在新中国建设初期发展相对缓慢，但民国时期的国际法人才仍发挥了重要作

---

〔164〕 Yokohama Specie Bank Ltd. v. Wang, 113 F. 2d. 329 (9th Cir. 1940). 广源轮案包括三个法庭程序：①日本军官和中国海员之间的纠纷，②占有船舶的诉讼，以及③占有船上货物的诉讼。*The Case of the S. S. Kwang Yuan* x to xvii (Chao Chin Huang ed., 1939) [*The Case of the S. S. Kwang Yuan*]. 中华民国驻旧金山总领事黄朝钦在此案的法律论证中发挥了重要作用。

〔165〕 Wang, 113 F. 2d. p. 330.

〔166〕 *The Case of the S. S. Kwang Yuan*, *supra* note 164, pp. 59-60.

〔167〕 Wang, 113 F. 2d. p. 330.

〔168〕 *Id.*, pp. 331-32.

〔169〕 *Id.*, pp. 331-32.

〔170〕 See Jianfu Chen, *Chinese Law: Towards an Understanding of Chinese Law, Its Nature and Development* 36-37 (1999)（讨论中华人民共和国废除国民党六法全书的问题）。

用。[171] 周鲠生作为条约修订“情势变更论”的提出者，他于1976年出版的两卷本的《国际法》,[172] 是中国大陆的主要国际法学教科书。[173]

周鲠生的学生王铁崖于1979年在北京大学恢复了中国大陆的国际法研究。[174] 1980年代初，倪征燠则参与了“湖广铁路债券案”。[175] 该案中，美国法院被要求就中国可否依据主权豁免而拒绝支付清政府所欠的债款作出裁判。[176] 中国政府起初拒绝在美国法院出庭，但后来还是聘请贝克·麦坚时事务所律师说服法院撤销了不利的缺席判决。[177] 在倪征燠的协助下，该案成为新中国参与外国诉讼的第一例案件。[178] 随后，在顾维钧国际法院法官任期结束近二十年后的1985年，倪征燠成为首位由中华人民共和国提名的国际法院法官。[179]

---

〔171〕 He Qinhua, Dao Du: Mei Ru-ao Yu “Yuan Dong Guo Ji Jun Shi Fa Ting” [导言：梅汝璈与远东国际军事法庭], in Mei Ru-ao, Yuan Dong Guo Ji Jun Shi Fa Ting [远东国际军事法庭] 1, 3 (2005). See http: //www. 21ccom. net/articles/rwcq/article_ 2013050982999_ 5. html.

〔172〕 Chen, *supra* note 37. 周鲠生被中国学者誉为“中国现代国际法之父”。See http: //jpkc. whu. edu. cn/jpkc2010/gjgf/content. asp? m = 4) and http: //www. globalview. cn/ReadNews. asp? NewsID = 32480.

〔173〕 Liu Zhongmeng, Guo Ji Fa Zhi Fu: Zhou Gengsheng Xian Sheng Shu Lue [Father of International Law: Introduction to Mr. Zhou Gengsheng], available at http: //www. doc88. com/p - 1186130820865. html (last visited October 19, 2014).

〔174〕 Wang Tieya, “Teaching and Research of International Law in Present Day China”, 22 *Colum. J. Transn'l L.* 77, 78 (1983-84).

〔175〕 Jackson v. People's Republic of China, 794 F. 2d 1490 (11th Cir. 1986).

〔176〕 该案发生在美国《外国主权豁免法》颁布之前，该法包含主权豁免主张的“商业例外”。See Monroe Leigh, “Jackson v. People's Republic of China, 794 F. 2d 1490”, 81 *AM. J. Int'l L.* 206, 214-16 (1987)（讨论地区法院和上诉法院的裁决以及国务院的参与）。

〔177〕 William Scarbrough, Practicing Law in China, 6 Practice Innovation, Managing in a Changing Legal Environment, Mar. 2005, p. 1, 9.

〔178〕 All Members, International Court of Justice, http: //www. icj-cij. org/court/index. php? p1 = 1&p2 = 2&p3 = 2 (last visited September 2, 2013).

〔179〕 *Id.*

四、结论

本文通过研究国际法在中华民国时期的演变，揭示了国际法作为一门专业性与知识性学科的重要发展。本文认为，国家主义、实用主义和理想主义的特征决定了民国时期的国际法发展。这些特征改变了以欧洲为中心的民族法，激发了近代中国从威斯特伐利亚主权向文明民族原则的思想转变。本文通过对近代中国国际法专业化的探讨，透视了国际法教育的发展和西方的影响。它进一步探讨了民国政府外交部的改革、国际法学会和上海会审公廨的实践是如何培养中国第一代国际法律人的。基于他们对国际法的实用主义立场，这些著名的法学家诉诸法律主义政策，来推进这个脆弱国家的外交目标。

中华民国对国际法的战略性参与，体现在对不平等条约的修订及其对国际组织和法院的参与上。国民政府的战时政策及其在联合国成立中的作用，最能体现国际法律人的理想主义，并促使了国家的国际法转型时刻的到来。

附件：民国时期国际法律人精选名单

姓名	教育背景	职务	备注
伍廷芳（1842–1922）	伦敦大学学院 林肯律师学院	清政府驻美公使（1897–1899）；中华民国外交部长（1916–1917）	生于新加坡
陈友仁（1878–1944）	特立尼达圣玛丽学院	中华民国外交部长（1931–1932）	生于特立尼达

续表

姓名	教育背景	职务	备注
王宠惠（1881-1958）	北洋大学法学学士；耶鲁大学法学博士（DCL）	中华民国外交部长（1912；1937-1941）；常设国际法院（PCIJ）法官（1922-1936）	中华民国首任外交部长；常设国际法院首任中国籍法官
王正廷（1882-1961）	北洋大学法学学士	中华民国外交部长（北洋政府1922-1923；1924；1926）；（国民政府1928-1931）	常设仲裁法院（PCA）首位中国籍成员；国际奥委会首位中国籍委员
郑天锡（1884-1970）	伦敦大学学院法学博士（LL.D.）	常设国际法院（PCIJ）法官	
顾维钧（1888-1985）	哥伦比亚大学政治学博士（Ph. D.）	中华民国外交部长（北洋政府1922；1926-1927；1931）；国际法院（ICJ）法官（1956-1967）	
周鲠生（1889-1971）	巴黎大学法学博士（Ph. D.）	武汉大学校长（1945-1949）	留在中国大陆
王世杰（1891-1981）	巴黎大学法学博士（Ph. D.）	武汉大学首任校长（1929-1933）；中华民国外交部长（1945-1948）	

续表

姓名	教育背景	职务	备注
燕树棠（1891–1984）	北洋大学法学学士；耶鲁大学法学博士（J. S. D.）	北京大学和西南联大法律系主任（1935–1938）	留在中国大陆
向哲濬（1892–1987）	乔治·华盛顿大学法律博士（J. D.）	远东国际军事法庭检察官（1946–1948）	留在中国大陆
徐谟（1893–1956）	北洋大学法学学士；乔治·华盛顿大学法学硕士（LL. M）	国立政治大学外交学系创始主任（1930–1939）；国际法院（ICJ）法官（1946–1956）	
吴经熊（1899–1986）	东吴大学法学学士；密歇根大学法律博士（J. D.）	上海会审公廨法官（1927–1929）；	1946年《中华民国宪法》的主要起草者
梁鋆立（1903–1979）	东吴大学法学学士；乔治·华盛顿大学法学博士（S. J. D.）	联合国法律事务厅法律编纂司司长（1946–1964）	
梅汝璈（1904–1973）	芝加哥大学法律博士（J. D.）	远东国际军事法庭法官（1946–1948）	留在中国大陆

续表

姓名	教育背景	职务	备注
崔书琴（1906-1957）	哈佛大学政治学博士(Ph. D.)	西南联大政治学系教授(1938-1946)；台湾政治大学外交研究所创始所长（1954-1955）	
倪征燠（1906-2003）	东吴大学法学学士；斯坦福大学法律博士（J. D.）	远东国际军事法庭中国检察官小组首席顾问（1947-1948）；国际法院（ICJ）法官(1985-1994年)	留在中国大陆
彭明敏（1923至今）	麦吉尔大学法学硕士(LL. M)巴黎大学法学博士（Ph. D.）	台湾大学政治学系教授(1961-1962)	
丘宏达（1936-2011）	台湾大学法学学士哈佛大学法学博士（S. J. D.）	马里兰大学法学院教授(1974-2011)	

从“三个世界”理论看中华人民共和国前三十年国际法在中国的发展

[美] 络德睦*著　秦测皓**译　魏磊杰 校

一、对于“中国”的法律拟制

本文将从国际法的角度，考察中华人民共和国对其国际地位不断变化的理解。第二部分首先分析了20世纪50年代受苏联影响的理论争辩。中国如何将社会主义与国家政权和法律机构的存续相协调？在国家间关系方面，是否有一套独特的国际法调整包括中国在内的社会主义国家之间的关系？第三部分转向毛泽东对苏联“修正主义”（revisionism）的批判，以及他在动荡的60年代对“三个世界”（Three Worlds）的冷战模式的重新认识，并由此产生了一种全新的以中国为中心的社会主义国际主义观念。毛泽东没有把冷战的二元对立看成资本主义和社会主义之间的较量，而是从根本上将其视为帝国主义和反帝国

* 络德睦（Teemu Ruskola），美国宾夕法尼亚大学法学教授。
** 秦测皓，北京大学法学院法律硕士研究生。

主义之间的斗争。这使他把两个超级大国视作事实上支配世界的盟友，二者企图瓜分世界，并且站在中国领导的世界所有被压迫人民的对立面。这种对社会主义理论不同寻常的重构，是建立在一种混合政治本体论（hybrid political ontology）基础上的，不仅具有马克思主义的特点，而且受到道家的启发。它取代了历史辩证法所展开的目的论的理解，设想了一个无休止的、永远处于变化之中的矛盾的世界。在本文的最后，我们将分析中国自1978年以来的“开放”并重新与国际法接轨后所面临的持续性的理论挑战。[1]

二、苏联20世纪50年代的理论争辩

在经典马克思主义理论中，积极的国际法理论是没有必要的。[2] 马克思所设想的社会主义革命强调的是世界性革命，而不是民族性革命。《共产党宣言》的受众毫无疑问是全球性的：“全世界的无产者，联合起来!”[3] 正如马克思在其他地方所阐述的那样：“工人的国籍既不是法国的，也不是英国的，更不是德国的，而是劳动……他的政府既不是法国的，也不是英国的，更不是德国的，而是资本”[4]。真正的政治主体既不是公民，也不是民族国家，而是“人民”——一个由工人获得了政治自觉后组成的政治类

〔1〕 作者在其书中分析了中国提出的理论难题，对法律和发展理论的较大意义。See *Legal Orientalism: China, the United States, and Modern Law*, Harvard University Press, 2013, pp. 221-2.

〔2〕 马克思在不加赘述的情况下偶尔提到：“应该支配私人关系的简单法律或道德和正义”，也应该提供“国家间交往的最重要的规则”。See Karl Marx, “Inaugural Address of the International Workingmen's Association”, in Karl Marx, *Collected Works*, vol. 20, International Publishers, 1985, p. 11, 13.

〔3〕 Karl Marx, “Manifesto of the Communist Party”, in Robert C. Tucker (ed.), *The Marx-Engels Reader* 2nd ed., Norton, 1978, p. 473, 500.

〔4〕 Karl Marx, “Draft of an Article on Friedrich List's Book *Das nationale System der politischen Ökonomie*”, in Karl Marx and Friedrich Engels, *Collected Works*, vol. 4, Electric Book, 2010, p. 265, 280.

别。通常以国家名义行事的资产阶级国家，只不过是统治阶级的管理委员会，它所假定的主权最终受制于历史唯物主义的规律，而不是国家的法律。因此，在科学社会主义的世界观中，国际法与国家法一样都是表象的，它们仅仅反映了特定经济基础下的生产方式。[5] 随着共产主义的最终胜利，国家将凋零并最终归结于它所属的地方——即弗里德里希·恩格斯（Friedrich Engels）用令人难忘的话说的“古代博物馆，在纺车和青铜斧的旁边”[6]。在一个没有国家的世界里，显然也就不需要国际法了。

起初，中国社会主义者也持有这种全球观和反国家主义的观点，不过这种反国家主义逐渐衰落。1932 年，毛泽东将国际联盟（League of Nations）称为“强盗联盟”（League of Robbers），有效地表明，皮埃尔·约瑟夫·蒲鲁东（Pierre-Joseph Proudhon）的财产观——“财产就是盗窃”——可以类推适用于主权。[7] 《中华苏维埃共和国宪法大纲》明确宣告“世界无产阶级与被压迫民族是与它站在一条革命战线上，无产阶级专政的国家”[8]。当共产党人最终在 1949 年赢得了对国民党的战争，建立了中华人民共和国时，他们发布了一份名为《共同纲领》的准宪法文件，其中他们再次提出“联合世界上一切爱好和平、自由的国家和人民，首先是联合苏

---

〔5〕 可以肯定的是，马克思和恩格斯确实试验过潜在的“历史多线发展理论”（multi-linear theories of history），尽管他们从未系统地发展过这些理论。See Bill Brugger and David Kelly, “Stages of Development”, in *Chinese Marxism in the Post-Mao Era*, Stanford University Press, 1990, p. 19; Eric Hobsbawm, “Introduction”, in Karl Marx, *Pre-Capitalist Economic Formations*, Jack Cohen trans., International Publishers, 1964, p. 9.

〔6〕 Friedrich Engels, *The Origin of the Family, Private Property, and the State*, Eleanor Burke Leacock ed., International Publishers, 1972, p. 232.

〔7〕 Stuart R. Schram, *The Political Thought of Mao Tse-tung*, Praeger, 1969, p. 390.

〔8〕 *Constitution of the Chinese Soviet Republic* Art. 17, in *Fundamental Laws of the Chinese Soviet Republic*, Martin Lawrence, 1934.

联、各人民民主国家和各被压迫民族”[9]。

1954 年正式颁布的第一部《中华人民共和国宪法》同样宣布，中华人民共和国与“全世界爱好和平的人民”之间存在着友好关系，并规定“根据平等、互利、互相尊重主权和领土完整的原则同任何国家建立和发展外交关系的政策”。[10] 就连 1982 年颁布的中国目前改革时期的宪法，也是一部全球性的宪法，它明确宣示：“中国革命和建设的成就是同世界人民的支持分不开的。”[11] 在中国的整个宪法史中，这些对“世界”的一致提法是不同寻常的。同样重要的是，虽然上述宪法文件中包含了一些外交关系的规定，但都没有提到国际法本身——这与历史唯物主义规律相对应，且这一特征在现行宪法继续出现。[12]

尽管如此，撇开社会主义理论不谈，中华人民共和国的正式成立确实是 20 世纪一大矛盾的奇观：社会主义国家。1949 年，毛泽东在回答自己提出的一个反问时，明确表示他无意消灭国家：“‘你们不是要消灭国家权力吗?’我们要，但是我们现在还不要，我们现在还不能要。”[13] 相反，毛泽东利用“人民民主专政”的概念将他对国家机器的继续依赖正当化。他这样做是在效仿苏联的先例。1917 年，正如马克思所预言的那样，列宁很可能希望发动一场世界性革命。然而，在革命尚未成功，苏联在仍然被政治对手所包围的情况下废除国家机构，显然是不可行的。

此后，苏联成为斯大林所说的“一国社会主义论”（socialism

---

〔9〕 *Common Program of the Chinese People's Political Consultative Congress* (passed at the First Plenary Session of the Chinese People's Political Consultative Congress, 29 September 1949) Art. 11, in *Fundamental Legal Documents of Communist China*, Albert P. Blaustein ed., F B Rothman, 1962, pp. 34, 38.

〔10〕 *Constitution of the People's Republic of China* (1954) Preamble.

〔11〕 *Constitution of the People's Republic of China* (1982) Preamble.

〔12〕 Ibid., Art. 24. 号召国家对人民进行“辩证唯物主义和历史唯物主义”的教育。

〔13〕 Mao Tse-tung, “On the People's Democratic Dictatorship”, in *Selected Works of Mao Tse-tung*, vol. 4, Foreign Languages Press, 1967, p. 411, 418.

in one country）的试验地——建立一个独立的社会主义国家，拥有强大的军事力量和工业基础，能够抵抗资本主义的敌人。在成熟的共产主义到来之前，国家将继续存在，但它们将掌握在人民手中——或者更具体地说，在列宁主义版本的马克思主义理论中，人民的利益将由党作为其先锋队来代表。毛泽东采纳了苏联的立场，宣布中国共产党的当务之急是“强化人民的国家机器，这主要是指人民的军队、人民的警察和人民的法庭，借以巩固国防和保护人民利益”〔14〕。在充满敌意的冷战世界，社会主义的一些基本原则就这样在苏联和中国让位给了以国家为基础的民族主义和经济发展“双神”（twin gods）。

1958年，毛泽东表达了他对国际法的蔑视，他向一群拉丁美洲的领导人解释说，成为“国际旧秩序的反抗者”（international outlaw）并不代表法律上的无能，而是一种自由：“西方国家认为中国是非法国家。这就是为什么我们可以不考虑限制我们的法律而行动的原因。”〔15〕

回顾过去，20世纪50年代初期至中期被视为中国社会主义法制（socialist legality）的黄金时代，随后即“文革”期间人民法院和其他国内法律机构的解体。20世纪50年代中期，当国际法首次成为理论探讨的主题时，其理论化主要是以苏联早期的争论为基础的，正如苏联的法律制度为这一时期的中国国内法律规则提供了样本一样。虽然卡尔·马克思的学术生涯是从法律系学生开始的——在柏林大学，他师从著名的历史法学派的领军人物萨维尼（Friedrich Karl von Savigny）——但他很快就放弃了法律，此后除了将法律归入意识形态上层建筑的范畴之外，再也没有表现出对法

〔14〕 Ibid.

〔15〕 Jerome Alan Cohen and Hungdah Chiu, *People's China and International Law: A Documentary Study*, vol. 2, Princeton University Press, 1974, p. 1295.

律理论化的任何浓厚兴趣。[16] 经典马克思主义对法律的立场由苏联的叶夫根尼·帕舒卡尼斯（Yevgeny Pashukanis）作了更详细的阐述，他在1924年出版了《马克思主义与法律的一般理论》一书。[17] 他的“商品交换理论”（commodity exchange theory）将法律形式从商品中推演出来，使法律本质上成为资本主义的附属品，从而在根本上与社会主义的制度结构不相容。帕舒卡尼斯几乎只专注于国内法（municipal law），但他很快被斯大林清洗，并被安德烈·维辛斯基（Andrei Vyshinsky）取代，后者成为苏联首席法律理论家[18]——或正如杜登教（Michael Dutton）尖锐地指出的那样，“最终是帕舒卡尼斯，而不是法律‘枯萎了’。”[19] 维辛斯基认为，法律在苏维埃国家中具有适当的地位，因为它代表着“上升为法律等级的我们人民的意志”。[20] 1924年，在帕舒卡尼斯的著述发表的同时，叶夫根尼·克罗文（Yevgeny Korovin）出版了《过渡时期的国际法》（*International Law of the Transition Period*）一书，这是苏联第一次系统地将马克思主义运用于国际法的尝试。克罗文充分认识到由此带来的理论难题，但他务实地认为，只要有国家存在，国际法就不会消失，而国家又是完成向全面共产主义过渡之前的一种必

〔16〕 关于马克思对萨维尼的研究，可参见 Donald R. Kelley，“The Metaphysics of Law：An Essay on the Very Young Marx”，83 *American Historical Review* 350，351-3（1978）.

〔17〕 See Evgeny B. Pashukanis，*Law and Marxism：A General Theory*，Barbara Einhorn trans.，Pluto Press，1989.

〔18〕 可以肯定的是，帕舒卡尼斯确实发表了一些关于该主题的评论，尽管他没有进一步阐述。柴纳·米耶维（China Miéville）最近承担了将其理论延伸到国际法的任务。See China Miéville，*Between Equal Rights：A Marxist Theory of International Law*，Haymarket Books，2005. See also Robert Knox，“Marxist Approachesto International Law”，in Anne Orford and Florian Hoffmann（eds.），*The Oxford Handbook on the Theory of International Law*，Oxford University Press，2016，p. 306. 关于马克思主义与当今国际法的相关性，参见 Susan Marks（ed.），*International Law on the Left：Re-Examining Marxist Legacies*，Cambridge University Press，2008.

〔19〕 Michael Dutton，*Policing Chinese Politics*，Duke University Press，2005，p. 306.

〔20〕 See Andrei Y. Vyshinsky，*The Law of the Soviet State*，H. W. Babb trans.，Macmillan，1948，p. 75. On Pashukanis and Vyshinsky，see also Scott Newton，*Law and the Making of the Soviet World：The Red Demiurge*，Routledge，2015，pp. 100-27.

要的政治形式。在过渡时期，他认为有三种类型的国际法存在：调整资本主义国家之间关系的国际法；调整社会主义国家之间关系的国际法；最后，调整社会主义国家与资本主义国家之间关系的国际法。值得注意的是，他因此提出了一个完全新颖的法律领域——一个专门的社会主义国际法——以及一个在社会主义国家和资本主义国家之间的更有限的国际法，后者以条约法为主并且主要局限于解决实际问题。[21]

20世纪50年代的中国，关于国际法的辩论发生在“百花齐放”的背景下。毛泽东鼓励“百花齐放，百家争鸣”以此激发对艺术和科学的追求。但这场辩论没有得出明确的结论，因为其被另一场群众运动，即所谓的“反右运动”所打断，这场运动本身就是党对刚刚招来的批评的回应。在这个受苏联影响的时代，辩论的术语基本上是由克罗文提出的，辩论的主题是资产阶级国际法在资本主义国家中的存在和相对地位、社会主义国际法在社会主义国家中的存在和相对地位，以及可能适用于所有国家的普遍国际法（general international law）。[22]

经典马克思主义批判资产阶级国际法。社会主义国际法的内容除了一个无产阶级国际主义的更高级法律的大体概念外，还没有准确的定义。它以社会主义共同体的存在为前提，共同体的集体利益超过任何一个成员的利益；它意味着有限主权的观念和国家间的兄弟关系（fraternal framework）。例如，它可能要求社会主义国家之间根据需要提供物质援助。确定适用于各集团的普遍国际法的存在

---

〔21〕 关于克罗文和苏联辩论的概述，大体参见 Boris N. Mamlyuk and Ugo Mattei，“Comparative International Law”，36 *Brooklyn Journal of International Law* 385，395–406（2011）；Bernard A. Ramundo and Armins Rusis，*The*（*Soviet*）*Socialist Theory of International Law*，Institute for Sino–Soviet Studies，George Washington University，1964，pp. 17–41.

〔22〕 关于20世纪50年代的辩论，大体参见 Cohen and Chiu，above n. 15，vol. 1，47–64；Suzanne Ogden，“Chinese Concepts of the Nation，State，and Sovereignty”，PhD thesis，Brown University，1974，pp. 122–41；Hungdah Chiu，“Communist China's Attitude Toward International Law”，60 *American Journal of International Law* 245，246–60（1966）.

和可能的内容是一项更加难以实现的任务。对其基本特征的大量探索集中在“和平共处五项原则”，这是一系列基本原则，起源于1954年中国与印度达成的协议，并且至今仍然是中国处理国际法问题的基本纲领。〔23〕理论探讨的另一个重点是国际法的阶级性。〔24〕既然它与某一特定的生产方式没有直接的联系——不同于国内法——那么它能免于阶级基础吗？

辩论于1958年在上海组织的一次会议上达到高潮。尽管上海会议没有达成共识，但所有与会者都相信社会主义国际法的存在，大多数人也相信存在普遍国际法。〔25〕但值得注意的是，毛泽东时代并没有产生一部权威性的国际法文本，甚至没有教科书出现。周鲠生在1963年发表的有关该主题的著述是他的遗作；〔26〕王铁崖的开创性教材——特别否定了国际法具有阶级性——是在1978年改革开放三年后的1981年才出版的。〔27〕值得注意的是，“文革”前活跃的周、王及其同事都曾接受过民国时期的培养。周鲠生拥有巴黎大学博士学位，此前曾在日本和英国留学；而王铁崖在伦敦经济学院同时师从赫希·劳特派特（Hersch Lauterpacht）和哈罗德·拉斯基（Harold Laski）。〔28〕这些国际法的世界性学者能够从国民党

---

〔23〕互相尊重主权和领土完整、互不侵犯、互不干涉内政、平等互利、和平共处。

〔24〕关于阶级性的讨论，可参见 Cohen and Chiu, above n. 15, vol. 1, 48-54.

〔25〕Cohen and Chiu, above n. 15, vol. 1, 63. 从冷战后对国际法胜利有利的角度来看，中国辩论的措辞似乎是激进的。但是，重要的是要记住，它在西方也有同行。也许最值得注意的是，冷战的鼓吹者迈尔斯·麦克杜格尔（Myres McDougal）对国际法持同等两极的观点。他也认为东西方的斗争是相互竞争和不可通约的价值体系之间的斗争——在他看来是人的尊严与极权主义（totalitarianism）的斗争——在这场斗争中，（西方）国际法是推进自由民主的重要工具之一。关于麦克杜格尔和童金立场的对比分析，可参见 Malcolm Evans，“The Legal Structure of the Cold War: Liberal Democracy Versus Marxist-Leninism”, in *International Law* 3rd ed., Oxford University Press, 2010, pp. 70-71.

〔26〕关于周鲠生遗著的评介，参见 Samuel S. Kim, “The Development on International Law in Post-Mao China: Change and Continuity”, 1 *Journal of Chinese Law* 117, 121-2 (1987).

〔27〕王铁崖：《国际法》，法律出版社 1981 年版。

〔28〕See Glenn D. Tiffert, “Epistrophy: Chinese Constitutionalism and the 1950s'”, in Stephanie Balme and Michael Dowdle (eds.), *Building Constitutionalism in China*, Palgrave, 2009, pp. 20, 29, 31-2.

政权转向共产党政权，是很有启发意义的。尽管意识形态截然不同，但在内部，中华民国和中华人民共和国的主权都以单一政党的形式构成。在对外主权方面，它们的政治目标在关键问题上是一致的，而且仅限于一系列核心问题，如条约关系中的平等、领土完整和专属领土管辖权问题——所有这些问题都是从清朝继承下来的。[29] 除了20世纪50年代苏联引发的短暂的理论争辩外，两个政权下的国际法学者大多忙于贸易、边界和管辖权等实际问题。

总体而言，从1958年开始，政治开始向强硬路线转变，毛泽东当年说中国是一个“非法”国家就说明了这一点。1960年，中国退出国际法协会（International Law Association），越来越注重经济和军事发展。[30] 1960至1963年是巩固边境的重要时期之一，重点是与缅甸、尼泊尔、蒙古、巴基斯坦和阿富汗签订边界条约。[31] 截至1967年，中国已与七十多个国家签订了四千多份条约，其中大部分是关于贸易的。[32] 值得注意的是，就其与社会主义国家签订的条约而言，除了修辞性的序言外，几乎没有专门的“社会主义”用语。[33] 为了严格、正式地强调平等原则，中华人民共和国的双边条约通常有两个版本，一个是中文版本，另一个是条约伙伴语言的版本，并且通常会有一个条款，宣称两个文本“具有同等权威性”。[34] 总的来说，在20世纪50年代至60年代的国际交往中，

---

〔29〕 尽管它们在意识形态上存在巨大差异，但中华人民共和国的国际法律人使用的词汇几乎全部吸纳中华民国的词汇，这反映出它们在国际关注点上的相似。See Hungdah Chiu, “The Development of Chinese International Law Terms and the Problem of Their Translation into English”, 27 *Journal of Asian Studies* 485 (1968).

〔30〕 Ogden, “Chinese Concepts of the Nation, State, and Sovereignty”, above n. 22, 143.

〔31〕 Francis Watson, *The Frontiers of China*, Frederick Prager Publishers, 1966, p. 9. See generally Byron N. Tzou, *China and International Law: The Boundary Disputes*, Praeger, 1990.

〔32〕 Cohen and Chiu, above n. 15, vol. 2, 1111.

〔33〕 James Chien Hsiung, *Law and Policy in China's Foreign Relations: A Study of Attitudes and Practice*, Columbia University Press, 1972, p. 231.

〔34〕 Cohen and Chiu, above n. 15, vol. 2, 1210.

中国坚持务实、强硬的主权观念。[35]

三、全球20世纪60年代的政治重组

虽然诞生于冷战中期，但中华人民共和国最终发现自己以二元框架（binary frame）来理解世界格局过于狭隘。1960年代，尽管中国在国际关系中继续遵循以往的许多惯例，但毛泽东对冷战的两极理解却开始松动，这种理解认为冷战是美国与苏联之间的对抗。随着这两个超级大国对各自阵营的巩固，中国对莫斯科的霸权越来越不满。中国与莫斯科的兄弟关系开始出现裂痕，它对苏联理论的依赖也开始出现动摇。在苏联，格里高利·童金（Grigory Tunkin）在1960年代更新了克罗文的国际法理论，但此后中国并未进行类似的理论重估。[36] 相反，当1963年苏联与美国、英国共同签署《禁止核试验条约》（Nuclear Test Ban Treaty）时，中苏之间出现公开分歧，这最终导致中国对其全球对外关系进行整体重估。1964年，中共在党的主要理论刊物《红旗》上发表社论，指责苏联的修正主义，称苏联“无视社会主义国家共同体中兄弟党的独立和平等地位，建立一种封建宗法统治”。[37] 当1968年苏联入侵捷克斯洛伐克时，中国称勃列日涅夫为“新沙皇”，公开谴责社会主义共同体成员只有有限主权、必须服从苏联的说法。中国的批评者拒斥苏联以“兄弟责任”（fraternal duty）为借口入侵任何酝酿反革命国家的行为，指责被入侵政府的昔日盟友是彻头彻尾的帝国主义：在这

〔35〕 See generally Suzanne Ogden, “Sovereignty and International Law: The Perspective of the People's Republic of China”, 7 *NYU Journal of International Law and Politics* 1 (1974).

〔36〕 G. I. Tunkin, *Theory of International Law*, William E. Butler trans., Harvard University Press, 1974. 就20世纪70年代中苏对待国际法更为宏观的比较，可参见Athanasios Vamvoukos, “Chinese and Soviet Attitudes Toward International Law: A Comparative Approach”, 5 *Review of Socialist Law* 131 (1979).

〔37〕 Cohen and Chiu, above n. 15, vol. 1, 142.

种“共同体”中，修正主义的苏联与其他成员国之间的关系是掠夺者与被掠夺者、主人与奴隶、宗主国与其殖民地和附属国的关系。[38] 实际上，所谓的“勃列日涅夫主义”(Brezhnev Doctrine) 隐含的意思就是让苏联成为社会主义国家共同体中对“什么是符合社会主义、什么是不符合社会主义”这一问题的仲裁者。尽管毛泽东本人没有效仿，但这事实上提出了一种类似于“文明标准”(standard of civilisation) 的“社会主义标准”(standard of socialism)，前者曾被用来为根据欧洲国际法进行殖民侵略的行为作辩护。

尽管中国国际法学者对他们所观察到的美国构建“世界法”(world law) 体系的努力表达了越来越多的担忧——周鲠生直言不讳地将其视为通往世界政府 (world state) 道路上的中间站 (way-station) ——苏联所解释的社会主义国际法制度的含义也同样令人怀疑。[39] 正如美帝国主义试图用“自由世界共同体”的花言巧语来掩饰自己一样，苏联援引“社会主义国家共同体”的说法也被斥为仅仅是苏联帝国主义的掩护。因此，1960 年代的中苏分裂暴露了社会主义内部的一系列裂痕以及社会主义阵营成员之间的主从关系。

苏联与西方的“和平共处”政策是解决冲突的核心，官方以可能爆发核战争的风险作为支持该政策的理由。早在 1963 年，中共就谴责苏联和美国之间任何可能的缓和，认为这是苏联放弃全球革命斗争承诺的信号。当然，如上所述，中国拥护自己的和平共处五项原则，该原则是其于 1954 年在与印度的条约中首次提出，并于次年在万隆不结盟国家会议上详细阐述的。但是，中国坚持认为其原则准确反映了列宁主义为和平共处辩护的原意，即这只是一种战

---

〔38〕 Ibid.，153-4.

〔39〕 周对“英美国际法”(Anglo-American international law) 提出了大量的批评，将其与“帝国主义的侵略政策”联系起来。参见周鲠生：《现代英美国际法的思想动向》，世界知识出版社 1963 年版。

术，目的是为继续进行的革命斗争提供“喘息空间”。中国共产党坚持认为，苏联的立场与之相反，苏联完全放弃了全球革命：“和平共处绝对不能取代诸民族的革命斗争”。[40] 正如1964年一位著名的中国法学家所言，所谓与美帝国主义的和平共处，实际上就是与美帝国主义的“全面合作”。[41]

在中国看来，冷战将地球划分为三个世界，这使得美国和苏联分别统治了它们的第一世界和第二世界，并且企图共同划分第三世界。用一个毛泽东本人没有使用过的历史类比就是，这种划分与15世纪末西班牙和葡萄牙之间规定伊比利亚列强之间对地球进行划分的协议不谋而合。到了20世纪60年代，毛泽东不再屈服于莫斯科对社会主义国际主义的“修正主义”理解。毛泽东在对“三个世界”的全球等级秩序的独创性解释中，发展了自己的理论。这一理论越来越关注帝国主义与反帝国主义之间的流变关系。这种重新认识使他重构了社会主义——将赋予苏联特权的以欧洲为中心的马克思主义的社会主义转移到一个全新的、以中国为中心的社会主义。[42]

在毛泽东对冷战力量变化的新颖解释中，第一世界是由美国和苏联这两个霸权超级大国组成的，双方的竞争对全世界的生存构成了威胁。然而，真正的斗争不是资本主义和社会主义之间的斗争。相反，由美国和苏联组成的帝国主义的第一世界受到了由被压迫民族组成的革命的第三世界的反对。在帝国主义与反帝国主义之间的对抗中，北方的非帝国主义发达国家构成了毛泽东认为的第二世界。毛泽东重新建构了“三个世界”的模式，使中国得以将自己定

〔40〕 Ramundo and Rusis, above n. 21, 13-14.

〔41〕 Chiu, “Communist China's Attitude”, above n. 22, 245-6.

〔42〕 关于毛泽东“三个世界”理论的历史发展，参见 Jing An, “Mao Zedong's ‘Three Worlds Theory’”, 34 *Social Sciences in China* 35-57 (2013)。至于对1970年代毛泽东的三个世界理论与国际法之间的关系的分析，可参见 Stephan Jaschek, “Die Chinesische Völkerrechtsdoktrin im Lichte der Drei-WeltenTheorie”, 21 *German Yearbook of International Law* 363 (1978)。

位为全球反帝国主义运动的先锋，反对美国和苏联的剥削，而不是做苏联领导的社会主义集团下的二流大国。

必须认识到，毛泽东提出的以中国为中心的社会主义（Sino-centric socialism），不仅是对以欧洲为中心的社会主义的地理重构，更是蕴涵了一种与众不同的政治本体论。由美国和苏联组成的帝国主义第一世界与被压迫民族组成的反帝国主义第三世界之间的斗争，并不是发生在有边界的集团——东方、西方以及中间地带——之间，而是由一个复杂的不断变化的多种矛盾组成的流动集合所构成，且能够随着政治趋势的转变将自己置于和重置于新的（冲突）结构中。事实上，在20世纪60年代以及70年代的初期，尽管在理论讨论中习惯于使用“社会主义”和“资本主义”制度，但中国领导人通常以更灵活的方式制定其外交政策——某一国家是“朋友”还是“敌人”。[43] 谁是敌人或什么是敌人并不仅仅取决于一个政权的政治制度，而是因时间、地点和背景而异。事实上，到1970年代，中国“与各种第三世界的君主和反动派”建立了友好关系，其中包括像伊朗国王和智利奥古斯托·皮诺切特（Augusto Pinochet）将军这样不太可能与之建立关系的国家元首。[44] 同时，一些国家（例如印度）在“朋友”和“敌人”之间来回变动。

一种东西方二元对立的模式因此让位于一系列分层次多重对抗的模式——这是一个不断变化和革新的动态世界。在1960年代的去殖民化世界里，中国已经准备好了在革命先锋队中充当领导地位。

在谴责苏联的修正主义之后，中国把目光转向了亚非地区“爱好和平的国家”。正如赫德利·布尔（Hedley Bull）所言，到1970年代初，中国已经将自己稳固地定位为“第三世界国家反对‘超级

---

〔43〕 Ogden, “Chinese Concepts of the Nation, State, and Sovereignty”, above n. 22, 159.

〔44〕 Alexander C. Cook, “Third World Maoism”, in Timothy Cheek (ed.), *A Critical Introduction to Mao*, Cambridge University Press, 2010, p. 288, 297.

大国霸权主义’斗争的领导者”。[45]重要的是，1960年代中国外交政策的亚非转向，意味着中国将1949年击败国内敌人的革命经验在全球进行推广。共产党对国民党政权的斗争策略是“农村包围城市”。马克思曾期望社会主义革命从城市无产阶级开始，而中国革命的基石则首先动员农民，依靠广大农民群众征服全国的城市。放大到全球来看，与工业化的超级大国相对应的是城市；与世界上被压迫国家相对应的则是农村，而中国就是他们的引领者。[46] 这种类比为以中国为首的、全新的、不同形式的社会主义国际主义奠定了基础。

中国在冷战时期的国际战略不仅是国内经验的类推，而且源于“毛泽东主义本体论”（Maoist ontology），后者同时吸收了中国和西方的思想传统。这种本体论建立在无休止的矛盾冲突的自明性之上。1937年，毛泽东发表了经典的《矛盾论》一文，分析了“矛盾律”，也就是他所说的“对立统一规律”的普遍性。[47] 20年后的1957年，他对这篇文章进行了修改，进一步区分了“对抗性矛盾”和“非对抗性矛盾”。[48] 前者指的是人民与敌人之间的矛盾，它们天生就具有暴力倾向；相反，后者主要指发生在“人民”之间的矛盾，这些矛盾一般都能得到和平、民主的解决。但重要的是，这两组矛盾都不是一成不变的：一类矛盾可以转变为另一类矛盾，反之

---

〔45〕 Hedley Bull, *The Anarchical Society: A Study of Order in World Politics*, Columbia University Press, 1977, p. 286.

〔46〕 关于“农村包围城市”战略的全球应用，可参见 Chen Zimin, “Nationalism, Internationalism, and Chinese Foreign Policy”, 14 *Journal of Contemporary China* 35, 44 (2005)。See also Ogden, “Chinese Concepts of the Nation, State, and Sovereignty”, above n. 22, 261.

〔47〕 Mao Tse-tung, “On Contradiction”, in *Selected Works of Mao Tse-tung*, vol. 1, Foreign Languages Press, 1967, p. 313.

〔48〕 Mao Tse-tung, “On the Correct Handling of Contradictions among the People”, in *Selected Works of Mao Tse-tung*, vol. 5, Foreign Languages Press, 1967, p. 384.

亦然。[49]

毛泽东的这种观点很大程度上是对中国哲学基本思想的重塑，最值得关注的是在无休止的阴阳变换世界中对立统一的观念。可以肯定的是，经典马克思主义与黑格尔主义一样，都是以矛盾的生成力为基础的，但其世界观在根本上是目的论的。正题和反题的对立会产生合题，产生的合题又会与新的反题发生新的对立，从而产生另一个合题。但最终，一旦历史唯物主义辩证法完成了它的工作，所有矛盾将在完全实现的社会主义下得到解决。而且，这个过程是单向的：一个合题可以引发新的矛盾，但它不能再解决它已经化解掉了的先前的矛盾。历史是向前的，不是向后的。相反，毛泽东的形而上学中蕴涵的中国思想则认为，矛盾是不可避免的、持久的，没有最终解决的前景。[50] 在 1957 年的文章中，毛泽东特别提到了老子——道教的创始人——以支持他的结论："在一定的条件下，坏的东西可以引出好的结果，好的东西也可以引出坏的结果"。[51] 毛泽东的"不断革命论"（continuous revolution）——对革命的承诺需要不断更新——其实就是以上观点的主要推论，而不是简单地

---

〔49〕 正如毛泽东所解释的那样，"在一定的条件下，坏的东西可以引出好的结果，好的东西也可以引出坏的结果。"（ibid.，417）

〔50〕 正如尼克·奈特（Nick Knight）所说，毛泽东强烈拒绝了他所谓的"同一律"（law of identity）或"事物只能是其自身而不能再有其他"的观念：相反，正如奈特解释的那样，毛泽东"毫不犹豫地接受了事物的本质可以而且确实在发生变化"。See Nick Knight, *Marxist Philosophy in China: From Qu Qiubai to Mao Zedong*, 1923-1945, Springer, 2005, p. 187.

〔51〕 Mao, "On the Correct Handling of Contradictions", above n. 48, 416. 还要考虑一下年轻时代的毛泽东坚定的道家信念："我说，概念即现实，有限即无限，短暂即永恒，想象即思想，我即宇宙，生即是死，死即是生，现在即过去和未来，过去和未来即现在，小即是大，阴即是阳，高即是低，不纯即是纯，厚即是薄，本质即语言，多即是一，变化即永恒。" See Stuart Schram, "Mao Tse-tung and the Theory of Permanent Revolution", 46 *China Quarterly* 221, 225 (1971).

借用托洛茨基主义的观点。[52]

正是这种哲学思想最终促使毛泽东将美国和苏联视为一个潜在统一体的两极：这是“对立统一规律”的绝佳实例，他认为这无异于“宇宙的根本规律”。[53] 尽管美苏彼此对立，甚至不惜冒世界灭亡的危险，但在帝国的愿望上，美苏是一致的。

四、后冷战世界的理论视野

一般的说法是，中国在冷战中的处境是孤立的——既与“西方”隔绝，也与苏联隔绝。毛泽东自己也承认，1967 年时他不再负责外交部的工作。[54] 1966 至 1967 年，在一个经常被称为“红卫兵外交”（Red Guard Diplomacy）的时期，红卫兵包围了苏联大使馆，1967 年又烧毁了英国大使馆。[55] 到 1969 年，中国召回了所有的大使，只保留了一位。[56] 按照标准的说法，直到 1978 年“改革时代”（Reform Era）起，中国才开始实行开放政策。

然而，这是一种深深的欧洲中心主义的观点。我们之所以认为 1970 年代后期的改革开放是一个巨大的新变化，仅仅只是因为它代表了中国与西方关系的巨变。[57] 在 1950 年代和 1960 年代，中国对世界其他国家和地区的开放程度已经很高。从更长远的历史来

---

〔52〕 施拉姆对毛泽东思想的研究令人信服地表明，毛泽东认为不平衡是一种生存条件，不能通过革命来消除：“即使到了共产主义社会，也不会例外，只是到了那个时候，革命的性质和形式会和阶级社会的革命不同，仅此而已。”（Schram, above n. 51, 239）正如施拉姆所总结的那样，毛泽东的“人、社会和宇宙不断变化的思想”在苏联的理论中没有真正的对应物（第 224 页）。事实上，这种宇宙既没有开始也没有结束，而是由有序和无序的周期性循环所决定的宇宙观，可以追溯到周朝末期和汉初时期（公元前 206—220 年）出现的古典宇宙论。

〔53〕 Mao, “On the Correct Handling of Contradictions”, above n. 48, 392.

〔54〕 Cohen and Chiu, above n. 15, vol. 2, 979.

〔55〕 Ibid., 165, 973-4.

〔56〕 Ibid., vol. 1, 21.

〔57〕 这一点被汪晖所强调。See Wang Hui, *China's New Order: Society, Politics, and Economy in Transition*, Theodore Huters ed. and trans., Harvard University Press, 2003, p. 41.

看，60年代可以更恰当地被认为是中国“开放”的开始。1960年至1965年，中国与非洲和亚洲国家（包括缅甸、尼泊尔、阿富汗、柬埔寨、印度尼西亚、也门、几内亚、加纳、刚果、马里、坦桑尼亚、蒙古、朝鲜）签署了一系列友好条约。[58] 在1960年代，“几乎每个国家的共产主义组织都有一个毛泽东主义派别”，这彰显着中国在全球意识形态上的影响力。[59] 除了与盟友建立友好关系以及提供意识形态的指导外，中国还向盟友提供援助，其中相当一部分是以贷款和技术援助的形式用于基础设施项目的建设。当然，援助不是无条件的。在冷战时期，接受援助的起码条件是承认中华人民共和国而不是“中华民国”。至于中苏竞争，最终中国在很大程度上将拉丁美洲让给了苏联，但它继续在亚洲和非洲付出巨大的努力。[60]

除了批判性地矫正我们的历史观——以全球而非以欧洲为中心来看待中国对外关系的发展——中国在冷战时期的国际法经验还有什么持续性的意义？尽管在20世纪70年代初期有人猜测会有“社会主义的强行法”出现，但直到今天，我们也还没有独立的社会主义国际法制度。[61] 反而是中国与国际法的关系发生了重大的转变。

20世纪50年代关于国际法是否具有普遍性的争论似乎已经过时，因为中国已经加入了包括世界贸易组织在内的一个又一个国际组织。同样值得注意的是，在恐怖分子成为人类新的敌人，他们游离在法律之外，享受法外特权的情况下，中国踊跃加入了反恐事业。当恐怖主义成为西方的全球敌人时，今天的中国站在了历史的“右侧”：中国不再是西方所污蔑的“不法分子”，它迫切希望惩罚

〔58〕 Cohen and Chiu, above n. 15, vol. 1, 125.

〔59〕 Cook, “Third World Maoism”, above n. 44, 290.

〔60〕 值得注意的是，周恩来把非洲作为他外交工作的重点。See W. A. D. Adie, “Chou En-lai on Safari”, 18 *China Quarterly* 174 (1964).

〔61〕 See John N. Hazard, “Jus Cogens and Socialist International Law”, 72 *South Atlantic Quarterly* 351 (1973).

那些“真正的”不法分子。

然而，中国加入国际法体系后，一些重要的争议并没有发生变化。其中最显著的或许是领土争端的连续性。主要差别就是，由于重大的战略意义和海底不断增长的潜在经济价值，中国越来越关注领海问题。另一个重要的连续性是当代对非洲和拉丁美洲的回归——既是出于物质原因，也是出于意识形态原因。最后，在理论层面，在当今变化不定的政治和经济形势下，仍然存在的一个关键问题，就是需要继续以社会主义理论来解释国际法的世界；正如我们所看到的那样，这最终将设想一个没有国家，没有法律，没有国际关系的世界。

比较国际法

[美] 鲍里斯·玛姆柳克、乌戈·马太 著* 郭笑多校**译 魏磊杰 校

引言

十年前左右，国际法领域和比较法领域各自有两个激动人心的发展。首先是在国际法领域，《美国国际法杂志》在1999年出版了一期经典的讨论集。在这期讨论集上，七位代表不同研究方法的国际法学者使用自己的方法就某一问题进行写作。[1] 此次讨论集意在通过各种跨学科方法、批判性方法或其他研究方法获得丰富的洞见，以解决普遍的国际法问题。[2] 在比较法领域，一个类似的事件是2000年的世界比较法百年大会(Centennial World Congress of Comparative Law)。

---

* 鲍里斯·玛姆柳克 (Boris N. Mamlyuk)，美国孟菲斯大学法学院副教授；乌戈·马太 (Ugo Mattei)，美国加利福尼亚大学黑斯廷斯法学院国际法和比较法学讲席教授、意大利都灵大学民法学教授。

** 郭笑多，北京大学法学院法律硕士国际法方向研究生。

〔1〕 Steven R. Ratner & Anne-Marie Slaughter, "Appraising the Methods of International Law: A Prospectus for Readers", 93 *Am. J. Int'l L.* 291, 293, 295 (1999).

〔2〕 See id.

这次大会在新奥尔良召开，旨在庆祝 1900 年在巴黎举办的第一届世界比较法大会。[3] 2000 年的新奥尔良大会吸引了世界各国的主要比较法学者来评估比较法学科当前的状况，其在 21 世纪的成败，并构想未来几年最为重要的研究领域。

这两次讨论的命运截然不同。史蒂文·拉特纳（Steven Ratner）和安妮-玛丽·斯劳特（Anne-Marie Slaughter）主编的《美国国际法杂志》讨论集成了畅销书（以美国法律学术的标准衡量），其在 2004 年后还重印了几版。这本书目前仍在售，为具有不同喜好、流派或政治倾向的国际法学者提供了一系列研究方法。[4] 这本拉特纳/斯劳特主编的书已经成了学生和实务工作者的常用参考书，可以让他们了解国际关系中的现实主义，或快速认识第三世界国际法方法（Third World Approaches to International Law，TWAIL）。但与之对比，比较法讨论集在很大程度上不为该学科外的人所知。虽然令人感到遗憾，但却不是因为人们惯常以为的“灰姑娘”原因。[5]

在这十年间，有一批学者从事着一项复杂的工作，希望将比较法领域和国际法领域结合起来。最近，一个比较进步的博士生团队（多伦多团队[6]）组织了一场会议，提出要有一批学者专门研究比

---

〔3〕 See Xavier Blanc-Jouvan, “Centennial World Congress on Comparative Law: Opening Remarks”, 75 *Tul. L. Rev.* 859, 862 (2001).

〔4〕 Steven R. Ratner & Anne-Marie Slaughter, *The Method is the Message*, in The Methods of International Law 239, 243 (Am. Soc'y Int'l Law, Stud. in Transnat'l Legal Pol'y Ser. No. 36, Ratner & Slaughter eds., 2004) [hereinafter Ratner & Slaughter, *Method in the Message*].

〔5〕 See generally Günter Frankenberg, “Critical Comparisons: Re-thinking Comparative Law”, 26 *Harv. Int'l L. J.* 411 (1985). 此文认为，由于比较法没有进行批判性反思，所以其沦为了法律学术界不受重视的一个姊妹分支。

〔6〕 See Michael Fakhri, Anxieties and Aspirations: A Schematic Note on the Toronto Group for the Study of International, Transnational and Comparative Law 1-2 (Comparative Research in Law & Political Econ., Research Paper No. 11/2008), available at http://ssrn.com/abstract=1 128129.

较国际法领域（CIL），或从国家视角对国际公法与国际治理进行研究。[7] 这些会议表明人们对传统比较法研究技术、术语和项目的兴趣正在迅速提升，也体现出了对其可能的误用。

为了抓住时机，将有关比较国际法的方法论和实体性讨论导向解放性目的，我们需要处理三个根本问题，也就是：根源（比较国际法的历史）、陷阱（探寻比较国际法时，若不加以注意就可能落入的智识陷阱）和政治（比较国际法研究中不可避免的道德、分配和参与结果）。我们在研究这三个问题时，要注意比较国际法产生过程中的一系列历史因素。其中最重要的是苏联的解体，其意义不仅在于表面上从法律谱系中去除了“社会主义法律”，更意味着国际法律人和实践工作者的思维中不再有“社会主义国际法”。[8]

本文第一部分考察了比较国际法的历史，以苏联的诞生和随之而来的“苏联国际法”作为我们研究的起点。这一部分探讨了这一时期比较法和国际法两门学科的重要交叉和互相促进。第二部分分析了几种比较国际法学者可以使用的重要方法，包括比较国际法史、比较国际法制度史，以及对规范或主流意识形态之传播的研究。第三部分探讨了这一研究的意义，为未来的比较国际法研究提供了分析框架。

一、根源：比较国际法简史

对比较国际法的一个普遍误解是，认为这一新兴领域是批判国

---

〔7〕 See Toronto Group for the Study of Int'l, Transnational, and Comparative Law, Call for Papers: Concerning States of Mind, Disturbing the Minds of States (2010), available at http://torontogroup. files. wordpress. com/2009/08/toronto－group－2010－callfor－papers. pdf [hereinafter Toronto Group]; see also Am. Soc'y Int'l Law & Egyptian Soc'y Int'l Law, Call for Papers: Are There Regional Approaches to International Lawand Institutions? (2010), available at http://www. asil. org/files/egyptl00620. pdf.

〔8〕 See Reni David & John E. C. Brierley, *Major Legal Systems in the World Today: An Introduction to The Comparative Study of Law* 17-28 (3d ed. 1985).

际法发展的产物，或认为其是一种国际法新方法或“新流派”,[9] 或者更晚近一点的观点会认为其属于第三世界国际法。[10] 我们能够在很多会议上听到这样的论述。[11] 就领域划分而言，上述观点其实是不正确的。比较国际法不是过去十年的产物。作为一门西方学科，“国际法比较方法”这门课由杰出的俄罗斯法学家威廉·巴特勒（William E. Butler）在20世纪70年代于伦敦大学学院讲授。[12] 30年前，巴特勒于1980年主编了一部著作，内容是从比较法视角研究国际法。[13] 25年前，巴特勒还在海牙国际法学院就这一领域做了一系列讲演。[14] 他对比较国际法方法所做出的贡献将在下文详细论述。

甚至比较国际法这个术语也不是新的。除了巴特勒对国际法比较方法的使用外，比较国际法可被追溯至20世纪60年代早期对西方和苏联国际法律秩序的对比描述上。[15] 最近，比较国际法被建

---

〔9〕 See, e. g. , David Kennedy, “The Methods and the Politics”, in *Comparative Legal Studies: Traditions and Transitions* 345 (Pierre Legrand & Roderick Munday eds. , 2003) [hereinafter *Comparative Legal Studies*].

〔10〕 See, e. g. , Upendra Baxi, “New Approaches to the History of International Law”, 19 *Leiden J. Int'l L.* 555, 558-59 (2006); B. S. Chimni, *International Law and World Order: A Critique of Contemporary Approaches* (1993).

〔11〕 See, e. g. , Toronto Group, supra note 7（此文提出“在过去的十年，许多学者批评了这一趋势，他们使用历史和传记式的方法考察主观性和情境性在国际法中的地位”）。

〔12〕 W. E. Butler, Acknowledgments, in *International Law in Comparative Perspective* vii (W. E. Butler ed. , 1980) [hereinafter *International Law in Comparative Perspective*]; W. E. Butler, “International Law and the Comparative Method”, in *International Law in Comparative Perspective*, supra note 12, at 25, 29n. 17 [hereinafter Butler, International Law and the Comparative Method]. 在20世纪60年代晚期，巴特勒在哈佛法学院领导了一项研究，这项研究的内容是国际法的苏联、中国和美国方法。See, e. g. , W. E. Butler, “American Research on Soviet Approaches to Public International Law”, 70 *Colum. L. Rev.* 218, 223-24 (1970) [hereinafter Butler, American Research on Soviet Approaches].

〔13〕 *International Law in Comparative Perspective*, supra note 12（此书探讨了国际公法领域比较法方法的适用）。

〔14〕 W. E. Butler, “Comparative Approaches to International Law”, 190 *Recueil des Cours* 9, 58-61 (1985) [hereinafter Butler, Comparative Approaches]

〔15〕 *The Strategy of World Order: Toward a Theory of War Prevention* 227 - 29 nn. 1 - 11 (Richard A. Falk & Saul H. Mendlovitz eds. , 1966).

议用于对比国际条约和规定。[16] 但实际上，根据麦克温尼（Mc-Whinney）、巴特勒和其他一些学者的观点，更传统和更普遍意义的比较国际法可以描述国际法、制度和治理中的不同方法，其定义更为广泛。[17] 这一澄清是非常重要的，因为根据下文的论述，有关术语问题的讨论可能是比较法领域最核心的争论之一。

更有甚者（正如下文将提到的），如果认为比较国际法作为一项学科存在于其他国内法传统研究中，将会把比较国际法的起源时间进一步向前推进。本文之后讨论比较国际法在20世纪早期的起源，但不会进一步讨论其子领域更早的起源。[18] 实际上，后续的历史肯定会把比较国际法的起源向更早前大大推进（并研究这段时间内同时存在的各种比较国际法传统）。但是，在现在这个阶段，我们选择的这段时间已经足以证明本研究的前景和其中存在的主要盲点。

---

〔16〕 Markku Kilkeri, *Comparative Legal Reasoning and European Law* 305 (2001)（此文认为比较国际法是"对比国际条约及其中的规定"，但这显然不是对这样一个含义非常广泛的术语的最佳用法）；Anthea Roberts, "Comparative International Law? The Role of National Courts in Creating and Enforcing International Law", 60 *Int'L & Comp. L. Q.* 57 (2011)（此文认为比较国际法是指学者、实务工作者和国内法院通过对不同国内法院的判决进行比较分析来识别和解释国际法的一种方法）。

〔17〕 爱德华·迈克温尼（Edward McWhinney）不仅用比较国际法来解释冷战期间竞争性国际法律"系统"的集团内部冲突，还用其来解释其他国际法体系中的不同发展路径，如：①传统国际法中的习惯法规则和一般的条约法；②联合国的法律，安理会和联大的决议以及国际法院的判决；③"区域性"国际法；④社会主义国际法。See Edward McWhinney, "Operational Methodology and Philosophy for Accommodation of the Contending International Legal Systems", 50 *Va. L. Rev.* 36 (1964). 此文认为"现在，真正试图适应互相竞争的法律系统的国际法律人所面临的实践性问题可能是比较法实践，或者更准确地说，是比较国际法的实践"。迈克温尼认为通过比较国际法，美国和苏联的法律工作者可以形成国际法"共同核心"。在"共同核心"处，存在着或可能存在着广义上的共识，然后从核心处辐射开相互分离和区隔的争议和分歧领域。

〔18〕 这是一个探索性的选择，而不是具体的历史主张。我们可以说比较国际法的起源更早，可能早在17世纪传统欧洲国际法诞生的时候。当时非欧洲的边缘国家对国际法进行移植或创造替代法律的行为可能被认为是比较国际法的起源。See, e.g., Arnulf Becker Lorca, "Universal International Law: Nineteenth-Century Histories of Imposition and Appropriation", 51 *Harv. Int'l L. J.* 475, 521 (2010). 此文认为在移植西方国际法的过程中，非西方国家的精英法学家创造了国际制度中的"特殊普遍主义"（particularistic universalism）概念。

(一) 两次世界大战期间和替代路径的起源

一般认为，第一次世界大战和国际联盟的成立，象征着现代国际法的起源。[19] 这一期间同时还发生了20世纪最重要的两个历史事件：布尔什维克革命和俄罗斯苏维埃联邦社会主义共和国（就是之后的苏联）的成立。当然，这两个事件是相互联系的。从那时起，历史学家、政治科学家和社会学家一直在就这两个历史事件之间的关联和细微差别争论不休。这些事件对于本文讨论的三个学科（国际公法、比较法和比较国际法）同样有着重要的意义。

对西方国际法领域来说，俄国革命是一大挑战。从一开始，苏联就直截了当地对国联制度的设计和《凡尔赛条约》的帝国主义目的提出了指控，并且非常直白地威胁要通过世界各地的一系列工人革命破坏国际法律制度。[20] 受马克思的影响，苏联提出了一种替代性的国内和全球治理模式，反对长期以来的经典自由主义概念，如私人财产、自由贸易、有产阶级制度（源于亚里士多德式传统，但通过查尔斯·达尔文自然选择理论的通俗解释而被合理化）等。对传统的比较法学者来说，俄国革命产生了一个宏大的法律谱系——社会主义法律体系，而这一法律体系将通过直接强加、间接移植以及法律和发展计划等影响几十个国家的国内法律制度。[21] 诚如下文所述，苏联为世界各地的被殖民民族和受剥削工人提出了一项具体的纲领性建议。[22] 自始，它就为反对欧洲帝国主义的民族解放运动提供了团结精神、物质援助和组织资源。同样重要的是，它还提供了一种不同于主流全球法律秩序的替代性理论和战略选择。这种发展使得传统学科领域得以延伸，发展出新的领域（国

---

〔19〕 本文不会讨论1492年、1648年、1815年以及1885年或其他有可能对国际法发展不可或缺的年份是否切实具有相关性。若对这些激烈的讨论有兴趣，可能要看其他学者的论述。

〔20〕 See infra note 57.

〔21〕 See A. KH. Saidov, *Comparative Law* 199 (W. E. Butler ed. & trans., 2003).

〔22〕 See infra text accompanying notes 242-51.

际政治经济），但这也使得比较法和国际法首次出现了冲突和紧张关系。传统上，比较法的前提性假设是法律多元主义，而20世纪国际法的前提性假设是普遍性，但这种鲜明区分不再能够成立了。从此之后，对比较国际法（此时对其的定义为对主流治理范式之替代性方法的研究）的需求诞生了。

（二）历史的分类学

比较国际法和传统比较法、传统国际法理论以及国际法律史的区别何在？

从最根本的形式上来看，比较国际法和基本的比较法一样，满足了我们对分类和理解的本能需求。[23] 比较国际法是另外一种形式的法律分类，其前提假设是这种独特的分类方法可以帮助我们更好地理解法律。[24] 比较国际法让我们得以评估日益多元化和碎片化的全球法律秩序，以及越来越复杂的国际、区域和双边条约（包括硬法和软法）。正如艾米丽·谢尔文（Emily Sherwin）所观察到的，对法律进行有用的分类可以产生巨大的好处：

把法律分类可以促进法律分析和思想交流。一个完整的、有条理的法律分类提供了一个可以让法律对那些必须运用和适用法律的人来说更加可及和易于理解的语言体系。按照这种分类整合法律材

〔23〕 Vivian Grosswald Curran, *Comparative Law* 10-11 (2002).

〔24〕 See Ugo Mattei, "Three Patterns of Law: Taxonomy and Change in the World's Legal Systems", 45 *Am. J. Comp. L.* 5, 5 (1997) [hereinafter Mattei, Three Patterns]（此文提出"[分类学]提供了一种法律智识框架，控制法律的复杂性"）; see also Linda Silberman, "Transnational Litigation: Is There a 'Field'? A Tribute to Hal Maier", 39 *Vand. J. Transnat'L L.* 1427, 1430-32 (2006); Stephen A. Smith, "Taking Law Seriously", 50 *U. Toronto L. J.* 241, 243 (2000)（此文提出"获得某个学科的知识主要是学习如何对这个学科进行分类，并了解其构成要件"）; Daniel J. Solove, "A Taxonomy of Privacy", 154 *U. Pa. L. Rev.* 477, 484 (2006)（此文认为好的分类"不仅仅是对既有法律进行分类"，而是要提升我们对某一法律部门的理解，从而"为未来发展提供有用的框架"）; Geoffrey C. Bowker & Susan Leigh Star, *Sorting Things Out: Classification and its Consequences* 1 (1999)（此文提出"分类是人类的本能"）; I *English Private Law* xxxi-ii (Peter Birks ed., 2000)（此文提出"对秩序的探寻与对知识的探寻是难以分离的"）。

料，可以使得整个法律体系看起来更具有整体性，从而使得律师得以更有效地就在法律规范性方面进行论证，使得法官得以更好地解释其判决，使得各参与方得以更好地根据法律协调其活动。[25]

一个完美的国际法律秩序分类法要提供一种融贯的分类方法，区分出模式和共性，并找到区分线。这也无怪乎勒内·达维（Rene David）和鲁道夫·施莱辛格（Rudolf Schlesinger）的体系和谱系分析法在这50年来始终提供了简略却有效的指引。[26] 举例来说，按照最基本的形式将法律体系区分为普通法、伊斯兰法、大陆法和社会主义（以及现在的后社会主义）法是一种在教育中十分有用和具有启发性的方法。尽管谱系中还存在着各种不同分支，但是这种分类法在向学生介绍不同法律传统时不可或缺。

当然，比较法学者们非常清楚，为世界法律体系建立一个完美的框架不仅是困难的，甚至是不可能的。以一个表面上客观的标准建立宏大的比较法叙事已经被证明是掩盖和复制了传统历史上的不平等。[27] 幸运的是，由于我们越来越不把民族国家作为基本的比较单位（如德国的“妨害责任规则”[28] 与南非的“微观人类学研

〔25〕 Emily Sherwin, “Legal Positivism and the Taxonomy of Private Law”, in *Structure and Justification in Private Law* 103, 119 (Charles Rickett & Ross Grantham eds., 2008) (internal citations omitted); see also Mattei, Three Patterns, supra note 24, p.6（此文认为，“当我们需要把某一个领域的法律知识传递给另一方时，分类学发挥了重要的作用”）。

〔26〕 Compare Rudolf B. Schlesinger, *Comparative Law: Cases, Texts, Materials* (1950), with Ugo Mattei, Teemu Ruskola, Antonio Gidi, *Schlesinger's Comparative Law* (7th ed., 2009) [hereinafter *Schlesinger's Comparative Law*].

〔27〕 See, e.g., Annelise Riles, “Encountering Amateurism: John Henry Wigmore and the Uses of American Formalism”, in *Rethinking the Masters of Comparative Law* 94, 118 (Annelise Riles ed., 2001) [hereinafter Riles, Encountering Amateurism]. 此文讨论了早期比较法学者约翰·亨利·威格摩尔将日本法律系统作为一个整体进行分析的尝试，作者将其称为“法律整体学”(legal corporeology)。

〔28〕 See, e.g., Timothy Swanson & Andreas Kontoleon, “Nuisance”, 2 *Encyclopedia of L. & Econ.* 380, 396 (2008).

究以及在决策和司法过程中的民族学研究”所形成的对比[29]），因此我们越来越少听到人们要求建立一种完全融贯的分类法，至少在比较法学者中是这样的。[30]

更有甚者，就如同国际法正通过“转向历史”来促进理论发展一样，[31] 比较法也在寻求通过“转向政治”（以及转向历史）[32]来探索其发展方向和目的。这两个学科的发展轨迹看起来就像是浪子在认识到世界比他们想象得更为复杂之后回家的故事。[33] 既然两方经历相同，那么两者就有理由互相交换笔记和故事，找到相同的经验，识别共同的敌人。[34] 在这个比喻的最后，我们需要指出，最重要的是我们要认识到比较法学者、国际法学者和比较国际法学者之间可能没有任何不同。他们可能道路相通、模式相同、沿着相同的路回归本质，只是发生的时间不太相同。分类法让我们能够分享这些经历。因此比较国际法的分类法之功能不在于在国际法领域画出一条新的研究路线，而是要找到国际法和比较法中正在进行的、有关的智识项目，使其相互结合，达到共同目的。

因此总的来说，比较国际法律人应该扮演联络人的角色。比较国际法律人不是要做法哲学家或伟大的法律史学家，通过研究文献

---

〔29〕 See generally Laura Nader, *The Life of the Law: Anthropological Studies* (2001)（此文讨论了土著萨波特客人的争端解决机制）; see also infra text accompanying notes 327-29.

〔30〕 与之形成鲜明对比的是世界银行正在进行的普遍化、高度结构化、表面上融贯一致的比较法项目——《营商环境报告》。See generally Ralf Michaels, “Comparative Law by Numbers? Legal Origins Thesis, Doing Business Reports, and the Silence of Traditional Comparative Law”, 57 *Am. J. Comp. L.* 765 (2009)（此文研究了《营商环境报告》在比较法领域的作用）; Kevin E. Davis & Michael B. Kruse, “Taking the Measure of Law: The Case of the Doing Business Project”, 32 *L. & Soc. Inquiry* 1095 (2007)（此文分析和评估了《营商环境报告》的有效性）。

〔31〕 See Martti Koskenniemi, *The Gentle Civilizer of Nations* (2002)（此书通过政治和历史的视角考察国际法的发展）。

〔32〕 See generally *Rethinking the Masters of Comparative Law* (Annelise Riles Ed., 2001) [hereinafter *Rethinking the Masters*]（此书是一部论文集，通过研究比较法的历史发展讨论现代比较法问题）。

〔33〕 Id.

〔34〕 至于为什么两者是各自为战而不是携手并肩，有待另外讨论。

或外交史，讲述国家如何以各自独有的方法解决功能上相同的法律问题。相反，他们是制度建设者、会议组织者和联络人。他们是战略家、顾问和外交官，能够近乎本能地认识到每一本芬兰国际法年刊、以色列国际法年刊和巴勒斯坦国际法年刊对于相同的问题的处理方法存在着微妙（或完全）的不同；即使是在非常类似的国际平台上，国家实践也可能因为法律文化、语言和观念的不同而大不相同。正如在“方法论最低要求”部分所提到的，〔35〕比较国际法的实践者们应当欢迎世界法律体系的多元化，而不是要掩盖这种多元化。与现在比较法学者所普遍接受的希波克拉底式宣言一样，比较国际法律人在进行跨学科研究时不能主张跨学科；〔36〕在理解和翻译外国对于国际法规范和制度的方法时，不能寻求对其进行转换。

对三位历史人物叶夫根尼·克罗文（Evgeny A. Korovin）、约翰·哈泽德（John N. Hazard）和威廉·巴特勒（W. E. Butler）的介绍可能有助于解释上述观点。

1. 叶夫根尼·克罗文与社会主义国际法

在国际法苏联方法的历史中，叶夫根尼·克罗文（1892—1964）是一个常被忽视但非常重要的早期人物。〔37〕与杰出的苏联法律理论家叶夫根尼·帕舒卡尼斯（Evgeny Pashukanis）不同（帕舒卡尼斯始终致力于马克思主义法律理论研究），克罗文一直被西方学者忽视，他们认为克罗文是一个变色龙，其职业生涯充满了辩护，是善变的。这种观点的部分原因可能在于克罗文逃脱了斯大林

---

〔35〕 See infra-Section II. B.

〔36〕 See generally Annelise Riles, “Representing In-Between: Law, Anthropology, and the Rhetoric of Interdisciplinarity”, 1994 *U. Ill. L. Rev.* 597 (1994). 此文作者指出，跨学科研究已经失去了许多修辞力量，但是跨学科研究是有用的，因为其揭示了“参与法律问题的反思性模式与规范性模式”之间的紧张关系。Id. p. 597.

〔37〕 Pamiati Evgeniia Aleksandrovicha Korovina [In Memoriam Evgeny Alexandrovich Korovin], 1 Pravovedenie 201 (1965) [hereinafter In Memoriam], available at http://74.125.155.132/scholar? q=cache: rPNBOjSAUwUJ: scholar.google.com/&hl=en&assdt-0, 33.

的清洗。[38] 举例来说，已故的美国比较法学者和苏联学家约翰·哈泽德就曾经评论说“官方从来没有赞扬过克罗文是一个先驱者”。[39] 这是令人震惊的，因为克罗文是苏联国际法学界的主要人物之一，[40] 他是美国国际法学会的苏联成员，[41] 与美国学者就苏联法律理论进行过详细的交流。[42] 在克罗文作为国际法律人的头十年里，克罗文的文章被解释成苏联官方声明。[43] 连弗拉基米尔·格拉巴（Vladimir E. Grabar）[44] 这样的权威都曾将克罗文称为“苏联国际法理论的领军人”。[45] 但是直到现在，人们对克罗文

---

〔38〕 *Piers Beirne's Revolution in Law*: *Contributions to the Development of Soviet Legal Theory*, 1917-1938 (Piers Beirne ed., 1990). 此书是一个令人震惊的例子，它完全没有提到克罗文。Cf. Zofia Maclure, Soviet International Legal Theory—Pastand Present, 5 Fletcher F. 49, 49-54 (1981)（此书对克罗文的研究做了很好的总结）; Wilhelm H. Grewe, *Epochs of International Law* 594 (internal citation omitted). 在此书中，作者引用了一次克罗文的《过渡时期的国际法》，用以说明“共产主义的根本概念是‘现有的国际法律秩序只不过是社会主义国家和资本主义国家之间的一种临时性、过渡性的实践性交往体系’”。

〔39〕 Hazard, Foreword to Pashukanis, *Selected Writings on Marxism and Law* xii (Piers Beirne & Robert Sharlet eds., Peter B. Maggs trans., 1980).

〔40〕 In Memoriam, supra note 37; Maclure, supra note 38, pp. 51, 53.

〔41〕 Diplomaticheskii Slovar': T. 1.: A-K [Diplomatic Dictionary, P. 1: A-K] (A. Ia. Vyshinskii, S. A. Lozovskii eds., 1948), available at http://dic.academic.ru/dic.nsf/dic-diplomatic/688/ (last visited Feb. 15, 2011).

〔42〕 See, e.g., Eugene A. Korovin, "Soviet Treaties and International Law", 22 *Am. J. Int'l L.* 753 (1928); Eugene A. Korovin, "The Problems of the International Recognition of the Union of Socialist Soviet Republics in Practice", 19 *Iowa L. Rev.* 259 (1934); Eugene A. Korovin, "The Second World War and International Law", 40 *Am. J. Int'l L.* 742 (1946) [hereinafter Korovin, The Second World War]; David J. Bederman, "Appraising a Century of Scholarship in the American Journal of International Law", 100 *Am. J. Int'l L.* 20, 34 n. 101 (2006)（此文引用了克罗文1928年在《美国国际法杂志》上的文章，承认该刊对这位“临时苏联国际法学家”文章的出版）。

〔43〕 L. Ratner, Mezhdunarodnoe Pravo v Marksistkom Osveshchenii [International Law in Marxist Light], 6 *Sovetskoe Gosudarstvo* [*Soviet State*] 128, 130 (1935)（此文承认克罗文是外界唯一能够接触到的苏联学者，这导致人们误认为其代表了苏联官方学说）。

〔44〕 弗拉基米尔·格拉巴（1865-1956）是俄罗斯国际法学界主要人物之一，其职业生涯横跨帝国时期和苏联时期，他的主要作品是《俄罗斯国际法史》[*The History of International Law In Russia* (1647-1917)] (W. E. Butler trans., 1990). See W. E. Butler, *Introduction to Perestroika and International Law* 1, 1-2 (W. E. Butler ed., 1990) [hereinafter *Perestroika*].

〔45〕 Kozhevnikov, Na Samom Otstalom Uchastke Na Fronte Sovetskogo Prava [On the Most Laggard Wing in the Battlefield of the Soviet Law], 3 *Sovetskoe Gosudarstvo I Revoliutsiia Prava* [Soviet State L. & Revolution] 146, 150 (1930)（此文嘲笑了格拉巴对克罗文的赞誉）。

的生平仍然知之甚少。

1892年，克罗文出生在莫斯科一个中产阶级家庭。[46] 他的父亲是一名医生，并且是莫斯科第一戒酒协会（First Moscow Society on Sobriety）的会长，该组织是一个反酒精的医疗和宣传团体。[47] 克罗文是一个优秀的学生，并且帮助他父亲进行宣传工作。[48] 在12岁的时候，克罗文开始翻译法国诗人勒美特（Lemaitre）、马拉美（Mallarmé）和戈蒂耶（Gautier）的作品。[49] 他在莫斯科的学生生涯如何尚未可知，但是一部未发表的传记可能可以让我们了解他早年的更多信息。[50] 克罗文于1915年，[51] 也就是第一次世界大战俄罗斯运动处于高潮时，毕业于莫斯科国立大学。目前还不清楚他在战时或革命时期的立场，但是我们已知他在革命结束后，很快就开始在莫斯科从事教学工作。[52] 到了1923年，当他31岁时，克罗文成为莫斯科国立大学的全职教授和俄罗斯科学协会社会科学研究院苏维埃法律研究所（Institut Sovekogo Prava of the Russian Association of Scientific Institutes of the Social Sciences）的助理研究员。该组织是俄罗斯科学院国家和法律研究所的前身。[53] 就克罗文的国际研究能力和语言水平而言，有迹象表明克罗文能够读懂英语，

---

〔46〕 See Evgenii Korovin, Vekperevoda. com, http: //www. vekperevoda. com/1887/korovin. htm (last visited Jan. 27, 2011).

〔47〕 Id.

〔48〕 Id.

〔49〕 Id.

〔50〕 苏维埃法律研究所的标准档案没有提供克罗文这一时期的详细资料。See Evgeny Alexandrovich Korovin, 1 *Sovetskoe Gosudarstvo I Pravo* [*Soviet State & L.*] 133 (1965); see also W. E. Butler, "Soviet International Legal Education: The Pashukanis Syllabus", 2 *Rev. Socialist L.* 79, 85, n. 34 (1976). 克罗文的个人资料由俄罗斯科学院档案馆圣彼得堡分馆保存，档案号为 No. 1552, available at http: //www. rusarchives. ru/guide/lf_ ussr/komkor. shtml.

〔51〕 See In Memoriam, supra note 37.

〔52〕 Id.

〔53〕 See L. E. Lapteva, Istoriia Instituta [History of the Institute], http: //www. igpran. ru/about/index. php (last accessed Feb. 15, 2011).

有可能会德语，而且精通法语，另外他关注西方对于苏联法律的研究。[54]

克罗文在国际法方面最早的文章是一系列发表于《苏维埃法》(Sovetskoe Pravo) 这本期刊上的论文。他最早于1922年开始发表论文。[55] 在1922年到1924年间，克罗文发表了有关最惠国原则、[56] 国际联盟、[57] 情势变更原则[58] 以及他国对苏联的外交承认[59] 等多篇文章。到了20世纪20年代末期，随着法律研究机构和法学院的机构调整，克罗文被提拔为莫斯科国立大学的国际法教授，并且在许多莫斯科高等学府讲授国际关系，其中包括莫斯科法律研究所 (Moscow Juridical Institute) 和莫斯科外交学院 (Moscow Diplomatic Academy)。[60]

1924年列宁逝世。[61] 在这一年，帕舒卡尼斯出版了他影响深远的《法的一般理论和马克思主义》一书，[62] 而克罗文则出版了

---

〔54〕 See Letter from John N. Hazard to Walter S. Rogers, Dir. of the Inst. of Current World Affairs (Nov. 24, 1934).

〔55〕 E. A. Korovin, Inostrannaia Filantropicheskaia Deiatel'nost' v R. S. F. S. R. I Pravovye Formy [Foreign Philanthropic Activities in the R. S. F. S. R. and its Legal Forms], I *Sovetskoe Pravo* [Soviet L.] 108 (1922).

〔56〕 E. A. Korovin, Uslovie Naibol'shego Blagopriiastvovaniia v Dogovorah R. S. F. S. R. [The Most Favored Nation Principle in Treaties of the USSR], 3 *Sovetskoe Pravo* [Soviet L.] 30, 30-31 (1923).

〔57〕 E. A. Korovin, Liga Natsii I Evoliutsiia [The League of Nations and Its Evolution], 4 *Sovetskoe Pravo* [Soviet L.] 36, 36-43 (1923).

〔58〕 E. A. Korovin, Ogovorka Rebus Sic Stantibus v Mezhdunarodnoi Praktike R. S. F. S. R. [The Principle Rebus Sic Stantibus in International Practice of the R. S. F. S. R.], 6 *Sovetskoe Pravo* [Soviet L.] 52 (1922).

〔59〕 E. A. Korovin, Mezhdunarodnoe Priznanie S. S. S. R. I luridicheskie Ego Posledstviia [International Recognition of the U. S. S. R. and Its Legal Consequences] 9 *Sovetskoe Pravo* [Soviet L.] 76, 76-86 (1924).

〔60〕 See In Memoriam, supra note 37.

〔61〕 7 Vladimir Ilyich Lenin, The New Encyclopedia Britannica 264 (15th ed. 2005).

〔62〕 Evgeny Pashukanis, Obshchaia Teoiia Prava I Marksizm: Opyt Kritiki Osnovnykh Iuridicheskikh Poniatii [The General Theory of Law and Marxism] (1924), reprinted in Selected Writings on Marxism and Law (P. Beime & R. Sharlet eds., Peter B. Maggs trans., 1980), available at http://www.marxists.org/archive/pashukanis/1924/law/index.htm.

《过渡时期的国际法》(International Law of the Transition Period) 一书。[63] 克罗文的这本书首版就印刷了5000册，这对于第一本试图构建国际法与国际关系理论的苏联著作而言意义深远。在1924年，克罗文以“苏联的条约”为主题出版了一本名为《新时代的国际公约和法令》(International Conventions and Acts of the New Era) 的小册子。[64] 一年后，他又出版了一本教学指南——《当代国际公法》(Contemporary Public International Law)，[65] 这可能是第一本比较国际法的教科书。1929年，《过渡时期的国际法》第二版被翻译成了德文。[66] 另外，在1924—1928年间，克罗文在《苏维埃法》上发表了将近十篇有关于国际法的文章和书评。

克罗文的早期作品对本文的研究非常重要，原因如下：其一，作为1922—1939年这一期间苏联两大国际法领军人之一，克罗文对整整一代的苏联国际法学者和实践者具有非常重大的影响。[67] 他作品的广泛传播、大量印刷和再版表明，克罗文的理论（尽管被帕舒卡尼斯一方批评）实际上被广泛阅读和教授。其二，克罗文的文章可以让我们第一次得以一窥早期苏维埃比较法。因为克罗文总是通过描述“资产阶级”的例子和西方法律体系来证明他关于苏维

---

〔63〕 E. A. Korovin, Meždunarodnoe Pravo Perekhodnogo Vremeni [International Law of The Transition Period] (1924) (Russ.) [Hereinafter Korovin, ILTP].

〔64〕 E. A. Korovin, Mezhdunarodnye Dogovory I Akty Novogo Vremeni [International Conventions and Acts of The New Era] (1924).

〔65〕 E. A. Korovin, Sovremennoe Mezhdunarodnoe Publichnoe Pravo [*Contemporary International Public Law*] (1926) [hereinafter Korovin, CIPL]. 此书描述了当时欧美国际法概念，但没有系统描述苏联国际法。克罗文是希望读者同时阅读此书和他的《过渡时期的国际法》，来理解苏联在特定问题上的立场。Id. pp. 3-4.

〔66〕 E. A. Korowin, Das Volkerrecht Der Ubergangsweit (1929).

〔67〕 See Lauri Malksoo, “The History of International Legal Theory in Russia: A Civilizational Dialogue with Europe”, 19 *Eur. J. Int'l L.* 211, 226 (2008); see also Earl A. Snyder & Hans Werner Bracht, “Coexistence and International Law”, 7 *Int'l & Comp. L. Q.* 54, 59 (1958).

埃法律理论的观点。[68] 约翰·哈泽德在莫斯科法律研究所学习期间经常能和克罗文碰面，他指出克罗文通过其在20世纪30年代早期举办的有关英美法研究的讲座，首次将这一主题引入俄罗斯。[69]

克罗文倾注大量精力研究英国和美国法律，甚至将1872年《加利福尼亚民法典》翻译成了俄语。[70] 一些人认为克罗文的比较法研究不够严谨，主要是一些受马克思主义启发的，有关西方法律体系的陈词滥调。例如克罗文教导说，英国法虽然在功能上是资本主义的，但实际上具有封建的形式[71]——尽管哈泽德也不明白为什么要对其进行区分。[72] 克罗文还教导学生说，辉格党和特权阶级控制英国法院，他们严格保持着司法体系的古老形式，从而增加了神秘感和“法律催眠术”的效果。[73] 然而，克罗文没有在英国学习过，他的结论都产生于他自己对二手文献的解释。

然而，尽管我们看到了克罗文对资产阶级法律的反对（这也可以理解），以及他类同业余主义式的比较（amateuristic comparisons），[74] 但他实际上并不反对将外国法律概念与体系引入和移植进入苏联。举例来说，克罗文指出1922年《苏联民法典》是以《瑞士民法典》为蓝本的，苏联法律研究所只花了5个月的时间就

---

〔68〕 See, e.g., Korovin, The Second World War, supra note 42, pp. 747-48; Mintauts Chakste, "Soviet Concepts of the State, International Law and Sovereignty", 43 *Am. J. Int'l L.* 21, 31 (1949); Malksoo, supra note 67, p. 226（此文引用了克罗文作品中的一段来说明苏维埃国际法与欧洲国际法的不同）。

〔69〕 John N. Hazard, Fragments of Lectures on the History of International Relations 29 (unpublished manuscript) (on file with the Bakhmeteff Archive, Columbia University Library System) [hereinafter Hazard, Fragments].

〔70〕 Id.

〔71〕 Id.

〔72〕 Id.

〔73〕 Id.

〔74〕 “业余主义”（amateurism）一词现在是比较法领域的专业术语，不具有贬义。这一术语是指某项比较法研究中，研究者缺乏相应语言技能，或对研究对象的定义有误。参见注释27 Riles 前揭文，第104页（此处指出威格摩尔缺乏相应的语言技能）以及第118页（此处讨论法律体系分析和法律整体学）。

完成了编纂。[75] 与之类似，克罗文引入了德国法学界的一些要素（包括实质内容和教学方法）来影响俄罗斯法律教学。[76] 克罗文非常熟悉当时国际法三大主流“科学”流派——自然法学派、历史法学派（萨维尼）和鲁道夫·冯·耶林学派。他深受耶林学派的影响，因为对克罗文来说这是最接近国际法和国际关系的现实主义理论。[77] 克罗文认为耶林“把法律看作是对利益的司法保护”，因此法律的核心是政治力量，不过他也批评耶林尽管读过马克思却没有看到法律的阶级本质。[78]

要理解克罗文作品的价值，我们要认识到他是第一个将马克思主义应用于国际法的人，[79] 也是第一个将西方国际法与新兴的苏联体系进行批判性比较的人。[80] 对他两部未翻译作品的简要介绍可以证明他的学术贡献。

第一，《过渡时期的国际法》开篇论证了此书内容的创新性：此书是俄罗斯或国际文献中首部研究国际法在资本主义和社会主义过渡时期问题的著作。[81] 对于苏联来说，过渡时期的核心问题是如何与西方列强代表开展常规外交互动，而不有损苏联对资产阶级法律的反对和苏联对沙皇俄国以及克伦斯基政府时期的“合法继承”（即债务）的拒绝。[82] 克罗文承认，在西方和苏维埃共和国代表首次协商时，苏维埃外交官回到了熟悉的（或按照克罗文的话来说，“模式化的”）“措辞”，依靠被“广泛接受的”国际法基

〔75〕 Hazard, Fragments, supra note 69, p. 36.

〔76〕 Id. p. 29.

〔77〕 Id. pp. 29-32.

〔78〕 Id. See generally Rudolf Von Ihering, *Law as a Means to an End* (Isaac Husikrans., Macmillan 1921) (1914)（此书是法哲学家耶林的伟大著作，讨论目的是如何成为法律体系之根基的）。

〔79〕 See Korovin, ILTP, supra note 63, pp. 28-35.

〔80〕 See Korovin, CIPL, supra note 65.

〔81〕 See Korovin, ILTP, supra note 63, p. 1.

〔82〕 Id. p. 5.

础，甚至依靠帝国时期的条约来支持苏联的议程。[83] 因此，克罗文需要解决的第一个问题就是资本主义和社会主义国家法律制度中的形式连续性问题。[84]

第二，尽管苏联外交官使用了资本主义国际法中熟悉的语言和概念，[85] 西方外交官还是开始不断提出抗议，认为尽管苏联想要协商，但是其违反了国际习惯法，这点尤其体现于苏联否认克伦斯基政府时期和沙俄时期的债务上。[86] 克罗文立即将此作为其早期法律不确定性理论的论据。[87] 他认为，尽管国际法律人使用相同的法律形式，试图就实质问题达成一致，但是谈判桌上的两方都能用完全不同的方法解释其义务。克罗文没有主张实质性地运用国际法，或在“实体问题”上运用国际法，相反他看到了其不确定性批判的巨大实践适用性。[88] 在他所谓的“法律工具主义”中，克罗文明确主张使用有弹性的法律标准，认为这一方面可以打击资本主义法律概念，另一方面可以给年轻的苏联提供在这个充满敌意的国际环境中活动的空间。[89]

---

〔83〕 Id. 克罗文后来成功捍卫了他“基于实践考量，要在沙俄和苏联时期保持术语连续性”这一立场。既然苏维埃对于相关术语的解释与资本主义解释完全不同，那么对术语的选择不会造成差别。See also Korovin, CIPL, supra note 65.

〔84〕 See Korovin, ILTP, supra note 63.

〔85〕 克罗文以1922年热那亚会议中苏联代表团为例，当时的团长是在1918至1930年间担任外交部长的契切林。KOROVIN, ILTP, supra note 63; see also Maclure, supra note 38, p. 50.

〔86〕 Odetre Lienau, Rethinking Sovereign Debt: Debt and Reputation in The Twentieth Century (forthcoming 2011) (manuscript at 133 n. 52 citing Herschel Grossman & John B. Van Huyck, Debt Repudiation Rouses All Nations: Joint Protest Made by 19 Envoys in Petrograd—Bonds Used as Currency, N. Y Times, Feb. 20, 1918) (on file with authors); see also id. pp. 107-52 (描述了各国于1918年就苏联否认债务的法令而向其代表所提出的联合抗议)。

〔87〕 See Korovin, ILTP, supra note 63.

〔88〕 Boris N. Mamlyuk, “Russia & Legal Harmonization: An Historical Inquiry into IP Reform as Global Convergence and Resistance”, 10 *Wash. U. Global Stud. L. Rev.* (manuscript at 8) (on file with authors) [hereinafter Mamlyuk, Legal Harmonization].

〔89〕 E. A. Korovin, K Peresmotru Osnovnykh Poniatiĭ Mezhdunarodnogo Prava, [Towardsa Reexamination of the Main Tenets of International Law], 18 *Sovetskoe Pravo* [Soviet L.] 25, 26 (1925) (认为需要发展“足够灵活的法律形式，使其能够容纳法律秩序的两极”) [hereinafter Korovin, Towards a Reexamination].

与帕舒卡尼斯不同的是，克罗文似乎并不注重构建一个内在融贯的马克思主义社会秩序理论。相反，他的目标是对现有国际法法律和制度进行马克思主义批判，并为苏联实践提供指引。克罗文完全明白将马克思主义与法律规则和制度进行调和是具有困难性的，他修正了其过渡理论，使其能够同时适用于法律及其最终的消亡。〔90〕但是他省略了这些微妙之处。正如在他之前的列宁那样，克罗文首先提出了一个格言，“有社会的地方就有法律”（gde obshchezhitie-tam pravo）。〔91〕对克罗文来说，这一格言不仅产生于法律辩证法，还构建了社会事实。〔92〕因此，只要国家仍然存在，国际法和外交就是必需的。更具体来说，只要苏联还被帝国主义国家所包围，只要苏联还必须和这些国家建立关系，〔93〕这些关系就需要以法律为根基。〔94〕对克罗文来说，应该由学者来将法律的存在理论化。克罗文意识到所有法律都是政治和强力，这实际上对苏联通过法律机制确保其在世界上的地位而言非常重要。〔95〕仅剩的问题在于法律的实质内容，要使法律机器能够实现苏联的利益。

克罗文的主要观点是，国际法是一个暂时性的妥协，存在于苏

〔90〕 Korovin, ILTP, supra note 63, p. 6

〔91〕 Korovin, Towards a Reexamination, supra note 89.

〔92〕 See Korovin, ILTP, supra note 63, p. 6.

〔93〕 “资本主义包围论”（capitalist encirclement）在美国外交官眼里是与永久和平共存的主张不相兼容。See George F. Kennan, Memoirs, 1925-1950, p. 547（1967）（摘自莫斯科 1946 年 2 月 22 日的电报，引用斯大林对美国工人代表的讲话：“在国际革命的进一步发展过程中，将出现两个具有世界意义的中心：一个是社会主义中心，它吸引倾向社会主义的国家；另一个是资本主义中心，它吸引倾向资本主义的国家。这两个中心之间争夺世界经济控制权的战争会决定整个世界资本主义和社会主义的命运。”）

〔94〕 俄语中的“关系”一词有多个不同的变体（vzaimootnoshenie, otnoshenie, snoshenie）。其中“vzaimootnoshenie”是指相互之间的关系；“otnoshenie”是一般意义上的关系；“snoshenie”表达的意思介于相互交流和联系之间。See W. E. Butler, *Russian-English Legal Dictionary* 27, 145, 210（2001）.

〔95〕 See Maclure, supra note 38, p. 53.

联与其他在世界革命道路上处于不同经济发展阶段的国家之间。[96] 这种妥协背后的含义是可怕的："只要苏联还被资本主义国家所包围"，克罗文宣称："它就必须保持法律上的'独立'——它不能成为资本主义马戏团的主体或客体。"[97] 这就要求否定几乎所有基本国际法概念，包括国际法的渊源、主体、目的和制度。[98] 对克罗文来说，即使是国际法最没有争议的渊源，也就是条约，都不能够客观地决定国家行为。[99] 克罗文不断指出特定条约的不确定性，以此证明相同的术语可能会被条约各方用于指称相反的概念。[100]

同时，克罗文是一个完完全全的现实主义者和实用主义者。考虑到政治分歧可能会阻碍合作，他构建了国际法的二元体系。在该体系中，各国可以就非政治问题达成一致（如国际公共卫生和流行病、国际历史遗迹或艺术作品的保护等），但同时也可以在其他问题上保持智识上的对立。[101] 对前者，克罗文称其为"国际行政法"（international administrative law），[102] 国际行政法涉及的是那些完全没有争议的国际法领域，如有关邮袋的国际法问题等。[103] 克罗文还提出了苏联的国际法三分理论，这一理论把国际法分为三个阵

---

〔96〕 有关过渡性理论的不同表达，可参见 I. A. Isaev, Istoriya Gosudarstva I Prava Rossili [History of State and Lawin Russia] (1996); see also I. A. Isaev, Topos I Nomos: Prostranstva Pravoporiadkov [Space Law and Order] 348 (2007) ["俄罗斯联邦是在最终实现政治联盟的道路上的一个过渡性阶段，在这个阶段人们会消灭国家（种族）差异，向着世界革命不断进步。"]

〔97〕 See Korovin, ILTP, supra note 63, p. 44.

〔98〕 该书包括以下几章：①苏维埃法律体系中的国际法；②国际关系史中过渡时期的国际法；③过渡时期国际法的本质；④国家作为国际法的主体；⑤国际关系中的机构；⑥国际条约；⑦战争法中的主要法律问题；⑧结论。see Korovin, ILTP, supra note 63.

〔99〕 Id. pp. 15-16; see also Chakste, supra note 68, p. 27.

〔100〕 克罗文以理查德·冯·库尔曼（Richard von Kühlmann）和托洛茨基之间有关《布列斯特-立陶夫斯克条约》的谈判为例。Korovin, ILTP, supra note 63, p. 13. "人民自决"和"和平而不吞并"（peace without annexation）等术语的含义是谈判各方自己决定的。换句话来说，社会主义阵营/俄方的谈判者将自己解释这些术语，而无须坚信或依靠对这些术语普遍的解释或原则。

〔101〕 Id. p. 15.

〔102〕 See id.; Korovin, CIPL, supra note 65.

〔103〕 See Korovin, CIPL, supra note 65.

营，社会主义国家之间的法，[104] 资本主义国家之间的法以及社会主义国家和资本主义国家之间的法。[105] 可能最为重要的是，克罗文认识到了构建一个永久过渡的理论有着极大的理论和实践价值，不过他从未正式承认这一点。

直到苏联解体前，这种永久过渡理论都有效地支持了苏联例外理论（或至少是国内思潮）。[106] 令人惊讶的是，克罗文的全部著作都没有提及社会主义会在任何较近日期到来，也没有提及过渡期的长短问题。与帕舒卡尼斯类似，克罗文似乎也明白，只要苏联仍须与资本主义国家谈判或处理与这些国家的关系，社会主义国际法就会存在。[107] 正如克罗文在《过渡时期的国际法》的序言中所写到的，社会主义苏维埃国家和资本主义国家这五年之间的战争与合意在整个国际关系领域中是微不足道的。[108] 过渡时期会很长，因此社会主义国际法可能陷入永久过渡状态，就像卡尔·施米特（Carl Schmitt）及其当代支持者和反对者所广泛提及的“永久例外”（permanent exception）概念一样。[109]

克罗文的《当代国际公法》（Contemporary Public International Law）重提了《过渡时期的国际法》中的许多主题，但是受到了更

---

〔104〕“社会主义国家之间存在独立的国际法”这种观点与“真正的国际法存在于对国家资格及其社会功能有类似观点的（欧洲）国家之间”的观点并无二致。Martti Koskenniemi, *The Gentle Civilizer of Nations* 282（此书引用了佩莱的《国际公法》一书，指出当时的国际法通过“非欧洲国家没有达到必要的文明水平而不能理解国家功能这一概念”而将欧洲国家和非欧洲国家区分开来）。

〔105〕See Maclure, supra note 38, p. 52.

〔106〕虽然第二次世界大战之后苏联究竟在何种程度上主张其在国际法上的例外性仍有讨论的空间，但我们仍然可以看看苏联解体前的一些苏联例外主义论述。see G. I. Tunkin, “Politics, Law and Force in the Interstate System”, 219 *Recueil des Cours* 227, 292, 337（1989）[hereinafter Tunkin, Politics].

〔107〕See Maclure, supra note 38, pp. 52-55.

〔108〕Korovin, ILTP, supra note 63, p. 4.

〔109〕See Oren Gross, “The Normless and Exceptionless Exception: Carl Schmitt's Theory of Emergency Powers and the ‘Norm Exception’ Dichotomy”, 21 *Cardozo L. Rev.* 1825, 1827（2000）.

多的批判。其原因可能是因为该书被试图用作教学手册。[110] 帕舒卡尼斯的弟子大卫·莱文（David Levin）就批评克罗文忽视了更大的理论问题。[111] “从理论视角来看”，莱文写道：“这本书缺乏马克思主义方法论，而且甚至都没有论证一种特定的理论。”[112] 按照莱文的观点，克罗文把自己限制在“（就如同任何资本主义著作一样）对国际法主要理论问题的传统教条式表述”之中。[113] 莱文特别批评了克罗文把苏联视作国际法下的准主体这一观点。克罗文认为：苏联一方面应当受到国际条约的约束；另一方面，苏联实验具有独特域外阶级性质，其更类似于某种无产阶级运动而不是传统的领土国家。[114] 与克罗文相反，莱文认为：

> 实际上，苏联作为唯一一个社会主义国家，应该通过法律壁垒（主权、平等）来保护自己免受资本主义侵蚀，同时苏联要比资本主义国家更坚定地维护国际法中的国家资格形式，因为在帝国主义时期，国家资格失去了许多重要的意义。[115]

虽然莱文的观点在20世纪30年代中期到二战后“传统”苏联国际法达到顶峰这段时间里成了苏联国际法理论的主流，但其实际上对克罗文的不确定性和过渡性理论中所包含的战略内涵有严重误解。

帕舒卡尼斯的弟子们还在《国家与法律百科》（Encyclopedia of

---

〔110〕 Compare Korovin, CIPL, supra note 65, with Korovin, ILTP, supra note 63.

〔111〕 See John N. Hazard, D. B. Levin's Aktual'nye Problem Teorii Mezhdunarodnogo Prava [Current Problems of the Theory of International Law], 70 *Am. J. Int'l L.* 165, 165 (1976).

〔112〕 D. B. Levin, Retsenziia: Korovin, Sovremennoe Mezhdunarodnoe Publichnoe Pravo, [Review: Korovin, Contemporary Public International Law], 1 *Revolutsia Prava* [Revolution L.] 225, 226 (1926).

〔113〕 Id.

〔114〕 Id. p. 227.

〔115〕 Id.

State and Law)[116] 上通过一系列文章抨击克罗文。在国际法领域，两方最主要的分歧在于，克罗文主张苏联应当创造一种新的国际法律形式。[117] 根据哈泽德所述，帕舒卡尼斯一方“称克罗文犯了哲学错误，（因为）苏联外交官所适用的国际法不可能是新的。国际法只能是资本主义影响下的国际法”。[118] 但是这些辩论忽视了分歧下更为广泛的基础——苏联若要主张其在国际法上的例外性是否具有战略上的好处。对帕舒卡尼斯一方来说，克罗文的主张是不可能的，因为所有的国家间关系反映了商品所有者之间的关系，这种关系不受其主体究竟是资本主义国家还是表面“社会主义”国家的影响。因此，从普遍的国际法中分离出资本主义国际法这一概念在逻辑上是不可能的。但是对于克罗文来说，将与其具有竞争性的国际法传统与自己的国际法传统进行比较，能够提供一种有用的框架，使其能够长期对存在竞争关系的系统发起攻击。

换句话说，《当代国际公法》是苏联法学家首次对西方国际法观进行系统性批判的大规模尝试。尽管有着批判性的见解，极左翼的帕舒卡尼斯一方[119] 忽视了克罗文所带来的极大进步。《过渡时期的国际法》和《比较国际公法》两本书合在一起描述了两个在经济模式上截然不同的国家（尽管在意识形态上是死敌）如何能够共存和就共同关心的问题进行合作。当然，这种深刻的洞见发展下去

---

[116] See Chakste, supra note 68, p. 24; see, e. g. , infra text accompanying note 120.

[117] See John N. Hazard, The Soviet Union and International Law, 1 *Soviet Stud.* 189, 190 (1950) [hereinafter Hazard, The Soviet Union and International Law], available at http: //www. jstor. org/stable/148828; see also Maclure, supra note 38, p. 52.

[118] John N. Hazard, “Socialism and International Public Law”, 23 *Colum. J. Trasnat'l L.* 251, 255 (1984).

[119] Michael Head, “The Passionate Legal Debates of the Early Years of the Russian Revolution”, 14 *Can. J. L. & Jurisprudence* 3, 23-27 (2001)（此文描述了帕舒卡尼斯、斯图契卡以及其他苏联法理学家主要人物的理论导向）。

成了共存理论[120]的基础，并在古巴导弹危机后最终形成了永久和平共存理论。[121] 然而，可能部分是因为“二战”后苏联和西方世界国际法的迅速发展，克罗文对和平共存的贡献一直没有得到承认。

不过，克罗文是一位优秀的比较国际法学者，他拒绝了马克思主义者惯常的讽刺西方模式和制度的做法，[122] 没有通过对立来进行简单对比，也没有仅仅通过反对一个想象中的资本主义敌人来定义自己；相反，他对一个强大的敌人进行了现实主义评估。[123] 虽然克罗文受到国内外的强烈批评，但他的例子为理解比较国际法提供了三个反思。首先，克罗文的经验表明在我们有可能抛却竞争性系统之间的意识形态分歧，在相对立的理论和政治流派间建立制度联系。其次，正如克罗文所证明的，比较国际法能够揭示竞争系统内部的紧张关系，为批判提供有用的基础。最后，克罗文的比较国际法著作显示出对竞争系统进行整体性理解时存在的缺陷，强调了我们需要将研究主体进行限缩，并在方法论上采取更严格的标准。

2. 约翰·哈泽德和比较法

与克罗文不同，约翰·哈泽德（1909—1995）为大多数比较法学者、俄罗斯法律专家和美国国际法学者所熟悉。哈泽德对比较国

---

〔120〕 Eugene A. Korovin, “The Conception, Sources and System of International Law”, in *Academy of Sciences of The U. S. S. R. Institute of State and Law*, *International Law* 16 (Dennis Ogden trans., 1960).

〔121〕 See John Quigley, “Perestroika and International Law”, 82 *Am. J. Int'l L.* 788, 789-90 (1988).

〔122〕 See, e. g., Michael Head, “The Rise and Fall of a Soviet Jurist: Evgeny Pashukanis and Stalinism”, 17 *Can. J. L. Jurisprudence* 269, 284-86 (讨论了帕舒卡尼斯对西方模型的嘲讽，并对其作品作出回应); Charles J. Reid, Jr., “Tyburn, Thanatos, and Marxist Historiography: The Case of the London Hanged”, 79 *Cornell L. Rev.* 1158, 1187 (1994) (就马克思主义学者对英国刑事司法系统所画的嘲讽漫画进行了批判)。

〔123〕 See, e. g., Korovin, ILTP, supra note 63, p. 1; John N. Hazard, *Recollections of A Pioneering Sovietologist* 24 (2d ed. 1987) [hereinafter Hazard, *Recollections*] (指出帕舒卡尼斯认为所有法律都是资本主义的)。

际法领域的贡献受克罗文启发。因为哈泽德大部分作品都利用了他于 1934 至 1937 年间旁听克罗文在莫斯科法律研究所的国际法课程时所做的记录和写的信件。[124] 这些资料现在保管在哥伦比亚大学图书馆巴赫梅特夫档案馆（Bakhmeteff Archive），它们不仅让我们得以一窥苏联在 20 世纪 30 年代是如何教授国际法的，同时还为我们了解比较国际法的研究方法和方法论提供重要启示。[125]

哈泽德作为苏联问题专家的职业生涯自他 1934 年从哈佛大学毕业时开启。当时他作为当代世界事务研究所（Institute of Current World Affairs）的研究员被派往莫斯科，参加俄罗斯法律课程并对此作出报告。[126] 哈泽德当时一共上了三门有关国际法的课，全部由克罗文开设：国际法导论、国际关系史和国际公法。[127] 除了课程记录外，哈泽德还在与他在美国的上级通信时提供了克罗文的简要手稿。[128] 哈泽德对克罗文的第一印象是：这是一个"学者……可以很好地以学术语言表达马克思主义态度，解释苏联当局对（其外交政策决定）所给出的理由"。[129] 除了课程之外，哈泽德还会每周到克罗文家拜访学习俄语，并让克罗文练习英语。[130]

还在莫斯科时，哈泽德就开始了他长寿且多产的学术生涯。他在《哥伦比亚法律评论》[131] 和《美国国际法杂志》[132] 上发表文

---

[124] See Hazard, Fragments, supra note 69; see also Oscar Schachter, "In Memoriam: John Newbold Hazard (1909-1995)", 89 *Am. J. Int'l L.* 583, 584 (1995).

[125] See Hazard, Fragments, supra note 69.

[126] Schachter, supra note 124, p. 584.

[127] See Hazard, *Recollections*, supra note 123.

[128] Schachter, supra note 124, p. 584.

[129] Letter from John N. Hazard to Walter S. Rogers, Dir. of the Inst. of Current World Affairs (Nov. 4, 1934)（讨论了国际法发展史这门课程的引入，这是俄罗斯第一次开设此类课程）。

[130] See John N. Hazard, Foreword to *Evgeny Pashukanis*, *Selected Writings on Marxism and Law* 273 (P. Beirne & R. Sharlet eds., 1980), available at www. marxists. org/archive/pashukanis/biog/memoir. htm.

[131] John N. Hazard, "Soviet Law: An Introduction", 36 *Colum. L. Rev.* 1236 (1936).

[132] John N. Hazard, "Cleansing Soviet International Law of Anti-Marxist Theories", 32 *Am. J. Int'l L.* 244 (1938) [hereinafter Hazard, Cleansing].

章。当哈泽德1937从莫斯科回国后，他开始在芝加哥大学攻读博士学位学习比较法，他的导师是马克斯·莱因斯坦（Max Rheinstein）。[133] 1938年，哈泽德公开宣布否认帕舒卡尼斯，并试图将其不纯粹的理论从苏联国际法中“清洗”掉。[134] 1939年哈泽德博士毕业，之后他在纽约市的一家律所工作。但随着第二次世界大战的爆发，他开始在政府部门就职，并被分配到防务援助报告处（Division of Defense Aid Reports）苏联分部（罗斯福总统于1941年根据美国《租借法案》签署8751号行政命令设立该部门，这一部门的主要职责是针对他国基于《租借法案》所提出的援助请求编撰报告等。——译注）。[135] 他的职责包括协助租借计划（Lend-Lease program）条款的谈判（苏联是该计划的主要借款方）。[136]

哈泽德最终成为租借管理部门苏联分部的副主管，并和包括乔治·凯南（George Kennan）、迪安·艾奇逊（Dean Acheson）和埃夫里尔·哈里曼（Averell Harriman）在内的美国战后外交政策精英建立了友谊。[137] 作为一名苏联问题专家，1944年5月时，哈泽德陪同副总统亨利·华莱士借道西伯利亚东部秘密访问中国。[138] 第二年，他作为苏联法律专家被选中帮助罗伯特·杰克逊（Robert Jackson）法官在国际性法院或仲裁庭就战争罪起诉纳粹领导人。[139] 这些经历不仅使哈泽德熟练掌握俄罗斯法律，更使其对外交、国际性法院和制度的内部工作制度有了深刻的了解。

“二战”后，哈泽德在哥伦比亚大学法学院工作直至去世。[140]

---

〔133〕 Schachter, supra note 124, p. 584.

〔134〕 See Hazard, Cleansing, supra note 132, p. 244.

〔135〕 See Schachter, supra note 124, p. 584; see also John N. Hazard, "Soviet Legal Studies Pioneer", 20 *Colum. U. Rec.* 24, 86 (1995) [hereinafter Hazard, Pioneer].

〔136〕 Schachter, supra note 124, p. 585.

〔137〕 Id. p. 585.

〔138〕 Id.

〔139〕 Id.

〔140〕 Id.

哥伦比亚大学非常看重他的背景，非常少见地从一开始就授予了他终身教席。[141] 哈泽德立即利用他在莫斯科获得的训练（和记录）为他在哥伦比亚大学的学生准备教材。他在战后的著作范围非常广泛，包括公法、苏联宪法理论、刑法、家庭法等，当然还包括苏联国际关系和国际法。[142]

就本文而言，哈泽德在苏联国际法的工作中最重要的一点是他真挚地试图从中立的视角来研究苏联的立场和哲学起源。[143] 哈泽德在马克思主义方面的著作体现出其对苏联法学家所经历的内部紧张关系和政治压力的深刻了解。他清楚地认识到苏联学者在维护党的决定时所采取的不可调和的立场，也可以感受到当他们在数周、数月或数年后放弃这些立场时的个人解放。哈泽德对这些紧张关系的理解既是描述性的又是分析性的。他理解“马克思主义法律”中的矛盾——任何法律都体现资本主义关系——但是哈泽德也认识到智识、制度和历史网络使得苏联法学家们不能揭露这种危险的对称，就连之后的帕舒卡尼斯也是如此。[144]

正是因为哈泽德的这种深刻了解，以及当时高度紧张的麦卡锡主义环境，哈泽德被认为可能已经“被同化”了，密谋参与了“从内部”推翻美国的全球共产主义阴谋。[145] 哈泽德受到众议院非美活动调查委员会（House Un-American Activities Committee）（又称戴斯特别委员会，于 1938 年设立，多进行反共调查活动，后更

---

〔141〕 See Hazard, Pioneer, supra note 135.

〔142〕 See id.

〔143〕 See, e. g. , Hazard, The Soviet Union and International Law, supra note 117（详细讨论了国际法中苏联利益的发展）。

〔144〕 See id. ; see also Hazard, Cleansing, supra note 132, p. 244, 248.

〔145〕 See William Partlett, “Re-Classifying Russian Law: Mechanisms, Outcomes and Solutions for an Overly Politicized Field”, 2 *Colum. J. E. Eur. L.* 1, 23 (2008).

名为众议院内部安全委员会。——译注）的调查，但最终被证明清白。[146] 矛盾的是，在这之后苏联不再向哈泽德发签证，不过哈泽德没有把这件事公之于众。[147] 作为冷战时期国际法和比较法学科高度政治化的牺牲品，哈泽德的经历给当代潜在的比较国际法学者们上了一个实践课——尽管学者们可能竭尽全力试图中立、客观或“科学”地进行比较，但仍然很有可能体现出一套既有的法律/政治传统，或甚至是意识形态污点。

因此，无怪乎哈泽德在读到 1956 年 9 月《苏维埃国家与法》(Sovetskoe Gosudarstvo i Pravo) 上的一篇匿名文章时表现得如此乐观。这篇文章敦促人们重新评估两次世界大战期间的文章。[148] 对国际法学界来说，哈泽德希望通过这种重新检视来结束这种对“精妙理论”(fine theories) 的关注，将研究重点放在“特定问题”而非“不同经济体系国家之间冲突所产生的核心问题”上。[149] 哈泽德认识到，如果把问题理解成“文明的冲突”，或者是狂热的共产主义与资本主义竞争、善恶之争、他者与自我之争，是没有好处的。[150] 因此，哈泽德毕生奉献于破除这些迷障，教导了几代学者要去批判地思考苏维埃“他者”，尽量从务实、现实、去政治化的视角去理解苏维埃体系中的内在紧张关系、冲突和不协调。[151] 这

〔146〕 See id.; see also Medford Stanton Evans, *Blacklisted by History: The Untold Story of Senator Joe Mccarthy and His Fight Against American Enemies* 169 (2007); Stephen F. Cohen, *Rethinking the Soviet Experience: Politics & History Since* 1917, p. 17 (1985).

〔147〕 See Marshall D. Shulman, “Biographical Memoirs: John Newbold Hazard”, 142 *PROC. Am. Phil. Soc'Y* 140, 142 (1998) （解释了在战后他与苏联的关系）; Boris N. Mamlyuk, “Russia's Second Twenty-Years' Crisis (1989-2009): The Restoration of International Law (2011)” (unpublished PhD dissertation) (onfile with authors) [hereinafter Mamlyuk Dissertation].

〔148〕 John N. Hazard, “Pashukanis is No Traitor”, 51 *Am. J. Int'l L.* 385, 386-88, 386n. 2 (1957).

〔149〕 Id. p. 388.

〔150〕 See Samuel P. Huntington, “The Clash of Civilizations?”, *Foreign Aff.*, Summer 1993, p. 22.

〔151〕 See Schachter, supra note 124, p. 584.

是他在20世纪30年代从曼利·哈德森（Manley O. Hudson）和罗斯科·庞德（Roscoe Pound）所代表的美国现实主义学派和克罗文的苏联现实主义学派那里学到的重要一课。人们完全可以深入了解“他者”的法律文化，在两个处于战争关系的体系中建立智识和专业联系，[152] 并从截然不同的角度对国际机构（如国际联盟）的性质和功能进行概念化。[153]

3. 威廉·巴特勒和比较国际法理学

第三位20世纪比较国际法的核心人物是杰出的俄罗斯法学者威廉·巴特勒。他出版了超过一百本书（包括专著、编著和译著），并以苏联、俄罗斯和独联体的法律为研究内容发表了超过三千篇论文。[154] 对大部分国际法和比较法律人来说，巴特勒无须再多介绍。快速浏览一遍他的生平和在比较国际法上的主要作品有助于我们在本文的语境下进行方法论层面上的讨论。

1939年，巴特勒出生在明尼苏达州，并在1961年于美利坚大学国际服务学院（American University's School of International Service）完成本科学习。[155] 巴特勒后来进入约翰霍普金斯大学高级国际研究院（SAIS），跟随孔杰荣（Jerome Cohen）和约翰·哈泽德学习中国法、苏联法和比较法。[156] 1963年，当巴特勒获约翰霍普金斯大学的硕士学位后，他进入哈佛法学院，师从哈罗德·伯尔曼（Harold J. Berman）继续学习苏联法。[157] 巴特勒后来回到约翰霍普金斯大学高级国际研究院攻读博士学位，并在1970年以

[152] 比如说，哈泽德就和战后苏联国际法领军人物格里高利·童金（G. I. Tunkin）建立了深厚的职业联系。See id.

[153] See John N. Hazard, "'New Thinking' in Soviet Approaches to International Politics and Law", 2 *Pace Y. B. Int'l L. Rev.* 1, 13-15.

[154] W. E. Butler, *International and Comparative Law: A Bibliography* (2005).

[155] William E. Butler, Penn State Law, http://law.psu.edulfaculty/resident faculty/butler (last visited Feb. 10, 2011).

[156] Id.

[157] Id.

“苏联与海洋法”为题完成其博士论文。[158] 了解巴特勒的学术脉络和教育背景是非常重要的，因为这解释了他和其他两位典型的比较国际法学者在比较研究方法上的相似性。

1967年和1968年，巴特勒开始在哈佛大学的“国际法苏联方法、中国方法和西方方法”这门课上讲授苏联这一部分。[159] 这门课是与孔杰荣和丘宏达（讲授中国方法）[160] 以及哈罗德·伯尔曼和理查德·巴克斯特（讲授美国方法）[161] 合上的，大量学生选修了这一门课。苏联法和中国法专家融合了文本分析和功能主义方法，[162] 利用外国的教义学和实践资料来讲述各国是如何处理特定问题的，[163] 因此这门课与标准的美国国际法教学大纲很不一样。[164] 1970年，巴特勒升职为伦敦大学学院（UCL）[165] 的高级讲师。自1975年起，他开始举办以“国际法比较研究方法”为主题的研究生读书会。[166] 他在伦敦大学学院开设的课程选课学生不多，因此只在五六年间断断续续的开课。[167]

巴特勒后续的比较国际法研究直接基于这些教学经历产生。

---

〔158〕 Biographical Note: Ph. D. Dissertations, 29 Int'l Org. 909, 917 (1975).

〔159〕 W. E. Butler, Acknowledgements, in *International Law in Comparative Perspective*, supra note 12, p. vii.

〔160〕 几年后，这两位学者出版了共两卷本的国际法中国方法论文集。See 1 Jerome A. Cohen & Hungdah Chiu, *People's China and International Law* (1974).

〔161〕 W. E. Butler, Acknowledgements, in *International Law in Comparative Perspective*, supra note 12, p. vii; Butler, American Research on Soviet Approaches, supra note 12, p. 224; W. E. Butler, "Justice in Russia: Soviet Law and Russian History", 42 *Emory L. J.* 433, 440 (1993) [hereinafter Butler, Justice in Russia].

〔162〕 Butler, Justice in Russia, supra note 161, p. 440.

〔163〕 Id.

〔164〕 Id.

〔165〕 International Law & Organizations: Faculty and Staff, Johns Hopkins Univ., The Paul H. Nitze Sch. of Advanced Int'l Studies, http: //www. saisjhu. edulacademics/functional-studies/intemational-law-orgs/faculty. htm#Butler (lastvisited Feb. 9, 2011).

〔166〕 Butler, *International Law and the Comparative Method*, supra note 12, at 29 n. 17.

〔167〕 Thomas Carothers, "Book Review: Recueil des Cours de l'Academie de Droit de La Haye [Collected Courses of the Academy of Law of The Hague]", 82 *Am. J. Int'l L.* 374, 379 (1988).

1977年，巴特勒挑选了部分比较国际法的文章形成单独一卷，以《比较法视角下的国际法》（International Law in Comparative Perspective，ILCP）为题出版，这是首部国际法比较法方法的英文著作。[168] 该书选了17篇文章，包括麦克杜格尔（McDougal）、施瓦曾伯格（Schwarzenberger）和古特里奇（Gutteridge）[169] 的文章，并就如何在国际法上适用比较法方法（尤其是国际法的比较法历史）作出了很有价值的介绍。巴特勒在这之后继续发展他自己不可或缺的方法论思考，吸收或扬弃这些学者所提出的理论观点。

巴特勒公开反对两次世界大战时期对比较法学和国际法学的人为区分。[170] 因此，巴特勒认为古特里奇和其他比较法学者不愿意参与国际私法或公法的讨论是一种过时的体现。[171] 巴特勒认为，战后国际法学者的立场也是过时的。[172] 由于主流国际法学者关注民族国家，对实在条约法持形式主义依赖，并且广泛相信普遍性，因此国际法学者基本不会去研究国家如何内化国际责任或表现一般原则。[173] 除了反直觉之外，这种立场同样也有损"习惯法是传统的国际法渊源"这一观点。

巴特勒还反对美国现实主义法学家的务实、政策导向和比较方式。他认为这限制了研究可能涉及的范围，使其限于具有相似性的体系或系统。

比较主要被看作一种手段或技术，用于法律改革、法院对外国

---

〔168〕 W. E. Butler, Acknowledgements, in *International Law in Comparative Perspective*, supra note 12, p. vii.

〔169〕 Id. at v, vi.

〔170〕 See W. E. Butler, Introduction, in *International Law in Comparative Perspective*, supra note 12, pp. 1-2.

〔171〕 Id. at 1; see also H. C. Gutteridge, *Comparative Law: An Introduction to The Comparative Method of Legal Study & Research* (2d ed. 1949) [hereinafter *Gutteridge, Comparative Law*]（解释了比较法的起源、意义、目的和价值）

〔172〕 See W. E. Butler, Introduction, In *International Law in Comparative Perspective*, supra note 12, p. 2.

〔173〕 Id. p. 1.

法律的适当适用、私法的国际协调或统一等。尽管并非必须，但这一导向强调对在发展水平或复杂程度上类似的国家进行研究……[174]

对巴特勒来说，战后政治意味着比较国际法必须进行更广泛的社会法律比较，超越现实主义、功能主义，涵盖更多相关领域。[175]巴特勒称这是某种形式的“全面了解你的敌人……需要理解外国法律体系的基本哲学、历史、社会学和政治基础”。[176]因此，目的导向的比较国际法不仅限于，举例来说，在美国和苏联对外事务法律之间进行“硬”比较。比较国际法研究应当包含对各国的法律理论、文化和法律职业等子领域的研究。[177]主要的方法论挑战是识别目的战略，也就是比较研究背后的原因，这将揭示出什么才是需要被比较的。

就如同拉特纳/斯劳特的讨论集[178]一样，《国际法和比较法方法》（International Law and the Comparative Method）旨在为读者提供一系列方法，用于研究苏联对于国际法的理解，以及苏联是如何理解西方的国际法研究的（这点也同样重要）。[179]巴特勒认为，比较国际法的合理研究范围不仅限于某一种方法，而是在可能的情况下要包括对法律职业、法律语言、一国国内不同区域在履行国际法安排时可能遇到的（现实或可能存在的）障碍[180]等的研究；对国际法史的比较；或还可以包括对国家如何发展出对特定国际机制的独特方法等的研究。[181]总而言之，巴特勒强调了比较的实验性和非教条性特征，并主张以“希望进行更广泛的合作、对话和交流”为

〔174〕 Butler, *International Law and the Comparative Method*, supra note 12, p. 26.

〔175〕 Id. p. 29.

〔176〕 Id. p. 31.

〔177〕 Id.

〔178〕 See generally Ratner & Slaughter, *Method in the Message*, supra note 4.

〔179〕 See Butler, *International Law and the Comparative Method*, supra note 12.

〔180〕 Id. pp. 34-35.

〔181〕 Id. p. 36.

首要精神。[182]

从冷战前和“二战”后的地缘政治现实背景来看，巴特勒对比较国际法的观点着实具有前瞻性。去殖民化、[183]越南战争的结束、[184]与苏联之间缓和关系的结束，[185]以及苏联对阿富汗的入侵（1979）等，[186]这些事件让人们认识到，理解其他国家打算如何利用现有国际进程在全球权力竞争中获得优势地位是非常重要的。巴特勒对于两次世界大战期间学者们所持的普遍主义/绝对主义观点的反对是完全正确的，这些观点“不充分且过于陈腐”。[187]他也正确地拒绝了构建一种正义的战后政策导向法学，因为这会将部分个体的良好生活概念强加于其他人身上。在这个层面上，巴特勒的比较国际法方法和哈泽德的具有类似之处，他们都反对构建“精妙理论”或宏大叙事（无论是在苏联国际法或西方国际法学科的发展中都是如此）。

尽管否定了早期粗糙的方法论，巴特勒主张的替代方法也同样存在问题，它有着难以调和的内在紧张关系。这可以从以下两点加以论证。首先，巴特勒所谓的典型比较法学者（实体知识探寻者）和实务政策型比较法研究者（“从超越学术或历史的角度理解事物”，[188]且有义务告知政策制定者其所了解的相关外国法律文化）之间存在难以避免的角色冲突。[189]其次，尽管巴特勒似乎能够接

〔182〕 Id. p. 31.

〔183〕 See David Strang, “Global Patterns of Decolonization, 1500–1987”, 35 *Int'L Stud. Q.* 429, 437 (1991); see also 3 Colonialism, *The New Encyclopedia Britannica* 465 (15th ed. 2005).

〔184〕 12 Vietnam War, *The New Encyclopedia Britannica* 361 (15th ed. 2005).

〔185〕 Robert G. Kaiser, “U. S. –Soviet Relations: Goodbye to Détente”, 59 *Foreign Aff.* 500, 500 (1980).

〔186〕 28 *Union of Soviet Socialist Republics*, *The New Encyclopedia Britannica* 1017 (15th ed. 2005).

〔187〕 Butler, *International Law and the Comparative Method*, supra note 12, p. 2.

〔188〕 Id. p. 36.

〔189〕 比较法文献一直在讨论比较法律人作为客观知识探寻者和政策顾问时的角色冲突。See *Rethinking the Masters*, supra note 32, pp. 5–18.

受在国际法上采取地区性或洲际性的方法,[190] 同时也认识到要为将来的国际法律人提供本土化和以文化为基础的训练过程,[191] 但是他没有说明一个未来的比较国际法学者如何从具有特殊性的渊源(如语言、文化、历史等)中预测地区发展趋势。

20世纪80年代末,继《比较法视角下的国际法》之后,又有一个具有创新性的项目对比较国际法产生了重大的影响。“1983年下半年,伦敦大学学院法律系与苏联科学院国家与法律研究所签订了一项开创性的合作协议。”[192] 国家与法律研究所的弗拉基米尔·库德里亚夫采夫(Vladimir N. Kudriavtsev)教授和巴特勒一起在莫斯科和伦敦安排了一系列研讨会,邀请了普通法传统和社会主义法传统的代表参加,[193] 主办方负责承担合理的会议费用。[194] 这一合作协议促进了之后八年一系列的学术互访,并在一系列实体问题上展开了座谈。[195] 当然,研讨会的主题包括了比较法和国际法话题,以及这两个学科在各自国家的地位等。[196] 两国的学者们都提交了在实体问题上的具体研究,并对两个学科所面临的方法论问题进行了反思。[197]

巴特勒在1990年出版的有关苏联20世纪80年代“改革”对

---

〔190〕 Butler, *International Law and the Comparative Method*, supra note 12, pp. 36-37.

〔191〕 Id. p. 34.

〔192〕 9th Annual Aleksanteri Conference 2009, Cold War Interactions Reconsidered, Talking Across the Fence: Cold War Academic Cooperation in the Legal Sphere, Univ. of Helsinki (Oct. 29-31, 2009), http://www.helsinki.fi/aleksanteri/conference2009/abstracts/henderson.html.

〔193〕 See W. E. Butler, Acknowledgments, in *Comparative Law and Legal System: Historical and Socio-legal Perspectives*, at vii (W. E. Butler & V. N. Kudriavtsev eds., 1985) [hereinafter *Comparative Law and Legal System*].

〔194〕 See "Protocol on Scientific Co-operation between University College London and the Institute of State and Law of the USSR Academy of Sciences", in *Yearbook on Socialist Legal Systems* 388 (W. E. Butler ed., 1987).

〔195〕 See W. E. Butler, "On the History of International Law in England and Russia", in *The Non-Use of Force in International Law* 3, 3-10 (Butler ed., 1989).

〔196〕 See id.

〔197〕 See id.

国际法所产生影响的论文集中也涉及了不同的方法论问题。[198] 这些方法可以被大致分为苏联实证/功能主义方法［童金（G. I. Tunkin）］、[199] 批判法学和法律文学方法［卡蒂（J. A. Carty）］、[200] 系统分析法［费德曼（D. I. Feldman）］以及再次兴起的以政策为基础的方法。[201] 但即使是在有关苏联1980年代“改革”和国际法的论文集中，观点也存在分歧。学者们在“比较法方法被应用到国际法上的含义”这一问题上没有达成共识。到1990年为止，根据不同的目的，产生了至少五种不同的比较国际法概念：①比较不同历史时期的各种国际法制度——历史主义目的；②识别对所有人民/国家都适用的共同价值或一般法律原则——普遍主义任务；③比较不同国际组织或机构的立法或执行方面——制度主义目的；④在马克思主义框架中利用比较法方法比较不同社会或经济系统中的国际法律规则——马克思主义方法；⑤单纯用于理解和区分国际法不同方法——分类学方法。[202]

我们很明显可以看到，上述任何一个比较国际法分支都不能代表比较研究或分析性方法；相反，它们代表的是对传统比较法研究

---

〔198〕 *Perestroika*, supra note 44.“改革”（Perestroika）字面意思是重构，这里是指苏联晚期的一段历史（1985-1991年），此时苏联经历了激烈的经济自由化和政治重组，最终导致了苏联解体。

〔199〕 See G. I. Tunkin, “On the Primacy of International Law in Politics”, in *Perestroika*, supra note 44, p. 5.

〔200〕 See J. A. Carty, “Changing Models of the International System”, in *Perestroika*, supra note 44, p. 13.

〔201〕 See D. I. Feldman, “New Trends in the Theory and Methodology of International Law”, in *Perestroika*, supra note 44, p. 31. See generally *Perestroika*, supra note 44.

〔202〕 See generally W. E. Butler, *International Law and the Comparative Method*, supra note 12, p. 29; Mattei, Three Patterns, supra note 24（此书介绍了不同的分类体系以及分类学的价值）

的扩张或替代。[203] 那么比较国际法方法到底包含了什么呢？比较国际法学者需要怎么做呢？

巴特勒在他1985年有关国际法比较法方法的海牙讲座中提出了自己的建议。[204] 对巴特勒来说，这项计划包含了一个宏大叙事，应当包括：

> 国家产生的历史、形式、与他国的外交关系；其地缘政治壁垒；其与外国实体的文化、政治、经济和历史联系；其政治、宗教或意识形态任务；其通过直接手段或模仿和激励手段来对其他国家施加军事、经济或政治影响力的能力；其构建和执行外交政策的技巧；以及其政治、行政、经济和法律机构，法律的概念和法律论证及说理的方法等，所有这些都是一国的国际法模式；……因此一种比较法的视角是必要的。[205]

对比较法律人来说，上述列举会让他们想起茨威格特和克茨（Zweigert & Kotz）对拉贝尔（Rabel）的著名引用，他们希望未来的比较法研究者能够比较所有可能影响法律的因素。[206] 但是人们如何才能发现这些因素及其产生的影响呢？是不是有一个排名表，

---

〔203〕 如果这样，那么比较国际法和基本的比较法没有区别。比较国际法只是用现有的比较方法研究国际法上的不同研究方法。而已有的国际法研究方法被视作既定。这种国际法及其机构的多元主义观点从逻辑上来源于各国对实体法律领域、道德、价值等的多元研究方法。换句话说，如果我们明确认为特定国内法律体系中的每一种语言都具有复杂性和不确定性，并认为必须保护许多社会内的哲学和道德多元性，那么世界上这么多的语言和文化，互相冲突的法律系统和本体论观点就必然会产生成千上万种互相之间存在竞争关系的国际法观点。个人、团体、国家因此可以提出自己对国际法的解释；但是一旦有更加强大的解释者，观点再多也是没有用的。以下著作很好地总结了理论多元主义是如何运行的，同时还提供了对比较法文献的详细综述。see generally Werner Menski, *Comparative Law in A Global Context: The Legal Systems of Asia and Africa* 40-68 (2d ed. 2006).

〔204〕 Butler, Comparative Approaches, supra note 14.

〔205〕 Id. p. 81.

〔206〕 Zweigert & Kotz, *Introduction to Comparative Law* 36 (Tony Weir trans., Oxford 3d ed. 1998) (1977).

一个重要性顺序列表，或是一种可以考虑到方方面面的方法呢？

巴特勒（就像之前的哈泽德和克罗文一样）没有就如何评估影响力（如评估经济限制与法律文化两者之间的影响力差异，或政治影响与历史影响之间的不同）提供一个流程图或排序指南。[207] 我们可能并不能做到对这些复杂的影响进行排序，影响因素的数量可能也具有偶然性；不同的比较法学者也有可能有他自己的偏好顺序。但是，实际的比较国际法方法正是巴特勒所希望的“更广泛的合作、对话和交流”。[208] 巴特勒在介绍伦敦大学学院和国家与法律研究所合作的第一项工作成果时说：

> 从历史、时代精神、座谈会形式所固有的限制，以及座谈会形式尚未被利用的潜在可能性这几点性质来看，这次双边座谈会所产生的法律研究成果是一种切切实实的法律文献类型。如果可以，本次合作协议将在很长一段时间内为合作或持续进行法律研究提供可能性……双方应充分利用这次机会。[209]

换言之，巴特勒和他在国家与法律研究所的同僚们在这次合作中所构想的是比较国际法。用人类学的术语来说，巴特勒和他的苏联同事们一起构建了苏联国际法律人的专家民族志，[210] 并由此更加清晰地理解国际法苏联方法这一广泛构想的复杂性。正如法律人类学家劳拉·纳德（Laura Nader）所言，巴特勒的“沉浸式研究”

---

〔207〕 Cf. Peter Decruz, *Comparative Law in A Changing World* 235-39 (2d ed. 1999)（此文提供了比较法分析的研究流程，认为需要：①“识别问题并尽量明确地表达”；②识别需要比较的法域及其法系；③找到法律渊源；④收集相关材料；⑤根据被研究系统的法哲学和意识形态分析相关材料；⑥“设计可能的解决方法”；⑦分析法律原则背后的固有价值；⑧得出结论。

〔208〕 Butler, *International Law and the Comparative Method*, supra note 12, p. 31.

〔209〕 W. E. Butler, Introduction, in *Comparative Law and Legal System*, supra note 193, pp. ix-x.

〔210〕 Laura Nader, “Moving On-Comprehending Anthropologies in Law”, in *Practicing Ethnography in Law* 190, 198-99 (June Starr & Mark Goodale eds., 2002).

之所以有用，部分是因为他没有借用一种“去情境化和脱水式”的研究方法，[211] 相反，他对两方的交流与合作抱有一种诚挚的态度，而这恰好起到了作用。[212] 就和之前的克罗文与哈泽德一样，巴特勒的比较国际法研究不仅限于他对苏联学说详尽全面的了解，也不限于实在法比较，而更偏向于面对面沟通（通过在两个截然不同的体系的主要代表之间开展真挚的交流或碰撞），从而实现了比较国际法方法。[213] 巴特勒这项比较国际法计划的产生（以及巴特勒作为主要策划者所起的作用）值得深入研究，但就本文而言，我们主要考察冷战后背景下的比较国际法。

（三）冷战后比较法和国际法的碎片化

从上述人物的历史中得出的结论可能看上去太具有直觉性，乃至过于庸俗。的确，目前的结论是很宽泛的——我们应当认识到不同的“系统”（民族国家、国家、民族、文化等）从不同的角度看待问题，我们应当采用一种开放的视野研究这些差异。但我们更深层次的论点是，当代比较国际法能从冷战时期的第一代比较国际法中学到很多。那么，为什么要在更宏大的冷战（以及两次世界大战期间）理论辩论背景下来研究比较国际法的复兴呢？为什么新兴的比较国际法学科忽视了 20 世纪的比较国际法项目以及其中的苏联方法呢？当我们回顾最近国际法马克思主义方法的复兴时，这点就变得更加令人疑惑了。[214] 马克思主义者怎么能忽视非帕舒卡尼斯式的苏联方法呢？为什么主流的批判法学观点容忍了这种忽视呢？

---

〔211〕 Id. p. 199（此文讨论了跨学科研究的失败）。

〔212〕 Id. p. 193.

〔213〕 See William Twining, “Comparative Law and Legal Theory: The Country and Western Tradition”, in *Comparative Law in Global Perspective* 21, 57 (Ian Edge ed., 2000)（提到“严肃的比较研究不仅是一种方法，更是一种生活”）。

〔214〕 See China Miéville, *Between Equal Rights: A Marxist Theory of International Law* (2004)（认为马克思主义国际法理论是一种法律形式）。

这种战略选择是为了避免表现得马克思主义或亲苏,[215] 还是说存在一种对苏联遗产的更深层次的矛盾心理?

就后面几个问题（有关为什么批判法学和马克思主义者避免采取国际法苏联方法的问题）而言，如果目前来回答，可能猜测性过重，因此本文暂不回答这些问题。但是为了论证本文的中心论点，也就是“无论是好是坏，苏联方法仍然具有重要性”，我们仍然需要简单看一下后冷战时期国际法的状况，并指出自 1989 年代起，其中存在的几个长期挑战。

第一个挑战是，直到 1991 年 12 月苏联解体前夕，（包括西方和苏联阵营在内的）许多学者都认为苏联 1980 年代“改革”将会对国际法产生重大影响。[216] 无须详述既有文献，我们仅需指出其中最重要的发展，也就是苏联此时作出的让步——愿意构建一个一元、统一的国际法律制度。[217] 这使其作出了许多改变，如在六个国际人权公约中撤销了对国际法院强制管辖的反对,[218] 试图与许多国际经济组织建立直接联系,[219] 并将国际法律标准（国际法一般原则）纳入国内立法，使其为改革提供规范和实质正当性。[220]

---

[215] See Duncan Kennedy, "Antonio Gramsci and the Legal System", 6 *Am. Legal Stud. Ass'N F.* 32, 32-33 (1982)（认为任何涉及葛兰西的讨论都在暗示其为传统马克思主义而非苏联式的）。下文说明了学者们在讨论马克思意识形态时如何避免表现出对马克思主义的同情。See James Fry, "Legitimacy Push: Towards a Gramscian Approach to International Law", 13 *UCLA J. Int'L L. & Foreign Aff.* 307, 308 n. 4 (2008).

[216] See, e. g., *Perestroika and International Law: Current Anglo-Soviet Approaches to International Law* (Anthony Carty & Gennady Danilenko eds., 1990); A. P. Movehan, "The Concept and Meaning of Modern International Law and Order", in *International Law and The International System* 123, 124 (W. E. Butler ed., 1987); G. G. Shinkaretskaia, "International Adjudication Today in the View of a Soviet International Lawyer", in *Perestroika*, supra note 44, p. 245. 详细文献综述可参见 Mamlyuk Dissertation, supra note 147.

[217] G. G. Shinkaretskaya, "International Adjudication Today in the View of a Soviet International Lawyer", in *Perestroika*, supra note 44, p. 251.

[218] Id. p. 245.

[219] See Kazimierz Grzybowski, *Soviet International Law And the World Economic Order* 187 (1987)（此文讨论了“关税与贸易总协定”）。

[220] *Perestroika*, supra note 44, pp. 1-3.

西方观点认为这一全面改革意味着国际法及其机构不再成为意识形态战场。[221] 在20世纪90年代早期左右，许多观点真诚希望联合国将会发展成其设计者最初期待的那样，成为世界的良知以及和平解决国际争端的平台。[222] 举例来说，苏联和美国在伊拉克入侵科威特问题上在联合国安理会达成的合作[223]，被视为开创了国际安全合作新时代。[224] 意识形态抗争已经成为过去，童金热情地赞扬了1980年代苏联“改革”使得人们重新相信希望和进步，而且最重要的是，**理性**成了普遍国际法的普遍基础。[225] 随着苏联的最终解体[226]和俄罗斯从苏联的大部分国家和平撤军（除了仍有一部分“维和部队”驻扎在摩尔多瓦、乌克兰和一些其他国家的领土），[227] 国际法进入新时代似乎有理可循。

然而，“新康德主义理性作为永久和平的根基”这一观点持续的时间并不长。到了20世纪90年代晚期，随着北约轰炸南联盟，[228] 美国和其他国家受到了一系列指责。[229] 再加上中亚地区、

---

[221] See J. A. Carty, “Changing Models of the International System”, in *Perestroika*, supra note 44, p. 13.

[222] See Tunkin, Politics, supra note 106, pp. 335–38.

[223] See S. C. Res. 660, IT 1–3, U. N. Doc. S/RES/660 (Aug. 2, 1990); see also S. C. Res. 661, 6, U. N. Doc. S/RES/661 (Aug. 6, 1990); S. C. Res. 662, U. N. Doc. S/RES/662 (Aug. 9, 1990); S. C. Res. 664, U. N. Doc. S/RES/664 (Aug. 18, 1990); S. C. Res. 665, IT1–4, U. N. Doc. S/RES/665 (Aug. 25, 1990).

[224] See Aaron Belkin & James G. Blight, “Triangular Mutual Security: Why the Cuban Missile Crisis Matters in a World Beyond the Cold War”, 12 *Pol. Psychol.* 727, 728–31 (1991).

[225] See Tunkin, Politics, supra note 106, p. 337.

[226] 28 *Union of Soviet Socialist Republics*, *The New Encyclopedia Britannica* 1024 (15th ed. 2005).

[227] Id.

[228] See NATO's Role in Kosovo, N. Atl. Treaty Org. (July 15, 1999), http://www.nato.int/kosovo/history.htm.

[229] See Patterns of Global Terrorism: 1997, Fed'n of Am. Scientists, http://www.fas.org/irp/threat/terror 97/1997index.html (last visited Feb. 12, 2011); see also Attacks on U. S. Embassies in Kenya and Tanzania, Global Sec., http://www.globalsecurity.org/security/ops/98emb.htm (last visited Feb. 12, 2011).

欧洲、非洲和其他一些地方发生的种族冲突,[230] 世界似乎较之十年前变得更加混乱、血腥和不受法律约束。随着布什上台,“新世界秩序”“美国例外主义”“不受法律约束的世界”“多边体系的崩塌”等话语显示出,更多人认为国际法再次陷入危机。[231] 因此,冷战后国际法的一个长期挑战就是不能构建一个有效的多边框架来确保全球安全。

国际法的第二个挑战是 20 世纪 90 年代以及 21 世纪前十年的“人权浪潮”。相关辩论可见于前南刑事法庭、卢旺达法庭和国际刑事法院的设立;[232] 对普遍管辖权、[233] 国际强行法的激烈讨论;[234] 以及“战争罪”“种族灭绝罪”“危害人类罪”等罪名在世界各地均被认为是大屠杀的情势中的适用之争。[235]

第三个挑战是,在过去 20 年里,国际法发展成了一个高度复杂的体系,其由实践中产生的各个新兴的、独立的子领域拼接而成,具体而言包括国际环境法、国际刑法、国际经济法(又可以再次碎片化成更多的子学科)等,这些新领域和传统的(如国际人道

---

[230] See Thomas S. Szayna, “Potential for Ethnic Conflict In The Caspian Region”, in *Fault-lines of Conflict in Central Asia and the South Caucasus* (Olga Oliker & Thomas S. Szayna eds., 2003); see also Kikkawa Gen, “Preventing Ethnic Conflicts: A Reconsideration of the Self-Determination Principle”, in *Containing Conflict: Cases in Preventive Diplomacy* (Sato Hideo ed., 2003); William W. Allen, Forward to William T. Johnsen, *Pandora's Box Reopened: Ethnic Conflict in Europe and Its Implications* 3 (1994); Kenneth Menkhaus & Louis Ortmayer, “Somalia: Misread Crisesand Missed Opportunities”, in *Preventive Diplomacy in the Post-Cold War World* 211 (Bruce W. Jentleson ed., 2000).

[231] See, e.g., Philippe Sands, Lawless World 8-22 (2005).

[232] See Kenneth Roth, “The Case for Universal Jurisdiction”, *Foreign Aff.*, Sept./Oct. 2001, pp. 150-151.

[233] See id. p. 150.

[234] See Ulf Linderfalk, “The Effect of Jus Cogens Norms: Whoever Opened Pandora's Box, Did You Ever Think About the Consequences”, 18 *Eur. J. Int'l L.* 853, 855 (2007).

[235] See Karyn Becker, Genocide and Ethnic Cleansing, in 50 Issues Book: Equality and Justice in The 21st Century, Model U. N. Of the Far West (2000), available at http://www.munfw.org/archive/50th/4thl.htm.

法等）国际法部门共同构成了广义的国际法。[236] 随着国际公法和国际私法领域的发展，国际法学科同时得以发展，[237] 甚至学科的发展推动或产生了部分子领域。[238] 实体领域的碎片化和机构的碎片化，理论上的缺乏整合以及对政治多元主义的接受程度不断提高等现象同时出现。[239] 有观点将其视作国际法美国方法和欧洲方法之间的分歧，这种分歧目前也成了比较国际法的讨论对象。[240]

普遍主义与多边主义、人权话语下的特殊主义与普遍主义以及碎片化这三个冲突不过是诸多问题中的主要三种。三者之间的主要共同点在于，这三者系统性地从国际法议程中排除了许多利益相关者、行为者和其他声音——或者更简单地说，社群。当前全球精英阶层与反战和环境权利抗议者之间的脱节是显而易见的。[241] 非治理阶层精英们的主要焦虑是，随着国际法在日内瓦、纽约、布鲁塞尔、海牙等地飞速发展，他们却未能对其提供信息，或并未参与其

---

〔236〕 See Milena Sterio, "The Evolution of International Law", 31 *B. C. Int'l & Comp. L Rev.* 213, 225-26 (2008).

〔237〕 John H. Barton & Barry E. Carter, "Symposium, International Law and Institutions for a New Age", 81 *Geo. L. J.* 535 (1993)（讨论了国际法子领域的出现及其学术重要性，具体包括国际经济法、国际环境法、对武器和毒品贸易的限制以及人权法等）。

〔238〕 主要是指国际环境法领域。在这一领域中，国家和私人企业行为者往往不愿意采取行动。"在全球范围内，没有中心化的国际组织来促进环境合作。联合国环境署是这一领域的正式机构，但是……它没有进行调查的有效权力，也没有争端解决机制。" Id. p. 553（说明了鼓励国家和私主体在国际环境问题上采取行动的困难性）。

〔239〕 See Martti Koskenniemi & Pdivi Leino, "Fragmentation of International Law? Postmodern Anxieties", 15 *Leiden J. Int'l L.* 553, 579 (2002); see also U. N. G. A. Rep. of the Int'l Law Comm'n, 58th Sess. May I-June 9, July 3-Aug. 11, Fragmentation of International Law: Difficulties Arising from the Diversification and Expansion of International Law, 46-222, U. N. Doc. A/CN. 4/L. 682 (Apr. 13, 2006) (finalized by Martti Koskenniemi).

〔240〕 See Guglielmo Verdirame, "'The Divided West': International Lawyers in Europe and America", 18 *Eur. J. Int'l L.* 553, 555 (2007)（比较了最近的一些学术观点，指出"美国和欧洲的国际法律人之间的差异甚至大到无法进行比较，这本身就是一种极有价值不过稍显令人不安的发现……"）

〔241〕 See John D. Haskell, "Takings Risks Ethically", 22 *Fla. J. Int'l L.* 285, 289-92 (2010).

中。而且国际法往往是以一种近乎机械的方式在发展。[242] 由于不存在政治辩论，国际法就是国际法；一旦形成了国际法，它就持续存在。

至于为什么需要把当代国际法和冷战国际法辩论区隔开来，有以下四个理由。

第一，就理论核心而言，冷战辩论主要是关于政治参与、贸易机制的分配结果、各国采取自身经济发展形式的权利、宗教和文化多元主义等。[243] 20 世纪 60 年代和 70 年代的去殖民化和民族解放运动是这些理论辩论的直接结果。

第二，可能这点更加重要，这些辩论有着具体的程序/参与性方面。去殖民化不是单纯的民族解放，其要求获得联大席位，要求参与辩论，获得可能的国际立法权力。[244] 类似的，在两次世界大战期间，有关参与的辩论集中在对国联角色的讨论上，当时的人们就国联究竟是帝国主义鹰派的巢穴[245]还是国际社会动态发展的平台展开辩论。[246] 当然，冷战时期的国际法辩论包括一些传统的话题，如影响力、再殖民、依附理论、针对新独立国家所设计的新形

[242] 现在有这样一种感觉，“越来越多地感觉到国际法成为主权国家内部事务……而这对国际法这一发展中的法律体系提出了严峻的挑战。” Jeremy Rabkin, “International Law vs. the American Constitution-Something's Got to Give”, *Nat'l Int.*, Spring 1999, p. 30.

[243] See Sam Marullo, “Political, Institutional, and Bureaucratic Fuel for the Arms Race”, 7 *Soc. F.* (Special Issue) 29, 35-48 (Mar. 1992)（从社会主义视角来考察“冷战”结束的真实基础）。

[244] See generally Edward Mcwhinney, *United Nations Law Making: Cultural and Ideological Relativism and International Law Making for An Era of Transition* 170-77 (1984)（讨论第三世界国家在联合国的“立法”权力）。

[245] 尽管集体安全是国际联盟一个较为重要的目标，但并非主要目标。许多“不赞成集体防御机制”者对国联在集体安全方面的失败感到欣慰。C. G. Fenwick, “The ‘Failure’ of the League of Nations”, 30 *Am. J. Int'l L.* 506, 506 (1936).

[246] 尽管国联遭受了“集体安全的失败”，但是国联的其他方面，如“对包括国际劳工局在内的社会和经济活动的组织和管理”等没有受到影响。Id.

式经济和军事保护国等。[247] 只要不削弱联合国安理会成员国的权力，赋予去殖民国家权力并给予其在联合国大会上的发言权是可以接受的。[248] 所以对“重回 20 世纪理论辩论”的呼吁不能被视为对回到当时的实际政治或智识状态的呼吁。但如果我们要在实质和结构上找寻一些不同于二战后主流国际法秩序的选择，20 世纪的历史的确可以为我们提供一些重要和有启发性的养料。

第三，这些对于程序方面的讨论必然包含一些实体内容。联合国如何决策与应当就何种问题作出决策具有直接联系，而这又直接关系到国际法的功能。国际法是为了谁的法？自由贸易和当地劳工保护法之间的正确平衡是什么？规制资本、商品和劳动力流动的最佳方式是什么？我们为什么需要约束国家或跨国企业的权力？冷战时期表面上都是在讨论这些问题，但值得注意的是从来没有得出过令人满意的答案。在过去的 20 年里，新的挑战出现了。比如，如何使用非人类中心主义的术语来定义代际公平和生物保护？如何在全球恐怖主义网络所带来的威胁、传统的刑事责任和国际刑法的不断发展的标准中寻求适当平衡？

比较国际法利用不同国家、民族、宗教和历史的国际法以及国际治理方法来应对这些挑战。但不幸的是，要做到这一点，不是简单地打开某本外国教科书寻找不同的研究方法就已足够。[249] 尽管人类有着一些相同点和共同目标，但不同群体的人民会以截然不同的方式回答上述问题，从哪里找答案也是不明确的。比较国际法可

〔247〕 举例来说，学者们争论于“冷战”结束后是会“回到二战前不断变化的联盟和不稳定的多极时代”，还是会进入一个“大国社会”，此时所有国际合作都将依赖于“经济自由主义和政治民主”而非武力威胁。James M. Goldgeier & Michael McFaul，“A Tale of Two Worlds：Core and Periphery inthe Post-Cold War Era”，46 *Int'l Org.* 467，467-68（1992）.

〔248〕 安理会被批判为“工业化北方国家的霸权”，本质上是“联合国的寡头统治”，联合国大会只有有限的立法权。Albert Venter，“Reform of the United Nations Security Council：A Comment on the South African Position”，20 *Int'l J. World Peace* 29，30-31（2003）.

〔249〕 See，e. g.，Bilahari Kausikan，“An Asian Approach to Human Rights”，89 *AM. Soc'y Int'l L. Proc.* 146，146（1995）（描述了日本和印度在人权方面的不同方法及其复杂性）。

以帮助我们找到寻求答案之地，也可以告诉我们如何对这些问题至少作出一些回答。

第四，中国已经成为一个新的超级大国，这是一个地缘政治事实。[250] 中国有着自己深厚的历史、传统、语言以及独特的国际法方法。从冷战时期比较国际法中学到的经验与我们对这一新现实的理解直接相关。苏联和中国惊人地相似：他们都自称是社会主义国家，政治体制统一，学术组织中心化（尤其是在最高梯队，和类似于国际法之类的领域）。就像早些年对苏联国际法学者的误解一样，研究中国国际法的分析家们可能会有着类似的误解。通过对比我们对中国国际法的研究方法以及早期对苏联国际法的研究历史，我们可以从中得出经验教训，缓解目前愈演愈烈的杞人忧天倾向。[251]

传统的比较法对于如何应对这四个当代挑战有很大的帮助。事实上，学者们已经在利用比较法了。[252] 例如，在2000年新奥尔良百年峰会上，马蒂亚斯·雷曼（Mathias Reimann）写道：需要通过比较法处理包括全球和区域贸易组织、欧盟和类似机构在内的跨国问题。[253] 不得不说，在之后的十年里，比较法律人们并没有大量

---

〔250〕“经过三十年的飞速增长，中国在第二季度已经超过日本成为世界第二大经济体……这一里程碑是证明中国已经切实崛起的最显著的证据，世界各国不得不应对这一新的超级经济大国。” David Barboza, “China Passes Japan as Second-Largest Economy”, *N. Y. Times*, Aug. 15, 2010, p. B 1.

〔251〕See id. ; see also discussion infra-Section III.

〔252〕Ugo Mattei, “Comparative Law and Critical Legal Studies”, in *The Oxford Handbook of Comparative Law* 816, 831 (Mathias Reimann & Reinhard Zimmermann eds. , 2006) [hereinafter *The Oxford Handbook of Comparative Law*] (“批判国际法学的多样性以及目前学科边界的崩解明确表明，我们需要重新思考国际法和比较法之间的关系——学科外的学者们也广泛持有这样的观点。”) [hereinafter Mattei, Critical Legal Studies].

〔253〕Mathias Reimann, “Beyond National Systems: A Comparative Law in the International Age”, 75 *Tul. L. Rev.* 1103 (2001). For a more recent rendition of Reimann's claim, see Reza Dibadj, “Panglossian Transnationalism”, 44 *Stan. J. Int'l L.* 253, 256-59 (2008).

进行雷曼所说的“纵向比较”。[254] 这可能与缺乏方法论工具或对国际法和国际机构不够熟悉没什么关系，更多可能是因为一种普遍的惫怠感。可以肯定地说，在布什时代，美国的比较法学科是令人沮丧和混乱的。[255] 举例来说，如果美国领导人公开宣布要在伊拉克或阿富汗推行民主和现代化改革，那么研究伊拉克或阿富汗的传统司法体系意义何在呢？

无论是由于2008年美国总统大选的结果，还是一系列其他原因，许多比较法学者再一次抱持乐观态度。2009年出版的第七版《施莱辛格比较法》（*Schlesinger's Comparative Law*）通过横向扩大研究范畴，进一步多样化了传统的大陆法系/普通法系区隔。[256] 尽管出于教学考虑，这本书没有把国际法和比较法内容混在一起，但是这本新的案例书支持了雷曼对“纵向比较”的呼吁。[257] 另外，全球金融危机及其后续影响的一个积极后果是比较法律人们更激进地推行全球融合。拉尔夫·迈克尔斯（Ralf Michaels）在其最近的文章中认为，应当由比较法学者来接手世界银行线性的、缺陷严重的营商环境项目（Doing Business Project）。[258] 美国杰出的比较法学者和法律人类学家万安黎（Annelise Riles）组织了一个大型会议，

---

〔254〕 这些主题在欧洲和其他地方的法律和社会学界得到了广泛的关注和研究。See, e. g., Roger Cotterrell, “Transnational Communities and the Concept of Law”, 21 *Ratio Juris* 1, 3 (2008)（把当前的全球法律多元主义描述为国际机构、规范和争议解决程序的多元化，但是当前没有一个“单独的对话空间用于法律论证”）。

〔255〕 这种说法是基于作者的自我反思，而不是对他人作品的评价。此外，即使在这门学科的低谷期，我们也不能说“找不到好的比较法作品”。*Comparative Legal Studies*, supra note 9, p. 351. 尽管肯尼迪赞扬了作者参与的“共同核心项目”（Common Core project），但他忽视了小规模的比较法项目正累积性地飞速增长，而且也忽视了比较法项目在欧洲和美国之外地区令人欣喜的发展。由于这些比较法项目在2000至2008年之间还在持续增长，所以本文所提及的时期（按照美国总统竞选周期计算）只能被用于对本文观点提出支持，而不能明确展现出因果关系。

〔256〕 *Schlesinger's Comparative Law*, supra note 26.

〔257〕 Id. pp. 8-13; see also Reimann, supra note 253, pp. 1116-17.

〔258〕 See Ralf Michaels, “Comparative Law by Numbers? Legal Origins Thesis, Doing Business Reports, and the Silence of Traditional Comparative Law”, 57 *Am. J. Comp. L.* 765, 765 (2009).

探讨最广义的“希望的技术”（techniques of hope）。[259] 2009 年，意大利的都灵国际大学学院（International University College of Turin, IUC Turin）领导了一个关于全球法律标准的合作项目，其目的是建议根据各地传统采取各自的发展模式，关注全球政治、地理和经济“边缘地区”。[260]

国际法的发展路径也是相同的，大卫·肯尼迪（David Kennedy）和他的新流派，也就是批判国际法理论学者们再次提出以下问题：为什么法律和发展项目会向南半球进发（无论是地理上、隐喻中还是贬义的南半球）？全球精英对世界上被剥削的国家和人民的视若无睹产生了什么影响？国际法律人应该做些什么来打破惯常的危机/进步、中心/边缘、我们/他们循环？[261] 在一系列相关研究中，一批自称为第三世界国际法研究者的国际法律人［主要包括安东尼·安吉（Antony Anghie）和希姆尼（B.S. Chimni）］也开始试图重振一些长期被忽略的利益。他们不仅仅关注南方国家，还关注北方国家中被压迫的原住民的利益。[262] 国际法第三世界方法主

---

〔259〕 See Conference, Techniques of Hope: How Professionals and Professionalism Can Stabilize the Markets and Change the World, Cornell Law Sch. (Mar. 26, 2009), http://www.lawschool.cornell.edu/intemational/clarkeprogram/conferences/Hope-as-Technique.cfm; see also Annelise Riles, Is the Law Hopeful? (Cornell Law Sch., Working Papers Series, 2010), http://scholarship.law.cornell.edu/cgi/viewcontent.cgi? article = 1070&context = clsopspapers [forthcoming in *Hope in The Economy* (H. Miyazaki and R. Swedberg eds., 2010)].

〔260〕 Int'l Univ. College of Turin Global Legal Standards Research Group, Iuc Independent Policy Report: At the End of the End of History—Global Legal Standards: Part of the Solution or Part of the Problem (Global Jurist vol. 9 2009) (collectively written by IUC Global Legal Standards Research Group including this Article's authors).

〔261〕 新流派，也称国际法新方法（New Approaches to International Law, NAIL），就广义而言，用于描述国际法非传统方法，尤其用于指国际法及其机构的发展史。See David Kennedy, "A New Stream of International Law Scholarship", 7 *Wis. INT'L L. J.* 1 (1989) [hereinafter Kennedy, New Stream]; see also Deborah Z. Cass, "Navigating the Newstream: Recent Critical Scholarship in International Law", 65 *Nordic J. Int'l L.* 341, 342-45 (1996).

〔262〕 See Antony Anghie, *Imperialism, Sovereignty and the Making of International Law* 6-12 (2005) [hereinafter Anghie, Imperialism]; see also Balakrishnan Rajagopal, *International Law from Below: Development, Social Movements and Third World Resistance* (2003)（以历史和跨学科的方法，从第三世界国家运动的视角批判国际法）

要关注帝国主义、新帝国主义和现代社会中持续的长期剥削模式。[263] 将这两个流派联系在一起的是新兴的第三股流派，这一流派可以被简单地称为国际法的国内传统，其试图探寻国际法中特定国家或前国家的传统或国际法观。下一节将在比较国际法的新领域中探寻上述发展，并思考比较国际法可以从这些各自不同但又相互联系的发展中吸取什么样的经验和教训。

二、陷阱：比较法和国际法可以相互借鉴什么？

（一）学科脉络

现在有必要后退一步，定义几个之前提到过且在后文仍会继续使用的术语和分类。毋庸置疑，不同国家对不同国际法规范有不同的定义和解释。如前所述，各国国际法年刊、国际法协会、国际法杂志等至少都能证明人们希望可以树立一种“学科国家认同”，或提供一个空间用于出版某一特定国家领土疆域内的学术成果，而这些学术成果可能“未达到”“精英”国际法出版物的出版标准。[264] 各国的年刊还有着记录特定国家条约实践、与国际法有关的国内判例以及相关说明的功能主义目的。[265] 更有甚者，许多国家的国际法年刊和杂志是以当地语言出版的，这就在以英语为主要语言的“精英”国际法杂志之外开辟出了重要的空间。[266]

就最基本的层面而言，比较国际法仅包含对某一国际法话题的不同学说立场进行文本比较。举例来说，为了更好地了解加拿大学

---

〔263〕 See Anghie, Imperialism, supra note 262, pp. 6-12.

〔264〕 See infra text accompanying notes 338-42; see also Mattei, Critical Legal Studies, supra note 252, p. 833.

〔265〕 Jan Stepan & Frank C. Chapman, “National and Regional Yearbooks of International Law and Relations: A Brief Survey”, 8 *Int'l J. L. Libr.* 19, 19 (1980).

〔266〕 Id. p. 20.

者和俄罗斯学者如何解释北极地区的海洋义务和边界问题，我们可以分别查看加拿大和俄罗斯的国际法年刊和杂志。我们假定文本被翻译成一种共同的语言，使人们能够对比两方学者观点的异同。当然，这种分析形式和传统的条约解释或语言分析几乎一致，代表着法律顾问日常工作的本质所在。因此，尽管这并非是在比较不同国家之间的法律，这样的工作也是处于国际法而非比较国际法的范畴之内。与之相类似的是，尽管从严格意义上来说属于比较国际法，但是确定国际法一般原则的过程也并不符合比较国际法的新概念。

相反，本文将研究“国际法中的英美法传统”“国际法尼日利亚方法”“国际法第三世界方法”“印度方法”等术语，以及上文在简述历史时所提到的诸如“一般国际法”“西方”“社会主义国际法”“苏维埃国际法”等术语的滥用和引发的歧义。

1. 为什么（以及是否有可能）研究国际法中的不同传统？

乍一看，国际法中的国家方法或“国家传统”似乎是一个同义反复。如果一类法律是国际法，那么它就是国家间法律，相关的国家就是法律的组成部分。为此，国际法学者不断澄清国际法这一术语，或者想要换掉这个术语，将其称为“跨国法”〔267〕“全球法”或“世界法”〔268〕“全球治理”等。〔269〕只要某个术语在该领域的公众或职业人士印象中是固定的，那么就必须被认真讨论。但是，就国际法的国家方法而言，目前还没有一个明确的定义。

举例来说，我们一直很难说美国是不是存在一个国际法国家传统。举个例子，没有任何一个美国法律学者可以总结出国际法美国

〔267〕 See, e. g., Philip Jessup, *Transnational Law* 2 (1956).

〔268〕 See, e. g., Pierrick Le Goff, "Global Law: A Legal Phenomenon Emerging from the Process of Globalization", 14 *Int'l J. Global Legal Stud.* 119 (2007)（研究全球法的概念、诞生以及其作为某个研究领域的作用）; Lawrence S. Finkelstein, "What is Global Governance", 1 *Global Governance* 367 (1995).

〔269〕 See, e. g., Rafael Domingo, *The New Global Law* 53-117 (2010). 此文对这一发展以及全球法律议题的现代重述进行了综述。

方法的主要原则。即使可以通过总结安妮·玛丽-斯劳特或迈克尔·里斯曼的观点来归纳国际法美国方法原则，其他人也可以通过总结杰克·戈德史密斯（Jack Goldsmith）和大卫·肯尼迪的观点来提出相反的原则。[270] 在美国国际法学界，有大量截然相反的立场，因此很难说某个观点是主流的或是正统的。[271] 即使是在某个特定学术领域（无论是国际法还是比较法）对某个问题观点相对一致的时期，基本概念仍然可能是不确定或模糊的，概念含义也有可能发生变化。举例来说，“布什主义”一开始说面对威胁或可能存在的威胁时，有权先发制人地使用武力，[272] 但是由于下一届政府的抨击，这一术语很快发展到“反恐战争”，到虐待，再到古老的帝国主义。[273]

为了应对将国家法律体系视为整体（或者莱尔斯所说的“法律

---

〔270〕 Compare Anne-Marie Slaughter, “The Real New World Order”, *Foreign Aff.*, Sept./Oct. 1997, p. 183（认为国际法是一个相互联系，但是又可以明确区分成国内部门的网络，国际法并非凌驾于国内法律先例的国际法律规范）; W. Michael Reisman, “Old Wine in New Bottles: The Reagan and Brezhnev Doctrines in Contemporary International Lawand Practice”, 13 *Yale J. Int'l L.* 171 (1988)（认为不干涉原则优于大国的单边行动）; Jack Goldsmith, “Should International Human Rights Law Trump US Domestic Law?”, *I Chi. J. Int'l L.* 327 (2000)（国际人权法不能先于国内法）; Kennedy, New Stream, supra note 261（国际机构和国际法是一个学科，而不是规范性法律和权利的渊源）。

〔271〕 Compare Martti Koskenniemi, “The Politics of International Law”, 1 *Eur. J. Int'l L.* 4 (1990), with Martti Koskenniemi, “The Politics of International Law-20 Years Later”, 20 *Eur. J. Int'l L.* 7 (2009)（考察了政治在国际法中不断变化的作用）. For a similar point, see R. A. Mullerson, “Sources of International Law: New Tendencies in Soviet Thinking”, 83 *Am. J. Int'l L.* 494, 494 (1989)（在1998年春苏联和英国共同举办的一个讨论会——顺带说一句，是巴特勒组织的——上，伊恩·布朗利教授说，不存在一个国际法英国学说，因为英国有太多不同的观点和流派）; cf. C. J. Warbrick, “The Theory of International Law: Is There an English Contribution?”, in PERESTROIKA, supra note 44, p. 41（认为英国对国际法做出了独特的贡献）

〔272〕 Joel R. Paul, “The Bush Doctrine: Making or Breaking Customary International Law”, 27 *Hastings Int'l & Comp. L. Rev.* 457, 457 (2004).

〔273〕 Robert J. Delahunty & John Yoo, “The ‘Bush Doctrine’: Can Preventive War Be Justified?”, 32 *Harv. J. L. & Pub. Pol'y* 843 (2009)（讨论了在“布什主义”问题上一直进行的规范、战略和法律辩论）。

整体学”[274]）之观点，比较法律人们很早就知道要限缩研究范围。[275] 但即使是采取狭义的方法，术语问题、翻译问题和专业知识问题仍然需要解决。[276] 如前所述，第一代比较法学者（克罗文、哈泽德、巴特勒）近乎本能地各自限缩了他们的研究范围，但即使如此，“法律整体学”问题仍然是一个持久的障碍。除非有人从严格的马克思唯物主义视角攻击全球法律网络（此时比较国际法只能展现出各国所处的不同等级，或展现出一国的国际秩序观相较于他国是更公平还是不公平，除此之外别无他用），社会主义和西方的法律谱系是如此繁杂，以至于对苏联国际法或“资本主义”国际法的讨论必须被严格限定或情境化，以免陷入宽泛的非此即彼的陈词滥调。[277]

以下几个例子可以帮助我们看到国际资格和其他国际政治身份（如宗教团体，或以身份认同为基础的团体或运动）的偶然性本质。

（1）区域性法律的神话和亚洲方法。如前所述，在过去几十年间，与国际法第三世界运动有关的学者们开始重提国际法区域方法以及全球治理。希姆尼甚至主张“国际法亚洲方法这一方法的核心是由第三世界方法阐明的”[278] 在国际公法或人权上集体性的“亚洲”方法，[279] 以及单个亚洲国家独特的国际法方法在 20 世纪 60 年代和 70 年代的去殖民化时期首次获得广泛关注。[280] 当代国际法

---

[274] Riles, Encountering Amateurism, supra note 27, p. 118.

[275] Id.（此文认为需要避免整体性地研究法律体系）。

[276] See, e. g. , Hungdah Chiu, “The Development of Chinese International Law Terms and the Problem of Their Translation into English”, 27 *J. Asian Stud.* 485, 485-86 (1968).

[277] See Mieville, supra note 214, p. 60（“很快就……忽视了……苏联阵营的国际法‘官方’理论”）。

[278] B. S. Chimni, “Is There an Asian Approach to International Law”, 14 *Asian Y. B. Int'l L.*, 249, 264 (2008).

[279] See, e. g. , Kausikan, supra note 249, p. 146

[280] See, e. g. , K. R. R. Sastry, “Hinduism and International Law”, 117 *Recueil des Cours* 503 (1966)（从印度教视角评估国际法原则）。

学者在亚洲价值上的讨论可能是历史的（比如研究古代印度的国际法概念），[281] 或把讨论重点放在亚洲人民在宗教上的共同点上（比如有关世界秩序和国际法儒家方法的文章）。[282] 更晚近一些的时候，学者们对共同愿望和共同文化价值上的讨论建立在一种准人类中心主义的论述上，如深刻的亚洲精神、对非暴力的历史实践和对环境的内在尊重等。[283]

这些“亚洲”或特定亚洲国家的基本概念是存在问题的，其中最明显的原因是地理原因。[284] 印度在这一方面提供了最好的例子。作为殖民产物，印度不可避免地呈现出民族混合、语言体系、宗教体系和阶级集团拼接的面貌。其政治体是由前土邦拼接而成，并被任意地分割为联邦单位，[285] 与中国[286] 和巴基斯坦[287] 有着一系列

---

〔281〕 Ved P. Nanda, “International Law in Ancient Hindu India”, in *Religion and International Law* 51, 51-57 (Mark W. Janis & Carolyn Evans eds., 1999) [hereinafter *Religion and International Law*].

〔282〕 Frederick Tse-shyang Chen, “The Confucian View of World Order”, in *Religion and International Law*, supra note 281, p. 27.

〔283〕 See generally Roda Mushkat, *International Environmental Law and Asian Values: Legal Norms and Cultural Influences* (2004)（探讨了亚洲文化相对主义在何种程度上影响了国际环境法规范的解释，以及这些规范在该区域内的适用）。

〔284〕 See, e. g., Teemu Ruskola, “Where is Asia? When is Asia? Theorizing Comparative Law and International Law”, 44 *UC Davis L. Rev.* (forthcoming 2011). For similar analysisin the European context, see Hélène Ruiz Fabri, “Reflections on the Necessity of Regional Approaches to International Law Through the Prism of the European Example: Neither Yes nor No, Neither Black nor White”, 1 *Asian J. Int'l L.* 1, 7-9 (2010).

〔285〕 如孟加拉，它于1905年根据寇松勋爵（Lord Curzon）的命令从前英属印度中分离出来。1911年，这一分离命令失效。印度独立后，孟加拉于1947年再次被划分成两个省，一个是以印度教为主的西孟加拉，另一个是以穆斯林为主的东孟加拉。1947至1971年间，根据蒙巴顿方案和1947年“印度独立法案”，东孟加拉是巴基斯坦的一个省。1971年，东孟加拉在孟加拉解放战争后，成为孟加拉国。See Tayyab Mahmud, “Colonial Cartographies, Postcolonial Borders, and Enduring Failures of International Law: The Unending Wars Along the Afghanistan-Pakistan Frontier”, 36 *Brook. J. Int'l L.* 1 (2010)（分析为建立新的主权国家而进行边界划分所带来的历史冲突）。See also 14 Bangladesh, The *New Encyclopedia Britannica* 718-19 (15th ed. 2005).

〔286〕 See, e. g., Factbox-India, China Begins Talks on Border Dispute, Reuters (Aug. 7, 2009, 4: 09 AM), http: //www. reuters. com/article/2009/08/07/idUSDEL465372.

〔287〕 See Arundhati Roy, Kashmir's Fruits of Discord, N. Y. Times (Nov. 8, 2010), http: //www. nytimes. com/2010/11/09/opinion/09roy. html? ref-kashmir.

尚未解决的领土争端。尽管如此，人们往往还是将其视作一个统一的国家，有着明确的“第三世界”声音。但国际法印度方法的概念是被归于第三世界方法的，这就和西方觉得印度“标签”只指向一种音乐、舞蹈或食物一样。无论是食物还是国际法方法上的国家标签都是没有意义的，就如同南印度菜其实和古吉拉特菜不一样，单独分出一种国际法印度方法是很困难的。

尽管“国家方法”相关的文献总是在开头承认一个国家（或地区）内部具有文化或智识多元性，从一个实证研究中排除这些子民族、子地区或不同声音会产生非常危险的结果——这使得某种特定观点成为主流观点，并排除了其他观点。[288] 同样的问题在我们构想“国际法中国方法”时也是存在的，而且人们往往会直觉性地假定中国大陆的国际法学具有内部融贯性和明确的一致性，这一问题就被进一步复杂化了。[289] 就如同对“官方”苏联立场的错误信心导致人们没有看到其他合法的替代性立场一样，在中国的语境下，人们讨论“国际法中国方法”时往往会预设存在一种对智识产出方式的中心控制手段，并预设存在学科统一性。[290] 换句话说，由于人们沉浸于“中国在国际法上只有一个进路”这样一种幻想，主流观点中的分歧意见，或是稍微偏离常规的非主流立场就被忽视了，这又反过来强化了人们所假定的主流声音的主导性地位。

（2）国际法和与比较法对“他者”传统的研究。当然，比较

---

〔288〕 Cf. Fabri, supra note 284, p. 10. 此篇文章的作者讨论了在国际法“欧洲方法”的形成过程中，在地理和政治方面所固有的包含/排除偏见。尽管如此，此文仍然提出了一种可能存在矛盾的二元欧洲方法：“然而，欧洲方法必然和其他多种多样的国家方法相竞争，因此我们可以预先假设存在这样一种可能性，也就是尽管存在多样性，但是我们可以发现某种统一性，或是在多样性内部存在着向更统一的方向迈进的趋势。这是内涵视角，但也存在着外延视角。如果我们承认了欧洲方法这一观点，我们就必须承认欧洲方法的外延存在着一定数量的独特特征。换句话说，一个欧洲方法必须同时具有统一性和特殊性，这种二元性很容易产生矛盾。” Id.

〔289〕 See, e. g., Jacques de Lisle, “China's Approach to International Law: A Historical Perspective”, 94 *Am Soc'Y Int'l L. Proc.* 267, 268-71 (2000)（讨论了国际法中国方法的演进）。

〔290〕 Id. p. 275

法和国际法上的批判学者们会认识到被主流叙事所排除的德里达式的“他者”。[291] 有时候，排除是在善意地忽略某些事物。[292] 学者们只是单纯的没有想过要问（或没有时间问）摩尔多瓦法学家如何看待德涅斯特河冲突，或是索马里法学家如何看待普遍管辖权概念以及国际刑事法院在海盗问题上的管辖权。但很多时候，排除是有目的的，是一种维护剥削、犯罪和法律责任的方式。[293]

在过去的十年里，国际法和比较法各批判流派的学者开始意识到，长期存在的区域性集团实际上完全是偶然和人为的。[294] 这方面的开山之作是豪尔赫·埃斯基罗尔（Jorge Esquirol）揭露“拉丁美洲神话”的研究。[295] 在他一系列具有深远影响的文章中，埃斯基罗尔分析了勒内·达维的文章，揭示区域构建的偶然性，以及其被强大代理人所利用的情况。[296] 更多对“以区域或以身份认同为基础之解释的无用性”的尖锐批评可见于有关亚洲价值观的辩论，这一辩论不仅揭示了政治和/或区域构建的偶然性，还提出了身份和权威/真实性的双重问题。[297] “身份”是指谁能够合法地代表一

---

〔291〕 See the excellent collection of essays in *International Law and its Others* (Anne Orford ed., 2006) [hereinafter *International Law and its Others*). For a good introduction to legal deconstruction, more generally, see J. M. Balkin, “Deconstructive Practice and Legal Theory”, 96 *Yale L. J.* 743, 748–49 (1987).

〔292〕 See Antony Anghie, “On Critique and the Other”, in *International Law and its Others*, supra note 291, p. 389.

〔293〕 See, e. g., Ugo Mattei & Laura Nader, *Plunder: When the Rule of Law is Illegal* (2008)（研究了一系列国际案例，这些案例中，法律被用于造就不公）。

〔294〕 See, e. g., Ruskola, supra note 284.

〔295〕 See Jorge Esquirol, “Continuing Fictions of Latin American Law”, 55 *Fla. L. Rev.* 41, 42 (2003). 下文讨论了埃斯基罗尔是如何解构更广泛的区域和国家叙事的，参见 David Kennedy, “The Methods and the Politics”, in *Comparative Legal Studies*, supra note 9, p. 416 n. 106.

〔296〕 See Esquirol, supra note 295, p. 42.

〔297〕 Ruskola, supra note 284, p. 3.

个群体或一个国家发声；[298] “权威/真实性”是指某一个既定“声音”对其受众来说所享有的合法性/可信性程度。[299]

即使是最主流的国际法学学者（如在2006至2009年间担任国际法院院长的罗莎琳·希金斯）[300]，其自身的个人情况也可以用于对身份和真实性这两个相互交织的问题作出启发性的说明。举例来说，就以色列在巴勒斯坦建造隔离墙这一问题而言，[301] 人们可能会讨论希金斯是否会因为其自身是犹太人而难以在这一案件中提出批判性意见。希金斯断然否认了这种观点，强调说她是作为一名国际法律人在审判，而这不受她本人的背景影响。她解释说：“我还认为，你碰巧是一名犹太人，不意味着你会认为以色列这一国家所

[298] See Raquel Yrigoyen Fajardo, Legal Pluralism, Indigenous Law and the Special Jurisdiction in the Andean Countries, in Informal Justice and Legal Pluralism in the Global South 32 (ILSA Beyond Law No. 27, 2004), available at http: //ilsa. org. co: 81/node/356 (考察了许多拉丁美洲国家为充分考虑原住民而进行的改革).

[299] 专业知识既可以建立可信性，也可以成为失去可信性的理由。专业知识可以包括对术语、语言或翻译技巧，以及对某种文化、民族或国家的实质性背景知识的掌握。See, e. g., Chiu, supra note 276, pp. 485-86. 若要了解文本可信性和权威之间的关系，可参见 Dominick Lacapra, *Rethinking Intellectual History: Texts, Contexts, Language* 53-60 (1983)。可信性——因为其与对当代国际法的可信/“官方”/“主流”/支配性解释有关——与上述两种意义均直接相关。See id. p. 254 (讨论了“可信的”马克思主义传统) 作者扩展了拉卡普拉二分法，使用了日常意义上的可信性 (虚假与真实) 和广义上的“身份、礼仪和可信性”(这是通过找到一个完全相反的“他者”所建立起来的)。“他者”在这里是指帝国主义、中国人、女性、第二世界或原住民的秩序。就前者而言，可信性出于实践原因而非常重要。在进行比较法史写作时，比较法学者不是处理“国际法”，而是在处理国际法“剩下”的东西——法学家的文章、古老的法典、宪法和教科书。See Pierre Legrand, “‘Il n'y a pas de hors-texte’: Intimations of Jacques Derrida as Comparatist-at-Law”, in *Derrida and Legal Philosophy* 125 (Peter Goodrich, FlorianHoffman, Michel Rosenfeld, & Cornelia Vismann eds., 2008); Lorca, supra note 18, p. 479 n. 6 [quoting Arnold Mc Nair, “Aspects of State Sovereignty”, 26 *Brit. Y. B. Int'l L.* 6, 6 n. 1 (1949) (提到“国际法的大部分历史要么是其文献的历史，要么是国际关系史……很难找到实际的法律规则如何应用于实践的历史”)]。

[300] The Court: President Rosalyn Higgins, Int'l Court of Justice, http: //www. icjcij. org/court/index. php? pl=1&p2=2&p3=1&judge=6 (last visited Feb. 16, 2011).

[301] For the advisory opinion in the case, see Legal Consequences of the Constructionof a Wall in the Occupied Palestinian Territory, Advisory Opinion, 2004 I. C. J. 136 (July 9).

有的行为都是正确的。"[302] 但是我们不应该忘记，当英国外交部提名希金斯担任国际法院法官时，有人曾经担忧一些联合国会员国不会给一个犹太女性投票。不过希金斯法官反驳了这些担忧："我不认为我曾被当成作为犹太国际法律人的'罗莎琳·希金斯'，我希望自己也不会被当成作为女性国际法律人的'罗莎琳·希金斯'。"[303] 这种区分行为在她的听众眼中到底有多可信呢？反过来看，如果她主张成为国际法上的女权"声音"，那么这一行为在多大程度上具有可信性呢？希金斯的例子，以及拉丁美洲的神话和国际法亚洲方法让我们认识到，我们可能是在假定某个观点或人物代表了某种特定国际法传统；我们自身的学科立场可能会被误认为属于相反的国家传统；最后，我们需要认识到，对实际的政策制定者、进出口管理者，或重新谈判主权债务的人来说，以群体为基础的国际法理论分类（包括现在的一些分类）基本上是没有用的。

当然，身份与权威/可信性的问题并不是比较法上的新议题。比较法的一大成就是其最终发展出了识别和解决这些问题的操作方法和技术。[304] "民族国家作为默认值"以及"把民族国家认为是进行跨国社会问题思考的最有用分类"，[305] 这两者都对打破所谓的"方法论路径依赖"非常有用，这也适用于国际法学科。[306] 如前所述，有关身份和可信性的批判同样使我们不再相信一批特定的学者

[302] Joshua Rosenberg, British Woman is World's Most Senior Judge, The Telegraph (April 6, 2006), http://www.telegraph.co.uk/news/uknews/1514961/British-woman-isworlds-most-senior-judge.html.

[303] Id.

[304] See, e.g., Mitchel de S.-O.-L'E. Lasser, "The Question of Understanding", in *Comparative Legal Studies*, supra note 9, p. 197, 205, 237. 此文作者的贡献特别在于，其认为官方/非官方区分对于解构复杂文本（如2008年一位政府部门内部匿名人士所写的伊朗国际法论文），或复杂或复合的以身份认同为基础的主张非常重要。

[305] 科特威尔将其称作"方法论上的国家主义"，但这个术语可能具有误导性。See Cotterrell, supra note 254, p. 4.

[306] Id. pp. 4-5.

能够代表一个特定的少数群体,[307] 或其他边缘声音。[308]

首先，截至目前，对区域性或基于身份的国际法方法的批评表明，那些希望比较国际法除了分类外还能够做些什么的学者不是想要创设一种新的国际法视角。实际上，这些学者所面临的规范性挑战是识别现有视角的多元性。其次，如果国家多元主义理论被接受，比较国际法的任务就是描述清楚这些不同国家视角下的国际法。但是这本身就存在一个问题：如果把“民族国家作为一个完整的智识模型”进行解构，那么从逻辑上来说，这将会促进我们继续解构和多元化构成民族国家的社群（无论这些社群究竟是以民族、地理还是阶级进行划分的）。[309] 但是，如果所有这些分类都是偶然的和具有潜在不稳定性的，那么剩下的不过就是某些特定法学家的文章，或顶多是有着共同学术联系的学者网络罢了。比较国际法的任务是否应当限于研究不同理论流派之间的不同？答案是肯定的，但是存在着重要的方法论上的微妙差异。

2. 比较国际法是对规范传播的研究

由于很难确定研究中的主体（国家、民族团体等），比较国际法最好把关注重点放在客体上（研究所涉及的规范），重点关注不

[307] 有关这一方面的内容，参见 IntLawGrrls，http：//intlawgrrls. blogspot. com (last visited Jan. 15, 2010)。这是一个由一批有影响力的国际法女权主义方法学者共同参与写作的博客，其小标题为“在国际法、政策和实践中的声音”，再次一级的标题是“毕竟，这是我们的世界”。Id. 这个博客的目的似乎是促进讨论，扩散观点。Diane Marie A Mann, IntLawGrrls' Heartfelt Hello, IntLawGrrls (Feb. 10, 2007, 9: 23 PM), http：//intlawgrrls. blogspot. com/2007/02/intlawgirls-heartfelt-hello. html［“三组女性现在已经参与到国际事务中：比如奥尔布赖特（Allbright）和阿尔布尔（Arbour）、德尔庞特（del Ponte）和希金斯、金斯伯格（Ginsburg）和赖斯（Rice）。但是我们的声音仍然微弱，更多地存在于后台和网络空间。IntLawGrrls 这一网站试图改变这一切，我们用了前辈们的名字希望获得简洁乃至带点泼辣的评论。”］目前仍未可知的是，这一博客究竟在何种程度上有意地包含或排除了其他群体，或在何种程度上代表了某一以身份为基础的意识形态或政治议程。

[308] See *International Law and its Others*, supra note 291.

[309] Gunther Teubner, “The Two Faces of Janus: Rethinking Legal Pluralism”, 13 *Cardozo L. Rev.* 1443, 1457 (1992).

同法域间的规范传播。[310] 首先，有没有可能研究整个国际法“理论体系”或国际法从一国移植到另一国的过程？这一过程和上文所提到的比较国际法的适当研究范围密切相关。[311] 其次，研究规范传播、移植和接受的广泛模式是否仍然有价值？简言之，对以上两个问题的答案都是肯定的。理解跨地理、语言和政治边界的法律移植，理解其法律是如何在看似陌生的领域内扩散是非常有价值的。[312] 我们可以通过分析规范传播方法进行研究，具体包括法律教育改革，直接强加（如世界银行的结构性调整政策），或特定国家的本土法律精英们内化的认为该国自身“缺乏”（有力的法律系统）之观念等。[313]

然而，从当地转向全球、从微观转向宏观的比较，似乎有些反直觉。至少，这不同于比较法在过去 20 年间的发展趋势。在过去 20 年里，比较法在微观层面的移植上发展出了更细致的模型，在研究当地对法律的继受上也发展出更复杂的技巧。[314] 另外，“国际

[310] See generally Larry Cata Backer, *Harmonization Law in An Era of Globalization* (2007)（强调了不同系统间的互动，解释了不同的关系可能在世界范围内产生不同的效果）. David B. Goldman, *Globalization and the Western Legal Tradition: Recurring Patterns of Law and Authority* 12-34 (2007); William Twining, “Diffusion of Law: A Global Perspective”, 49 *J. Legal Pluralism and Unofficial L.* 1, 5-7 (2004); Michael Likosky, “Cultural Imperialism in the Context of Transnational Commercial Collaboration”, in *Transnational Legal Processes* 221, 222-26 (Michael Likosky ed., 2002).

[311] See supra text accompanying notes 174-82.

[312] See Michele Graziadei, “Comparative Law as the Study of Transplants and Receptions”, in *The Oxford Handbook of Comparative Law*, supra note 252, pp. 441, 442-43.

[313] See Laura Nader, “Law and the Theory of Lack”, 28 *Hastings Int'l & Comp. L. Rev.* 191, 193 (2005).

[314] 通常，学者们在跨国环境中运用法律和经济分析来实现这一点。See, e.g., Mathias M. Siems, “Legal Originality”, 28 *Oxford J. Legal Stud.* 147 (2008)（识别法律研究的最初方法）see also Mathias M. Siems, “Legal Origins: Reconciling Law & Finance and Comparative Law”, 52 *McGill L. J.* 55, 78-81 (2007); Sanjai Bhagat & Roberta Romano, “Empirical Studies of Corporate Law”, *in* 2 *Handbook of Law and Economics* 945 (A. Mitchell Polinsky & Steven Shavell eds., 2007)（用计量经济学研究特定事件）; William B. Barker, “Expanding the Study of Comparative Tax Law to Promote Democratic Policy: The Example of the Move to Capital Gains Taxation in Post-Apartheid South Africa”, 109 *Penn St. L. Rev.* 703 (2005).

法理论”或“治理方法”等宏观概念的对比，也不存在理论障碍。对“国际公法”等宏观概念[315]进行功能性的微观对比在理论上是可行的。[316] 只要不以获取普遍真理为借口，[317] 那么对包括移植外国理论架构等社会现象在内的宏观比较都是有用的。实际上，现在的比较国际法学者——如阿努尔夫·贝克尔·洛卡（Arnulf Becker Lorca）关于欧洲和边缘国家对国际法普遍性概念的比较法研究——明确地使用了功能主义方法。[318] “国际法”或“法治”等模糊概念的移植也很重要，因为它们往往会成为推动后续微观改革的理论支柱。[319] 因此，在传统的法律移植研究背景下，比较国际法可以推动我们对特定国家内部改革的纵向原因产生更深刻的理解。[320] 当国家认为必须进行国内法律秩序改革以跟上国际法律标准时，比较国际法就能够让我们理解这些情况下的规范传播过程。

就如同比较国际法注重国家方法或以身份认同为基础的方法一样，比较国际法在分析规范传播时，也有着“业余性”和“整体性”风险。另外，这两种比较国际法项目都有可能被贬斥为只具有“虚假的客观性”。比较国际法不仅仅是对知识或认识的智识追求，其还带有特定的政治议程。[321] 即使学者们谨慎假定了其比较法研

---

[315] Michele Graziadei, “The Functionalist Heritage”, in *Comparative Legal Studies*, supra note 9, p. 110（主张像“法律”或“宗教”这类的大概念也可以进行功能研究）。

[316] Ralf Michaels, “The Functional Method of Comparative Law”, in The *Oxford Handbook of Comparative Law*, supra note 252, p. 339, 341; see also Zweigert & Kotz, supra note 206, pp. 4-5（讨论了微观和宏观对比）.

[317] Id. p. 112.

[318] Lorca, supra note 18, p. 483（“第三部分研究了上述三个意识形态种类中法律制度的多样性，并主张这几者之间的功能同等性解释了半边缘国家之间法律移植的共同模式。”）

[319] 较之学术研究来说，研究模糊概念的传播可能具有更显著的外交政策意涵。司法部长埃里克·霍尔德（Eric Holder）最近称“法治是美国最伟大的出口之一”。Written Testimony by Eric Holder, Attorney General, to US. Senate Judiciary Committee, U. S. Dep't of Justice（Nov. 18, 2009）, http://www.justice.gov/ag/testimony/2009/agtestimony-0911181.html.

[320] See, e. g., Mamlyuk, Legal Harmonization, supra note 88（描述后苏联时期，俄罗斯国际法理论发生的一元论转变使得知识产权部门同时进行横向和纵向的法律统一改革。）

[321] See George Winterton, “Comparative Law Teaching”, 23 *Am. J. Comp. L.* 69, 80-81（1975）.

究的政治背景，并在研究一开始就阐明这一假定，[322] 做一个政治/意识形态立场的免责声明，比较法律人们还是会存在某种隐含的文化和意识形态偏见。[323] 与之类似，如果认为比较国际法可以提供某种去情境化的真理，或认为它是一种理解国际法上各种竞争性方法之真实性的手段，那就极大地误解了比较国际法的能力和功能。

（二）比较国际法方法论的最低要求

在回答了“把比较国际法看作比较方法和国际法之间的桥梁”这一核心方法论问题后，本文将继续概述方法论上的最低要求和最高要求。下表提供了一种对可能最适合比较国际法分析的功能单位（或范围）进行概念化的方法，希望能够提供一些启发。

此处的观点是，原本已经属于笼统的比较国际法范畴的既存方法是比较国际法所不能放弃的。在实在法方面，比较法和国际公/私法可能已经提供了必要的技术，用以解释法域之间的不同。就上限而言，比较国际法研究的确有概念限制，也就是“区域方法”这一概念，比如说国际法欧洲方法、国际法亚洲方法或国际法北美洲方法等。比较国际法研究的下限是个人的国际法文章，以及特定的国际法流派。如果两个或两个以上学者的观点足够相似，就有可能把他们归在同一个“项目”或“传统”下。因此，诸如维也纳学派、法兰克福学派、纽黑文学派、特伦托/托里诺共同核心项目、哈佛批判法学派或多伦多团队等称号有着或多或少，或至少是熟悉

〔322〕 See David Kennedy, “The Methods and the Politics”, in *Comparative Legal Studies*, supra note 9, p. 345. (“比较法律人们对于将他们工作中的任何东西视为政治的“指责”非常敏感。对我来说，他们这种敏感过于极端了，完全不直率。”) Id. p. 349. 作者继续通过解构比较国际法史来探寻比较法的意识形态核心。就“比较法和霸权”问题上的早期立场，可参见 Ugo Mattei, “Some Realism About Comparativism: Comparative Law Teaching in the Hegemonic Jurisdiction”, 50 *Am. J. Comp. L.* 87 (2002). 关于自我庆贺和主张客观性的例子，可参见 Zweigert & Kotz, supra note 206, p. 3 (“通过在国际上相互交流，比较法可以使得观点趋近，消除危险的自满，并缓解教条主义。”)

〔323〕 See Winterton, supra note 321, p. 81.

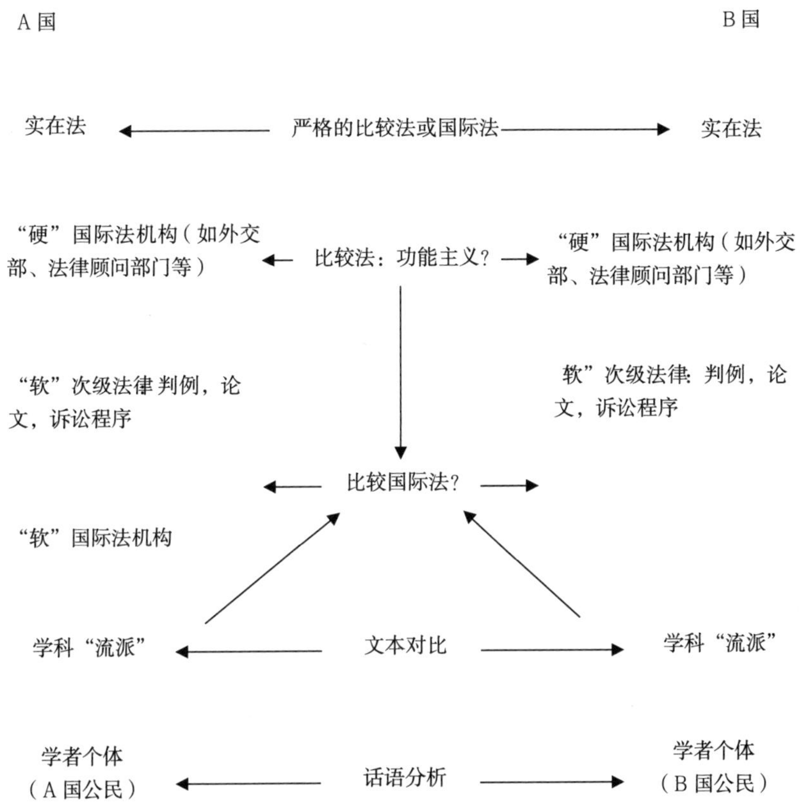

比较国际法概念表

的指向性。属于这些学派，或类似项目的学者有着共同的职业网络，有着共同的政治情感，或至少相互认识，互相引用对方的作品。[324]

但在上下两极之间仍然存在着争议空间。在上限和下限之间，比较国际法下一个可能的领域是比较在国际法和国际机构上两个（或两个以上）国家方法之间的异同。但即使是民族国家这一国际

[324] Mattei, Critical Legal Studies, supra note 252, p. 829.

法上最基本和最熟悉的分类也开始变得界限不明。[325] 加上时间因素，相对短期内的规范和学科立场的动态变化表明，某一刻的群体叙事不过是名为“解释”（几名主要法学家的观点）的电影中的一帧，两帧画面之间的情节变化可以反映出某种政治或实体上的优先顺序。[326] 另外，如前所述，比较两国外交部对引入新国际规范的不同反应，与用传统的功能主义方法来比较国内法律秩序也没有什么本质不同。[327]

比较国际法可能还可以比较不同国家对国际法和国际关系作出决定时的过程和结构。研究者可以通对比案例、论文和其他材料来解释某个政策立场的发展。从某个层面看，这种形式的比较国际法有点像麦克杜格尔过程性研究的变体，试图研究不同国家的外交政策形成机制如何做出决策。[328] 但是，这种比较国际法预先假定了我们是能够对社会现实的这些方面作出系统性解释的；或者换句话说，学者们能够对这种实证性研究所采取的恰当方法论基础达成一致。如果麦克杜格尔的“学科化和情境化”政策分析[329]最终不能用于预测一国在国际法下的行为，那么这就不是一种恰当的用于在复数行为者之间进行比较的分析性或描述性方法。[330]

这就导致单个国际法学者的观点和国际法律过程、学科流派和

---

〔325〕 Continuing with David Kennedy's metaphor. See David Kennedy, “New Approaches to Comparative Law: Comparativism and International Governance”, 1997 *Utah L. Rev.* 545, 550-54 (1997)（通过贝蒂阿姨、恰克叔叔以及他们的摄影师这样一个比喻，来讨论国际法律人对主体的观点和看法）。

〔326〕 See id.

〔327〕 参见上文第二部分第一小节。

〔328〕 See, e.g., Myres S. McDougal, “International Law, Power & Policy: A Contemporary Conception”, 82 *Recueil des Cours* 137, 157 (1953).

〔329〕 Myres S. McDougal, “Perspective for an International Law of Human Dignity”, 53 *Am. Soc'Y Int'L L. Proc.* 107, 109-10 (1959).

〔330〕 高洪柱（Harold Koh Hungju）的新法律过程学派是当代代表性的政策分析流派。新法律过程论和早期学派的主要不同在于其限缩了研究范围。See Mary Ellen O'Connell, “New International Legal Process”, 93 *Am. J. Int'l L.* 334, 335 (1999).

“软”国际机构之间存在一定空间。[331] 在本文作者的观点中，这是比较国际法最恰当的研究范畴。从“排除”的角度看，这也是最恰当的研究范畴，因为传统国际公法和比较法已经包括了对不同法域间实在法的异同比较。传统的话语分析已经用于分析个人学术立场的相似和区别之处。[332] 然而，很少有文章对比国际法上的机构——或对比法律研究机构、法律研究中心、经资助的研究计划等的合作成果。[333]

为了使抽象问题具体化，一个完美的例子是亚洲国际法学会最近的《亚洲国际法杂志》项目，[334] 这一项目正在筹划中，非常需要进行比较国际法分析。更具体一点，2011 年 1 月这一新杂志的创刊号发行有着什么样的历史意义？也许这代表着亚洲在经济甚至智识层面超越了西方？编辑们之间是否有着相同的政治观点？这是否代表着一种新的理论立场或享有共同学术议程的新的学者网络、联盟或团体的出现？为什么这个杂志由剑桥大学出版社出版，为什么只能用英语发表？是因为编辑所说的操作方便（“而不是政治原因”），还是为了要通过“双盲同行评议”确保最高学术标准？[335]

我们往往会假定法律期刊是为了填补当前出版界的理论或结构空白而设立的，新期刊让人们可以发表一些别处不能发表的文章

---

[331] 这里的“软”国际机构是指法律行为者，包括学者网络、法学院研究中心、法律智库等，也包括传统的国际平台中的实际行为者，如外交官等。

[332] Cf. John Gillespie, “Towards a Discursive Analysis of Legal Transfers into Developing East Asia”, 40 *N. Y. U. J. Int'l L. & Pol.* 657 (2008)（把话语分析法理论化，并将其作为一种方法论，认为法律移植是不同国家规制机构之间的“交流”。）

[333] See, e. g. , Fabri, supra note 284, p. 3（“国际法欧洲方法之重要性”这一话题是具有政治性的，因为这必然和某个项目具有联系。如果要对这个话题作出回应，就意味着或多或少有意识地同意或反对这个项目，当然也有着或多或少的差别。但是，我不认为本文应当讨论这个问题。）

[334] See *I Asian J. Int'l L.* 1 (2011), http://joumals. cambridge. org/action/displayJournal?jid=AJL (last visited Jan. 16, 2011) [hereinafter *Asian J. Int'l L.*].

[335] Instructions for Contributors, *Asian J. Int'l L.* (Aug. 27, 2010), http://joumals. cambridge. org/images/fileUpload/documents/ajl ifc. pdf.

(比如因为过于有争议或不符合主题，比其他刊物标准更高或更低，或可能挑战了现有框架等)。回顾苏联在两次世界大战之间的经历，帕舒卡尼斯创设了共产主义学院（Communist Academy）和法律期刊《法律革命》（*Revoliutsiia Prava*)。这不仅是对帝国时代俄罗斯科学学院后继者（也就是之后的苏联国家与法律研究所）的直接挑战，也是削弱克罗文的《苏联法律杂志》（*Sovetskoe-Pravo*）影响力的一种方法。这不仅仅是一种政治姿态，也是一种理论反对的表达（为了获得政治和研究资金支持而进行的制度竞争)。与之类似的是，哈泽德选择哥伦比亚大学不仅是因为个人便利，更是因为这是一种有着重要后果的机构选择——代表着建立俄罗斯法律研究中心[336]和在政治环境紧张的情况下获得个人和机构研究资金支持的可能性。[337] 另外，巴特勒选择在伦敦设立维诺格拉多夫研究所(Vinogradoff Institute)[338] 可能也体现出某种战略考量，而不是纯粹巧合——伦敦对于合作协议（Direct Link）的展开来说，或多或少显得更为中立。如果选择直接设立在美国或莫斯科，那么在 20 世纪 80 年代早期，不管是在美俄双方，还是在外部人士看来，这种合作都会被视作半官方的双边互动。由莫斯科和伦敦交替举办会议可能对苏联和西方学者来说都更为有利，这使他们能够自由地进行学术交流。

因此，尽管有关《亚洲国际法杂志》的第一个问题看起来似乎只有行内人才懂，但是如果我们对其仔细思考就会发现，这代表着国际法上的一个重要的机构发展。根据该杂志自己所说的创刊目的，其重心在于以一种广泛的方式涵盖“亚洲”方法：

[336] 是指哥伦比亚俄罗斯研究所（Russia Institute at Columbia)，后来更名为哈里曼研究所。这一研究所于 1946 年设立，由洛克菲勒基金会资助。

[337] 回顾众议院非美活动调查委员会的调查，supra text accompanying note 146.

[338] See W. E. Butler, “On the Origins of International Legal Science in Russia: The Role of P. P. Shafirov”, 4 *J. Hist. Int'l L.* 1, 1 (2002).

本杂志的区域关注是广义的，一些文章可能具体关注亚洲问题，另一些可能通过许多亚洲视角中的一种来看待全球问题，还有一些关注居于或在亚洲工作的学者、实务工作者和政策制定者的普遍利益。[339]

然而，如果看一下创刊号的杰出供稿者名单，我们一定会对其中的西方中心性质、西方起源或西方作者感到惊讶。[340] 回想一下我们之前所说的新期刊或新研究网络惯常的设立目的——为替代性框架提供智识归处，或为非主流学者提供发表平台——科斯肯涅米（Koskenniemi）、法勒（Farer）或查尔斯沃斯（Charlesworth）完全不可能在其他常规的精英发表渠道中无法发表自己的作品。[341] 相反，考虑到设立这一期刊的东京会议的主题，[342] 其宣传要向美国常春藤法学院和欧洲顶尖学校提交申请，其创刊号作者的标准、其出版社等，所有这些外部指标都让人感觉《亚洲国际法杂志》像是希望复刻欧洲国际法学会的成功，向外界展示其相关性，向外界宣布"我们也很重要！"如果不去考虑这种做法的优点或可能的成功，我们可以看出，这代表了某一批学者的共同努力：他们已经获得了很高的个人声望，现在希望通过集体行动使得某种特定的思潮能够发声。

如果比较国际法具有相关性并被承认是一个单独学科，那么它

---

〔339〕 See *Asian J. Int'l L.*, supra note 334.

〔340〕 Id. 八名供稿者中，只有两名学者、实务工作者或政策执行者居于或在亚洲工作。

〔341〕 Id. 我们不去实际探寻这些享有高度声誉的国际法学者们为什么和其他学者一起参与了《亚洲国际法杂志》创刊号的筹备，但有些奇怪的是，大部分受邀文章的作者实际上和该杂志表面上的主要目的（也就是代表国际法亚洲方法）没什么关系。"An Asian Journal of International Law", I *Asian J. Int'l L.* 1, 2 (2011)（本刊希望推动居于或对亚洲感兴趣的学者、实务工作者和政策制定者之间的沟通和交流）。

〔342〕 See Tokyo Conference 2009, *Asian Soc'y Int'l Law*, http://law.nus.edu.sg/asiansil/conference/tokyo2009.htm（这次会议的主题是：多级和多文明世界中的国际法——亚洲视角、挑战和贡献）。

就可以提供一种复杂的、以实证为基础的分析，并研究相关的历史现象。当然，学者们可以采取一种积极的和有创造力的方法，如组织会议、创设期刊、建立网络、设立智库等。但是，无论实际的研究方法是专业沉浸、[343] 合作还是机构融合，[344] 个人的目标都是解释特定网络的政治议程。另外，如果该学者是特定网络的创造者，那么其目标就应该是设立一个普遍议程，强迫参与者选择加入或退出，成为假定问题（希望已被明确识别）的一部分，或成为解决方案（希望已被明确识别）的一部分。

需要明确说明的是，本文提出的比较国际法方法并非系统、客观。它是实证性的，因为要从机构记录、系统调查、半结构化采访、民族志式的观察中收集机构数据。但它的初步证明又是主观的，其明确目标不在于收集样本，而是要在国际法律人之间建立政治联系。它的确是在收集知识，但更重要的是，它是一个建立政治参与的活动。因为促进学术交流和合作研究的目的是合作和参与本身。比较国际法学者不能够超越其自身的文化习惯，不能完全沉浸于外国国际法律人的观念中。但这不是重点。真正的重点有两层：一是和外国的国际法律人阵营建立工作关系和共同项目；二是对他国观点有根本认识，从而能够向学生展示。[345]

三、方法：比较国际法是对竞争性方法的研究？

如前所述，比较国际法是对“软”国际法行为者和机构的对比性分析。除此之外，比较国际法也是对竞争性比较方法研究的准确

---

〔343〕 Herbert M. Kritzer, “‘Research is a Messy Business’: An Archeology of the Craft of Socio-Legal Research”, in *Conducting Law and Society Research: Reflections on Methods and Practices* 264 (Simon Halliday & Patrick Schmidt eds., 2009)（强调了许多学者的研究方法有着共同的主题）。

〔344〕 See text accompanying notes 154-212.

〔345〕 或者更理想一些，吸引外国的国际法律人向学生们讲授其如何认识国际法。

描述。举例来说，比较国际法可以包括“苏联比较国际法对西方国际法的影响”等研究。尽管对此进行全面研究可能超出了本文的写作范围，但是本部分将介绍苏联和西方比较法的互相促进作用（尽管苏联比较法律人们坚决主张两者之间没有兼容性）。[346] 在这一部分的最后，我们将会讨论比较国际法的作用，以及非学术圈人士对其相关性的期待。

约翰·奎格利（John Quigley）有关苏联法律理论在全球国际法与西方国内法秩序发展中发挥积极作用的著作，是西方学者对苏联法在社会主义阵营之外的影响力的最大承认。[347] 奎格利的中心主张是“尽管反对苏联概念，但西方实际上从中吸收了许多”。他举了很多例子，包括妇女的参政权、妇女在家庭法中的权利、去殖民化以及一系列其他有积极意义的历史发展。[348] 从奎格利中心论点出发可以得出这样的推论：通过反对苏联例外主义和指责苏联虚无主义，西方国际法学会了例外论话语的有效性和实用性。

需要指出的是，苏联法学不认为比较法是一个独立的学科。[349] 自 1920 年代苏联法律理论建立之初起，比较法方法之间就存在矛

[346] See Saidov, supra note 21, p. 27.

[347] John Quigley, *Soviet Legal Innovation and The Law of The Western World* 193 (2007).

[348] Id.

[349] Saidov, supra note 21, p. 82; cf. Sally Falk Moore, "Legal Systems of the World: An Introductory Guide to Classification, Typological Interpretations, and Bibliographic Resources", in *Law and The Social Sciences* 11, pp. 32-33 (Leon Lipson & Stanton Wheeler eds., 1986)（认为马克思主义人类学和比较法很相似，因为都具有跨文化和历史性特征）。

盾关系。[350] 一方面，比较是必需的，因为要据此理解资本主义国家的特定特征，从而分析和强化苏联和西方之间的对比。[351] 举例来说，比较法会被包含在法学院的教学计划之内，但它不是一门单独的课程。[352] 约翰·哈泽德在莫斯科法律研究所的课程记录表明，基本每一节课都会出现其与资本主义实践的描述性对比。[353] 另一方面，由于历史规律具有客观性和普遍性，因此对国际法来说，对比似乎是冗余的。[354] 从逻辑上来说，比较法学科是没有必要的，因为资本主义系统将会不可避免地自我毁灭，成为历史遗骸。[355]

---

〔350〕 下文是对20世纪初俄罗斯法理学中跨学科性的简述。举例来说，俄罗斯法学家科瓦列夫斯基（M. M. Kovalevsky）和穆罗姆采夫（S. Muromtsev）尤其擅长比较法和社会学方法。See M. M. Kovalevskii, *Sotsiologiia* [*Sociology*] (1997) (Russ.). 科瓦列夫斯基是一位知名俄罗斯社会学家、历史学家、法学家和政治理论家，其最知名的成就是成功地在社会学研究中加入生物、地理、经济和哲学等跨学科元素。科瓦列夫斯基的历史比较法具有原创性，因为他将传统的描述性比较分析和社会学/人类学方法结合，发展出了历史学、社会学和法律上的多元主义方法。因此，科瓦列夫斯基作为一名法学家能够在比较法律史、政治组织的比较史、美国史以及古代刑法和刑事诉讼法等方面开课。他的学生之后在俄罗斯的大学开设了首批社会学课程，其中最有名的是穆罗姆采夫教授开设的“法理学和社会学”（“Iurisprudentsiita I Sotsiologiia” Id. p. 9. 但是当前研究没有告诉我们早期苏联法学家是否使用了科瓦列夫斯基或穆罗姆采夫的比较法方法。

〔351〕 Saidov, supra note 21, p. 82.

〔352〕 See id.

〔353〕 John N. Hazard, “Letters and Course Notes on Korovin's International Law” 26 (discussing work of League of Nations with respect to Bulgaria, Greece, Italy, China, Japan, etc.) (unpublished manuscript) (on file with the authors).

〔354〕 从自由主义的视角来看，正义的普遍性是英国比较法大师之一古特里奇所提出的，区分比较法和国际法的理由。*Gutteridge*, *Comparative Law*, supra note 171, p. 60; H. C. Gutteridge, “Comparative Law and the Law of Nations”, in *International Law In Comparative Perspective* 13 (W. E. Butler, ed., 1980). 古特里奇是这样说的：“如果根据国际法或国际公法来理解正义原则（正义原则是人类共同同意的），那么正义原则应该适用于国家间关系，比较法的适用乍一看应该被排除，因为规则明显具有普遍性，不存在比较的空间。” Id. p. 13. 古特里奇认为，比较法和国际法的交集是一个探讨“普遍”或“通用”或“文明国家共同”原则的过程，以及确立这些原则的方法之形成的过程。Id.

〔355〕 See Saidov, supra note 21, p. 82.

因此，比较法学在20世纪30年代中期后开始衰落。[356] “二战”后，当德国流亡者将比较法带入美国法学院，[357] 比较法成了一个单独的学科（虽然受到质疑），苏联法学界对比较法的兴趣不像西方那样明显。为了解释这一点，苏联学者巴斯金（lu. Ia. Baskin）和菲尔德曼（D. I. Feldman）在他们1980年发表在《比较法学研究和国际法》上的文章中引用了萨博（Szabo）1969年关于比较法的文章以及1967年苏联翻译的勒内·达维的《世界主要法律体系》，用于说明在这一问题上苏联文献的情况。[358]

更晚近的研究告诉我们，苏联的比较法在1960年代展现出独有的特征，其原因是乌兹别克法学家尝试使用比较法研究十五个苏维埃加盟共和国的法律系统。这和“共同核心项目”一样是一个统一项目，[359] 但明显不同的是，它一开始假定法律系统具有统一性，并试图识别出不同的支流。[360] 巴特勒认为，在乌兹别克学者的带

---

[356] See id. p. 83. 但是该作者并不清楚衰落的原因：“比较法方法的衰落可能和人们低估准科学方法，以及拒绝继承社会主义法有关。” Id. 这点很值得玩味，因为在帕舒卡尼斯及其学派的倒台以及接受了法律的稳定性之后，苏联法学界开始采取一种不那么决定论意味的立场。因此，比较法本应该继续发展的。一些对比较法在1930至1960年间的消失相关的解释包括：普遍缺乏对欧洲法学的兴趣（但这不符合“二战”后的学界样貌）。相反，对比较法兴趣的下降可能是因为斯大林成功地将社会主义法转向国内而不是国际。比较法研究可能会削弱法律的稳定性，因为其可能展现出苏联的不足或过激、极权主义以及类似的一些问题。本文作者之一玛姆柳克认为，比较法继续存在于法律的各个部门之中，但是缺乏活力，而且过度普遍化，更加依赖于二手材料。这一领域需要进一步研究。

[357] 此文很好地讲述了流亡者的故事，see Curran, supra note 23, pp. 9-14.

[358] lu. Ia. Baskin & D. 1. Feldman, “Comparative Legal Research and International Law”, in *International Law in Comparative Perspectives* 91, 91-93 (W. E. Butler, ed., 1980), citing I. Szabo, “Sravnitel'noe pravovedenie”, in *Kritika Sovremennot Burzhuaznoi Teorii Prava* 181 (Mockba, 1969) [I. Szabo, “Comparative Law”, in *Critique of Contemporary Bourgeo is Theory of Law* 181 (Moscow, 1969)].

[359] 对“共同核心项目”的描述，可参见 Mauro Bussani & Ugo Mattei, “The Common Core Approach to European Private Law”, 3 *Colum. J. Eur. L.* 339 (1997)。

[360] 到1975年，社会主义国家中出现了一本比较法教科书。See A. A. Tille, *Sotsialisticheskoe Sravnitel'noe Pravovedenie* [*Socialist Comparative Law*] (1975). 对于为什么巴斯金和菲尔德曼会淡化比较法在苏联的作用，有一个解释认为，这是为了维护统一的社会主义法律秩序的外观。联邦层面的苏联和其他社会主义国家相比当然缺乏这种统一秩序。

领下，比较法在 20 世纪 80 年代中期开始具有独立学科的特征（与西方类似）。[361]

奇怪的是，当我们回顾苏联文献的时候会发现，除了出于苏联历史唯物主义方法所产生的单纯对立外，其对资本主义国际法的研究缺乏功能主义，或以事实为基础的比较方法。唯一的比较方法是马克思列宁主义辩证法，据说这为对立的国家和法律系统的比较提供了一种模型。[362] 在某种程度上，历史辩证法可以和比较法律史的方法相比较，但是这两者具有根本的不同：马克思历史辩证法是一种历史决定论的方法，[363] 而传统的对法律史的比较公开地反对

---

[361] See W. E. Butler, Editor's Introduction to Saidov, supra note 21, p. 1. 巴特勒在伦敦的维诺格拉多夫研究所与苏联科学院国家与法律研究所之间的正式协议（合作协议）很有可能对苏联晚期比较法的发展，发挥了比巴特勒自己在描述这些作用以及他本人的角色时所采取的谦虚立场更加重要和直接的作用。这个协议下的第一次会议在英美和苏联学界所产生的成果是在《比较法和法律体系》上发表的一系列论文（supra note 193）。以历史的后见，并根据两边学者的背景来阅读这些文章，人们会惊讶地发现巴特勒究竟是如何多么成功和具有开创性地在两个法律体系间搭建了桥梁。本注所提文章整篇都在讨论这些以比较法、国际法、海洋法以及其他实体领域为主题的重要双边会议。令人惊讶的是，巴特勒作为比较法、国际法、苏联/俄罗斯/独联体法方面的真正大师，他在学术上的巨大贡献，以及他作为法学家、政治家、学者、实务工作者和协调人所做出的持续贡献没有让他从新一代的比较法律人处获得应有的回报。See *Rethinking The Masters*, supra note 32（没有承认比较法上的哈泽德、伯尔曼或巴特勒传统；哈罗德·伯尔曼在有关马克斯·韦伯的话题下被引用一次，约翰·哈泽德被引用两次，一次是提及他是比较法国际委员会的创始人之一，另一次是在涉及埃斯奎罗讨论勒内·达维的遗产时被提到，该处引用的是达维与哈泽德的合作作品《苏联法》）。这可能是因为巴特勒没有参与《美国比较法杂志》上的理论纷争。他更喜欢做比较法，而不是把比较法理论化（尽管他对比较法方法的贡献是巨大的）。又或者这可能只是简单地反映出该学科主流对苏联或俄罗斯研究的普遍蔑视。但是，如果不承认哈泽德、伯尔曼或巴特勒所做出的理论和实践贡献，那对比较法的研究就是不完整的。如果要考察哈泽德的经典比较法项目，可参见 John N. Hazard, *Communists and Their Law: A Search for the Common Core of The Legal Systems of The Marxian Socialist States* (1969); John N. Hazard, *Soviet Law and Western Legal Systems: A Manual for Comparison* (rev. 2d ed., 1970)。这一项目不是没有缺陷，也可能会被批评为业余（哈泽德在考查其他主要世界法律体系时引用了威格莫尔和达维），但是他对俄罗斯资料的分析非常出色。伯尔曼后期的工作，以及最后巴特勒的工作都非常的精妙和复杂。

[362] V. P. Kazimirchuk, Pravo i Metody Ego Izucheniia [Law & Methods of Its Study] 92 (1965) (citing Baskin & Feldman, supra note 358, p. 92).

[363] See Jason E. Whitehead, "From Criticism to Critique: Preserving the Radical Potential of Critical Legal Studies Through a Reexamination of Frankfurt School Critical Theory", 26 *Fla. St. U. L. Rev.* 701, 727-31 (1998).

决定论。[364] 这也是为什么历史唯物主义（尽管提供了解构苏联/俄罗斯国际法史和构建完整的法律史的杰出框架）不能回答规范性问题的原因之一。[365]

1980年代的苏联比较法相较于之前的以对立作为对比的方法而言，没有很大的进步。在提到资本主义法律时，苏联的文章还是说着熟悉的陈词滥调："资本主义的比较法律人没有隐瞒这样一个事实：比较法的主要目的是在世界各地传播不同资本主义国家的法律体系。"[366] 但是，苏联时期的西方比较法学完全不应当受到这样的批评。像哈泽德、伯尔曼和巴特勒这样的西方比较法学者，他们一辈子都在试图理解苏联法律体系，并本着合作、互相理解和恢复友好关系的精神，将其和其他法律体系进行比较。[367] 而就他们对苏联法律的批评而言，其观点是完全正当的。我们很难说（除非从最抽象的意义上来看）他们属于一个宏大的比较法帝国主义工程。[368] 马克思主义对"资本主义"比较法的批判所做出的主要贡

---

〔364〕 See id. pp. 711-12.

〔365〕 这是对苏联历史材料的回顾。例如，马尔库斯的社会决定论试图通过重新确立个人对历史事件的责任，使马克思主义回归到其真正的道路上来。个人行动是实现跨越历史可能性的唯一途径（社会行动只是个人行动的集合）。仅仅相信历史的自动进步是不够的。See, e. g., Herbert Marcuse, *An Essay on Liberation* 63 (1969).

〔366〕 Baskin & Feldman, supra note 358, p. 92 (citing Kazimirchuk, supra note 362, 没有引用西方比较法文献来证明其观点)。

〔367〕 虽然有着自己的盲点，也出现过共谋暴力的情况，但是比较法学科的历史，哪怕只是在语言上，都明显比国际法的历史要柔和许多。举例子来说，古特里奇强烈批评18世纪欧洲大陆的法学家，认为他们主张以普遍主义的格劳秀斯自然法作为国际法的基础，这破坏了孟德斯鸠的开创性工作。孟德斯鸠在莱布尼茨之前提出了一个概念，要求人们科学地考察和分析世界上的法律。古特里奇认为，"坚持自然法会使得人们忽视单个国家的法律之间的差异性，并轻视其重要性"。*Gutteridge*, *Comparative Law*, supra note 171, p. 12; cf. Zweigert & Kotz, supra note 206, p. 36 (参考了拉贝尔的警告。拉贝尔可能是开玩笑地说，在外国领土上冒险时，"比较法律人可能会遇到'拿着长矛埋伏起来的当地人'……") David J. Gerber, "Sculpting the Agenda of Comparative Law: Ernst Rabel and the Fagade of Language", in *Rethinking the Masters*, supra note 32, p. 190. (这些都是经典的例子)。

〔368〕 比较法律人是否在苏联解体后参与了文明教化或帝国主义工程另当别论。巴特勒在1990年代在独联体诸国参与了大量的法律改革、私有化和法律咨询工作，这点是值得注意的。事实上，最著名的苏联问题专家们都以某种方式参与了后苏联的法律改革。

献在于，他们指出“资本主义比较法律人只对比法律现象的形式，没有关注到根本的社会关系，随后又把得出的结论带到基本关系上”。[369] 当然，基本关系是指法律形式、法律的根本性质和法律的功能（包括国内法和国际法）。但是在提出批评后，苏联法学家们没有进一步研究这个问题，这可能是为了防止破坏当时为实现永久和平共存所达成的妥协，或防止重启两次世界大战期间的理论辩论。苏联比较国际法方法只剩下了比较社会主义国家之间的苏维埃条约在性质上的定性差异，[370] 探寻《国际法院规约》第 38 条规定的一般法律原则，[371] 对比不同国家的执行机制，[372] 以及研究国际机构的工作。直到苏联解体前，苏联比较国际法方法始终是这样被援引和实践的。

结论

比较国际法不能简化为一套基本的统一的法律原则、方法论方法或学科追求。正如比较法的主要特征（大体上）是根据具体情况大致搞清楚或体验不同的法律文化究竟是如何应对复杂法律问题的。因此，许多国际法学者会发现国家或地区传统具有分散性。[373] 但是这种明显的和可能的学科不一致并不意味着比较国际法缺乏概念或政治核心。

国际法自现代性之初就诞生，其始终被视为一个以普遍性为使命的学科。其也因此被视为和比较法对立。比较法反对任何形式的普遍主义，其核心在于发现和分析不同。与其智识基础相一致的

〔369〕 Baskin & Feldman, supra note 358, p. 92.

〔370〕 Id. p. 94.

〔371〕 Id. p. 95; Statute of the International Court of Justice art. 38.

〔372〕 Baskin & Feldman, supra note 358, p. 96.

〔373〕 See William W. Burke-White, “International Legal Pluralism”, 25 *Mich. J. Int'l L.* 963, 964 (2004).

是，国际法体系作为一个全球范围内的普遍性大工程，不能和任何其他体系相比较，其原因非常简单，因为没有其他可供选择的对象。

现在，这些现代假设受到了质疑。一方面，我们现在认识到比较法在强调差异的“比较”阶段和强调类比的“整合”阶段之间来回交替。在整合阶段，比较法会主张普遍性。另一方面，由于近几年强调法律解释在造法中的作用，国际法中假定的普遍主义受到了一系列国际法新方法的质疑。在这种观点下，中心国家和边缘国家对国际法的解释是不一样的，西方国家和非西方国家，主流观点和对其的抵制观点所看到的国际法也是不一样的。因此将国际法的一种观点和另外一种观点进行对比是可能的，这就产生了比较法学科下的一种独立学术定位，也即比较国际法。

这一新视野下，这两个学科不仅互相受益，而且这两个学科之间的互动可以在整体的法律文明上产生重要结果。的确，现在有不止一种完全不同的国际法方法；还有方法认为现在的国际法体系有着令人绝望的瑕疵，虚伪地掩饰了完全以“强者的法”为特征的权力关系。这种方法认为需要一个不同的、真正替代现状的国际秩序，新的国际秩序应当以民主和尊重为根基。在这个正把世界导向最终灾难的全球政治体系中，这不仅非常可取，而且非常必要。〔374〕这种更多地建立在全球人民运动而非国家实体上的替代性秩序本身，就是一个全球性的批判性主张，其结果就是其很难与以法治作为话语的现实情况在智识上共存。〔375〕

本文的写作目的是帮助理解当今国际法律制度上完全不同的观

〔374〕 Compare China Miéville, Between Equal Rights (2004)（以法律行为体放弃他们与国际权力行为体之间有利可图的关系之可能性的悲观评估作为结论）, with Robert Knox, “Marxism, International Law, and Political Strategy”, 22 *Leiden J. Int'l L.* 413 (2009)（结论是国际法可以以一种工具主义、“原则性机会主义”的方式被用于推动进步议程，改善社会问题）。

〔375〕 Mattei & Nader, supra note 293, pp. 2-3.

点之间的冲突，并帮助比较国际法这一新兴学科迈出第一步。要做到这一点，我们要告诉读者这样一个故事：在这个时代，我们不仅能够找到完全替代国际法的叙事，而且在这个时代中，普遍主义的主张是可信的，并且能够得到强大的法律、经济、政治和军事机构的支持。在这个故事中，苏联国际法和“资本主义国际法”在一个动荡的政治环境中找到了共存的方法。这是一个全球学术共同体应肩负如此责任的故事：以理性的力量（至少部分地）超越武力。比较国际法的诞生，或至少是其第一个重要的考古学层面，必须放在这个故事的背景下讨论。我们必须充分理解其诞生史，才能了解一系列研究的发展，以及“比较国际法”这一学术行动。

图书在版编目（CIP）数据

政治与法律评论. 第 13 辑，大国崛起与国际法教育 / 魏磊杰主编. -- 北京 : 当代世界出版社，2022. 6
ISBN 978-7-5090-1663-3

Ⅰ. ①政… Ⅱ. ①魏… Ⅲ. ①法学-政治学-研究 Ⅳ. ①D90-05

中国版本图书馆 CIP 数据核字（2022）第 064974 号

书　　名：政治与法律评论. 第 13 辑，大国崛起与国际法教育
出版发行：当代世界出版社
地　　址：北京市东城区地安门东大街 70-9 号
网　　址：http：//www. worldpress. org. cn
邮　　箱：ddsjchubanshe@163. com
编务电话：（010）83907528
发行电话：（010）83908410
经　　销：新华书店
印　　刷：北京中科印刷有限公司
开　　本：710 毫米×1000 毫米　1/16
印　　张：21. 5
字　　数：266 千字
版　　次：2022 年 6 月第 1 版
印　　次：2022 年 6 月第 1 次
书　　号：978-7-5090-1663-3
定　　价：85. 00 元